Wake Up Church

교회여 일어나라

Wake up church 교회여 일어나라

초판 1쇄 발행 2023년 2월 20일

지은이 박길서, 서미경
펴낸이 장길수
펴낸곳 지식과감성#
출판등록 제2012-000081호

교정 이주연
디자인 정한나
편집 정한나
검수 주경민, 이현
마케팅 정연우

주소 서울시 금천구 벚꽃로298 대륭포스트타워6차 1212호
전화 070-4651-3730~4
팩스 070-4325-7006
이메일 ksbookup@naver.com
홈페이지 www.knsbookup.com

ISBN 979-11-392-0917-4(03230)
값 22,000원

- 이 책의 판권은 지은이에게 있습니다.
- 이 책 내용의 전부 또는 일부를 재사용하려면 반드시 지은이의 서면 동의를 받아야 합니다.
- 잘못된 책은 구입하신 곳에서 바꾸어 드립니다.

지식과감성#
홈페이지 바로가기

Wake UP Church

교회여 일어나라

박길서 · 서미경

현재 일어나고 있는 수많은 세계적 일들이
모두 하나님의 심판과 주님의 재림을 그대로 지목하고 있다.
우리 교회는 좀 더 냉정히 현 시대를 분석, 진단해야 한다.

교회와 그리스도인의
필독서
2023

머리말

무서운 시대가 진행되고 있다. 교회는 시대의 급변에 대해 별다른 반응이 없다. 모든 것을 무너뜨리면서 새로운 리셋(reset)으로 다가오는 시대다.

정치, 경제, 사회, 문화, 교육 등 우리 삶의 전 분야에 광범위한 리셋이 진행되고 있다. 두려운 일은 이 리셋이 종교 분야에까지 그 영향을 미쳐, 우리 기독교마저 새로운 리셋의 대상이 되며, 본격 새 시대에 걸맞은 새로운 종교의 탄생을 진행하고 있다.

모든 이가 꿈과 상상이 현실이 되는 제4차 산업혁명의 소용돌이 속으로 들어가면서, 휴먼 1.0의 시대를 벗어나, 휴먼 2.0의 시대를 맞이하며 이루어지는 리셋은 아주 은밀하면서도 공공연하게, 비밀 같으면서도 모두에게 알려지는 형태로 진행되고 있다.

교회도 이 혁명의 소용돌이에 함께 돌아가면서 새로운 부흥의 전기를 마련코자 노력하며, 다양한 새 시대의 준비를 위한 세미나, 교육 등이 이루어지고 있으나 이에 대한 경고의 메시지는 찾아볼 수 없다. 조금만 노력한다면 새 시대의 중심부에 위치한 무서운 음모를 발견할 수 있는데 이를 보지 못하고, 우리 교회가 새 시대에 동조하면서 따라가도록 교육하고 안내하는 무서운 일이 일어나고 있다.

세계적 석학으로 구성된 미래 예측학회나 예측학자들은 2040년이 되면 사람들이 종교의 필요성이 없는 시대로 들어갈 것임을 알리고 있다. 세계적 석학이며 《호모 데우스》의 저자인 유발 하라리는 4차 산업혁명의 중심엔 인간이 창조주가 되기 때문에 신이란 존재하지 않으며, 성경은 가짜라는 말을 두려움 없이 했다.

만약 4차 산업혁명의 전성기 때에도 그리고 그 이후에도 그리스도의 재림이 이루어지지 않는다면 세계적 석학들의 예측이나 유발 하라리의 말이 옳은 말이 된다. 4차 산업혁명의 모든 신기술은 하나님의 존재를 철저히 거부하고, 성경의 모든 가르침들을 거짓으로 만드는 혁명이기 때문이다.

이제 우리 인류는 돌아갈 수 없는 강을 건넜고, 한참 나아갔다. 그리고 돌아갈 수도 없다. 싫든 좋든 앞으로 가야만 하고, 폭주하는 기관차와 같이 질주해 가고 있다.

본인은 오랫동안 딥스테이트(deep state, 이하 '딥스')에 대해 연구하면서 이들이 계획하는 계획이나, 노림수가 무엇인지를 알려 왔다. 대부분이 음모론자, 급진적 종말론자로 생각하거나, 아니면 과대망상에 사로잡힌 자로 치부해 왔다. 이런 불편한 많은 말들을 듣기도 하고, 위협을 당하기도 하면서, 딥스나 글로벌리스트(globalist)들의 무서운 음모에 대해 계속 알려 왔다.

2015년 9월 유엔 회의에서 본인의 말을 뒷받침하는 놀라운 계획이 발표되었다. 17개의 주 항목 아래 169개의 세부 항목으로 구성된 유엔 어젠다 2030이 발표되고, 이어 2016년도 1월, 제4차 산업혁명의 선포, 동년 5월 ID2020 프로젝트, 그리고 이 모든 것을 한 용어로 표현한 '더 그레이트 리셋(The Great Reset)'이 2021년에 연이어 발표되면서, 세계 정상인들의 연설이나 용어 속에서 이상의 표현들이 언급되기 시작했다.

놀란 마음을 진정시키고, 먼저 선포된 4차 산업혁명의 실체를 파악하기 시작하면서 이 혁명의 중심부에 신이 되는 인간이 자리하고 있음을 발견했고, 우리 교회, 우리 기독교가 전멸될 수밖에 없는 무서운 혁명임을 알게 되었다. 그리고 이어 등장한 ID2020 프로젝트, 더 그레이트 리셋 등 이 모든 것이 하나의 세계 즉, 디지털 세계를 만들어 인류를 통제하려는 야욕이며 그 중심부에 짐승의 표가 되는 디지털 칩이 있음을 간파했다.

2018년 10월, 이 혁명의 정체를 밝히는 책으로《4차 산업과 그리스도의 재림》이란 책을 발간했고, 2019년 4월,《4차 산업혁명과 기독교의 위기》란 책을 발간했다. 그리고 2020년 7월, 이 혁명의 정체를 성경적으로 파악하고자 노력하면서《성경적으로 밝힌 4차 산업혁명의 실체》란 책을 연이어 출간하면서 4차 산업혁명에 대해 경계해야 함을 역설했다.

이상의 책들을 통해 4차 산업혁명 시대의 교회는 절대 살아남을 수 없는 시대가 되며, 살아남는 교회가 있다면 거짓 교회가 될 수밖에 없음을 증명하면서, 4차 산업혁명 시대에 대한 경고를 했었다.

2020년 코로나 사태가 터지면서, 급작스런 팬데믹 선언, 연이어 등장한 백신, 백신을 통해 나타나는 세계의 모습들을 보면서, 딥스와 글로벌리스트들의 오래전 계획이 본격화되었다는 사실을 알았다.

본인은 오래전부터 딥스가 백신을 통해 이들이 달성하고자 하는 내용들에 대한 약간의 지식이 있었기 때문에, 백신의 무서움과 백신을 맞아선 안 된다는 사실을 유튜브 방송을 통해 알리면서, 이에 대한 경고를 주었다. 짧은 기간에 모여든 회원들의 수가 약 15,000여 명이 넘어갈 때 결국 본인의 방송은 거짓 의료 정보 소개의 이유로 계정 폭파당했고 더 이상 유튜브 방송을 할 수 없게 되었다.

이러던 중 2021년 원고를 완성한 《INNOVATION & CHANGE 2030》이란 책을 다음해인 2022년 1월 출간, 미래 사회는 인류가 꿈꾸는 유토피아가 아니라, 디스토피아가 될 것임을 알리고, 코로나 사태, 백신 문제 등을 알림과 동시에 백신에 대한 아픔을 함께하는 현직 한의사 선생님의 백신 해독법도 간단히 정리해 다시 한번 4차 산업혁명 시대의 무서운 도전을 알렸다.

현재 일어나고 있는 수많은 세계적 일들이 모두 하나님의 심판과 주님의 재림을 그대로 지목하고 있다.

4차 산업혁명의 핵심이 되는 디지털 사회의 구축, 디지털 사회의 중심부에 위치한 디지털 마이크로칩(이는 짐승의 표가 될 것이다), 인간이 컴퓨터화되어 사물과 연결되면서 휴먼 2.0이 되는 IoB(IoB: Internet of Bodies, 신체인터넷) 시대의 도래, 인간의 생로병사, 노화 문제를 인간의 손으로 조종할 수 있는 생명 연장 프로젝트의 진행, 새로운 세상을 창조하는 메타버스의 등장 등 이 모두가 하나님의 영역에서 하나님만이 할 수 있는 일들을 인간이 모두 진행하면서 신의 위치에 서 버렸다.

우리 교회는 좀 더 냉정히 현 시대를 분석, 진단해야 한다. 거짓된 희망 회로를 돌려 성도들을 속여선 안 된다. 새로운 교회의 성장, 부흥, 갱신 등의 그럴듯한 말로 성도들을 미혹해선 안 된다.

참 된 목자라면, 이 시대의 무서움을 알리고 성도들을 깨우쳐야 한다. 새로운 '신세계'의 도래로 교회가 새로워지고, 갱신되는 시대가 되는 것이 아니라 교회가 완전히 무너지고 하나님, 성경, 구원, 죄, 심판 등등 우리 기독교의 핵심 교리들이 모두 무너지는 시대가 된다.

하나님은 이런 시대를 절대 용납지 않을 것이며, 하나님의 자리를 차지하려는 인간들을 심판하실 수밖에 없고, 믿음을 지킨 주의 자녀들을 구원하시기 위해 이 땅에 재림하셔야만 한다. 그래야 성경이 사

실이 되며, 하나님의 하나님 됨이 증명된다. 본인은 이 시대에 대한 교회의 각성을 촉구하며, 앞으로 전개될 일련의 일들에 대해 간단히 소개하면서, 주님 오심에 대한 믿음을 교회가 갖추길 바라는 마음으로 이번 책을 만들어 보았다.

책의 내용은 앞의 책들에서 밝힌 내용들을 좀 더 알기 쉽도록, 그리고 향후 전개될 일들을 순차적으로 정리해 알리는 데 주력했다. 그러다 보니 약간의 중복되는 내용들도 있음을 이해해 주길 바란다.

이 책이 나옴에 있어, 성경바로알기운동학회의 모든 회원들과 특히 학회 행정의 전반적 일을 감당하며 수고하는 서미경 목사님의 도움이 컸으며, 교정과 여러 요점 정리들은 서미경 목사님께서 수고해 주셨다. 도움을 받을 수 있는 분들이 있어, 나는 행복한 사람이며, 귀한 동역자를 주신 하나님께 감사드린다.

시대를 알리는 이 책이 주님 오심을 준비해 가는 모든 성도와 교회들에게 마지막 시대를 준비함에 있어 좋은 방향을 제시하는 책이 되길 기도하며, 이 책이 나오기까지 기도해 주신 우리 성도님들과 특히 성경바로알기운동학회 회원님들께 다시 한번 감사드린다.

주님의 귀한 은총이 이 책을 접하는 모든 주의 자녀들에게 임하길 기도한다.

2022년 11월의 가을이 넘어가는 어느 날
박길서 · 서미경 목사

차례

· 머리말 … 4

제1부

4차 산업혁명과 코로나 백신 그리고 위기

제1장 제4차 산업혁명 … 18

제2장 ID2020 프로젝트 … 28

제3장 코로나와 바이러스 그리고 백신 … 55

제4장 백신패스 … 110

제5장 더 그레이트 리셋 … 116

제6장 범용 백신 … 134

제7장 경제 위기와 식량 위기 … 146

소결 … 155

제2부

디지털 아이디와 디지털 혁명

제8장 디지털 아이디 ··· 160

제9장 원격 의료 시대와 의료용 마이크로칩 ··· 168

제10장 메타버스 ··· 183

제11장 디지털 화폐 ··· 190

제12장 CBDC와 핸드폰 디지털 지갑 ··· 198

제13장 CBDC와 디지털 칩 그리고 디지털 아이디 ··· 206

제14장 디지털 사회와 IoB 시대 ··· 214

제15장 스마트 시티 ··· 226

소결 ··· 235

제3부

모든 것이 추적되는 세상

제16장 대 혼란, 난리와 난리의 소문 … 238

제17장 디지털 칩과 짐승의 표 그리고 짐승 정부 … 245

제18장 한 왕의 등장과 평화의 도래 … 258

제19장 예루살렘 성전 회복과 종교 통합 … 290

제20장 모든 것이 가능하나 모든 것이 추적, 감시되는 세상 … 323

소결 … 331

제4부

하나님의 심판

제21장 하나님의 심판 … 336

제22장 하늘 전쟁 … 344

제23장 강제되는 짐승의 표 … 350

제24장 음녀의 심판과 바벨론의 무너짐 … 361

제25장 그리스도의 재림 … 369

소결 … 373

제5부

교회여 일어나라

제26장 천년 왕국 … 376

제27장 지상 최후의 전쟁 … 382

제28장 새 하늘 새 땅 … 385

제29장 현 우리 교회의 모습 … 391

제30장 교회여 일어나라 … 397

소결 … 406

· 마무리 글 – 시대를 준비하라 … 408
· 부록 – 코로나 바이러스와 백신 해독법 … 413

제1부

4차 산업혁명과 코로나 백신 그리고 위기

제1장 제4차 산업혁명
제2장 ID2020 프로젝트
제3장 코로나와 바이러스 그리고 백신
제4장 백신패스
제5장 더 그레이트 리셋
제6장 범용 백신
제7장 경제 위기와 식량 위기
소결

제1장

제4차 산업혁명

▶▶▶▶ 4차 산업혁명을 올바로 이해하기 위해서는 앞서 2015년 9월 유엔 총회에서 발표된 유엔 어젠다 2030에 대한 이해가 필요하다.

유엔은 매 15년마다 어젠다를 발표해 진행한다. 2015년 열린 총회에서, 유엔은 지속 가능한 지구 발전을 위해 17개 주제 아래, 169항목의 세부 조항을 만들어 '어젠다 2030'이라는 계획을 발표했다. 대부분의 내용이 인류 발전을 위한 긍정적인 항목으로 구성되어 있으며, 이를 만든 자들을 제외하곤 어젠다 2030의 숨은 의도를 찾기 어렵다.

그러나 우리 기독교에 있어 이 어젠다가 아주 중요한 것은 2030 어젠다가 마지막 시대 성경을 이루는 중요한 내용이 들어 있다는 사실이다. 대부분의 사람들은 이에 대한 관심이 거의 없을 것이며, 우리 기독교 또한 아무런 관심을 갖지 않고 있다. 그도 그럴 것이 지금까

지 유엔 어젠다라는 것이 있었는지도 모른 채 지내 왔기 때문이다. 그리고 이를 모른다 해도 살아가는 데 있어 아무 지장을 받지 않았다.

어젠다 2030은 지금까지 유엔에서 발표했던 어젠다와는 완전한 차이점을 갖고 있다. 앞선 대부분의 어젠다는 지구 위기라는 전제를 두지 않고 만들어 졌으나, 어젠다 2030은 지구 위기에 대한 전제하에 이 위기를 극복하고 지속가능한 지구를 만들기 위한 각국의 긴밀한 협조와 공동 대응 등에 초점이 많이 맞추어져 있기 때문이다.

유엔은 2030 어젠다를 만들 때 환경 파괴, 지구 온난화, 기후변화 등의 미래를 예측해, 현 상태로 지구가 가게 되면 인류는 멸종 위기에 처할 수 있음을 발견하고, 지속적으로 경고한 지구 위기에 대한 세부 계획을 어젠다 2030이란 제하에 이를 계획하고 만들어 인류의 멸종을 막고, 지속 가능한 지구 발전을 위한 세부 계획안을 만든 것이 유엔 어젠다 2030이다.

어젠다 2030의 계획안에 있어 겉만 보면 미래 인류는 유토피아와 같은 세상에서 살 것 같은 착각을 줄 정도로, 그 안내는 성공적이다.

어젠다 2030의 내용은 인터넷이나, 유엔 홈페이지에 들어가면 쉽게 찾을 수 있다.

필자의 생각이지만, 유엔은 이 어젠다 실현을 위해 3가지의 중요한 의제를 발표해 적극 추진하고 있으며, 이 의제들 모두가 어젠다 2030의 실현에 초점을 맞추고 있다. 그렇기 때문에 필자의 생각이 전혀 잘못된 것만은 아니며, 아주 합리적인 추론으로 생각한다.

어젠다 2030을 발표한 이후, 세계경제포럼이라 불리는 다보스 포럼의 회장인 클라우스 슈밥을 통해 3가지의 혁명적 의제가 순차적으로 발표된다.

2016년 1월 다보스 포럼을 통해 발표된 '제4차 산업혁명', 그해 5월에 발표된 'ID2020 프로젝트' 그리고 코로나 사태가 한창이던 2021년 발표된 'The Great Reset'이다. 이 모두가 한 사람의 입을 통해 나왔으며, 이는 다보스 포럼의 회장인 클라우스 슈밥이 유엔 어젠다 2030의 대변인 격이 됨을 알 수 있고, 세계경제인 협회인 WEF(다보스 포럼)가 그 중심에 있음은 누구라도 짐작 할 수 있는 내용이다.

다보스 포럼이라고도 불리는 세계경제포럼(World Economy Forum/WEF)은 1971년 유럽의 경제인들이 서로 안면을 익히고 우의를 다지기 위해 만든 비영리 재단이다. 최초 스위스 다보스에서 연차 총회가 개최됨을 계기로 다보스 포럼으로 더 잘 알려져 있다.

1971년에 클라우스 슈밥(Klaus Schwab) 교수에 의해 창설되었으며, 비영리 재단 형태로 운영되며 운영 자금은 참석자들의 회비와 각종 후원금으로 운영된다. 처음엔 유럽 기업 경영자들이 참석하는

유럽경영포럼(European Man- agement Forum)으로 출발했고, 1973년 이후 참석 대상을 전 세계로 확대한 데 이어, 1974년에는 정치 지도자를 처음으로 초청하게 되면서 정치적 성격도 갖게 되었다.

1976년, 회원 기준을 세계의 1,000개 선도 기업으로 하는 회원 제도를 도입했고 1987년에 명칭을 세계경제포럼(WEF: World Economic Forum)으로 변경했다.

현재 WEF는 초청된 인사들에게만 참석을 허용하고, 참석자들은 적지 않은 참석비[1]를 내야 하는 등 배타적인 모임의 성격을 갖고 있으며, 경제적 현안에서 변모해 경제 외 정치, 사회 문화, 더 나아가 국방 문제 등에 대한 포괄적 처방과 대안을 제시하는 자리로 바뀌었고 개별 국가 정책에 영향을 미치는 국제회의의 성격이 강해졌다.

이 회의를 주도하는 클라우스 슈밥 회장은 영구 회장으로 자칭 키신저의 애제자라고 하며, 키신저의 조언을 많이 듣는 것으로 알려져 있다.

유엔 어젠다 2030의 실천격인 의제, 제4차 산업혁명, ID2020 프로젝트, 더 그레이트 리셋 등이 모두 다보스의 수장인 클라우스 슈밥의 입을 통해 나온 것인데, 이상하다시피 전 세계가 이 의제를 따르

---

[1] 기업의 경우 연간 최소한 7억 달러 이상 매출을 기록하고 연회비 1만 3천 달러를 납부해야 한다.

고 있으며, 이를 완성하기 위해 세계 정상들이 분주히 움직인다는 것은 상당히 놀라운 일이다. 이는 클라우스 슈밥과 더불어 이면에서 세계를 움직일 수 있는 영향력을 행사하는 그 어떤 조직이 있음을 짐작케 한다.[2]

2016년 1월 스위스 다보스에서 경제 포럼이 열리게 된다. 이때 회장인 클라우스 슈밥의 입에서 놀라운 말이 나온다. 제4차 산업혁명 시대가 도래 되었다는 선포다.

이 사람이 어떤 자 이길래, 이 사람의 말이 떨어지기가 무섭게 세계는 4차 산업혁명 혹은 인더스트리 4.0의 용어를 사용하면서 4차 산업혁명의 소용돌이 속으로 들어갔으며, 이제 이 용어는 낯설지 않은 모두의 용어가 되었고, 현 세계가 이 혁명의 완성을 위해 매진하고 있는 것인가.

인류는 1차, 2차, 3차라는 세 차례의 산업혁명을 겪어 오면서 문화와 문명 그리고 과학의 놀라운 발전을 이루었다. 이 세 차례의 산업혁명은 모두가 그 실체에 있어 분명한 분기점이 될 수 있는 형태가 있었지만[3], 4차 산업혁명은 아무런 실체를 발견할 수 없다. 그러다

---

2) 현 세계를 움직이는 보이지 않는 그림자 정부로, 프리메이슨, 일루미나티 등의 실체가 있는데, 클라우스 슈밥은 그 조직의 핵심 인물이다.

3) 1차 산업혁명은 증기기관, 2차 산업혁명은 전기, 3차 산업혁명은 컴퓨터라는 정보 매체 등의 실체가 분명하지만, 4차 산업혁명은 그 실체에 있어 상당히 모호하다.

보니 세계적 경제학자이며 미래학자인 제레미 리프킨[4]은 4차 산업 혁명에 대해 그 실체를 알 수 없는 혁명이라면서, 이에 대해 인정하지 않았다.

그러나 제레미 리프킨의 말과는 달리 4차 산업혁명의 열차는 모든 반대론자들을 뒤로한 채 그대로 질주하고 있다.

2016년 4차 산업혁명 시대를 선포한 클라우스 슈밥은 4차 산업혁명에 대해 다음과 같은 의미심장한 말을 했다. 제4차 산업혁명은 "기술이 융합되고 데이터가 힘을 갖는 초연결, 초지능 그리고 초융합의 사회로 그 핵심은 디지털, 물리적, 생물학적 경계가 없어지면서 모든 기술이 융합되는 것"이라 정의했다. 그러면서 슈밥은 제4차 산업혁명이란 "인간의 삶의 패턴을 바꾸는 것이 아니라, 인간 자체를 바꾸는 것"이라는 일반인이 알아듣지 못하는 말을 했다.

현재 우리들은 사물 인터넷(IoT: Internet of Things)의 시대에 살고 있다. 사물 인터넷이란 사물과 사물이 디지털로 연결되는 것을 의미한다. 이를 물리적, 디지털적 결합이라 볼 수 있다. 이미 사물과 사물 사이는 디지털이란 매개체를 통해 그 경계가 사라진지 오래다.

이제는 사물과 생물이 연결되는 단계로, 이 단계의 시작도 진행되

---

[4] 세계적 경제학자이자 현대 문명을 비평하는 비평가로도 알려져 있는 제르미 리프킨은 정보 사회로 인해 수많은 사람들이 일자리를 잃게 될 것이라면서 《노동의 종말》이란 책과 인류의 재앙을 경고한 《엔트로피의 법칙》 등 다수의 책을 집필했다.

었다. 동물들에게 RFID라는 무선 인식이 가능한 칩을 이식한 것이다. 무선 인식이 가능한 칩을 동물들에게 이식하면서 동물들에 대한 체계적 통제나 관리가 가능해졌다.

그러나 클라우스 슈밥이 말한 물리적, 생물학적 경계는 짐승이 아니라 인간의 디지털화 작업을 통해 인간과 사물의 연결을 고려한 것으로, 인간과 사물이 디지털로 연결되어 서로 간에 있어 소통이 되도록 한다는 의미다. 이렇게 될 때 슈밥이 말한 디지털, 물리적, 생물학적 경계가 없어지는 초연결, 초융합, 초지식의 시대로 들어간다고 봤으며, 이런 시대의 인간은 현재의 인간성을 지닌 휴먼 1.0이 아니라 좀 더 진보 혹은 진화된 트랜스 휴먼이 되는 휴먼 2.0으로의 시대를 말한 것이다.

휴먼 2.0이란, 여러 기계의 도움을 받아 인간과 기계가 하나가 되거나, 디지털 초소형 나노칩을 통해 인간을 디지털화하는 작업으로, 이 칩을 통해 사람과 사물 등의 모든 것들을 연결시키는 것이다. 이미 사람과 사물 간에 있어 칩 이식을 통한 근거리 통신은 가능해진 상태다. 그리고 이를 활용하는 사람들도 많이 있다.

초소형화된 나노칩은 현재 의료용으로 대부분 활용되고 있으나, CBDC 사회로의 진입과 더불어 경제 활동을 가능케 하는 칩이 나올 것으로 보인다. 어쩌면 이미 만들어졌을 수도 있다.

'인간의 디지털화', 이는 인간이 하나의 컴퓨터 역할을 하는 것으로, 인간 또한 기계의 한 종류로 보게 된다. 이를 우리는 신체인터넷(IoB)이라 부르며, 컴퓨터화된 인간은 컴퓨터 간의 상호 연결이 가능하기 때문에 초지식의 시대로 가게 되고, 수많은 자료들을 업, 다운로딩 할 수 있는 휴먼이 된다.

이런 기술은 1970년대부터 미국의 달파(DARPA: Defense Advanced Research Projects Agency, 미국 고등연구계획국)에서 진행해 왔으며, 레이 커즈와일의 싱귤레러티대학, 일론 머스크의 뉴럴링크 사 등이 진일보한 기술을 갖고 선보이고 있다. 일론 머스크는 2025년 정도 되면 이 기술이 가능해지고, 레이 커즈와일은 2030년이 넘어가면 지식의 업, 다운로딩이 가능함을 말했다.

그런데 이에 대하여 머리말에 언급하였듯이 히브리대학의 유발 노아 하라리는 앞으로 인간의 마음이나 기억, 생각 등 이 모든 게 해킹 가능한 시대가 올 것이라는 말을 했다. 인간의 마음이나, 기억, 생각 등의 해킹은 인간이 컴퓨터화되었을 때나 가능한 말이다.

유발 하라리는 2020년도에 이런 말을 하면서 인간의 마음이나 생각을 읽는 기술이 나와 있음을 암시했는데, 이는 이미 이런 기술이 충분히 가능함을 미리 알리고 있는 것으로 보인다.

이러한 일이 '인간의 일이나 생활 패턴을 바꾸는 것이 아니라 인간 그 자체를 바꾸는 혁명'이 제4차 산업혁명이라 말한 슈밥이 한 말의 진의다.

이제 인류는 4차 산업혁명이란 거대한 폭풍우 속으로 들어갔다. 이 폭풍의 주변은 세찬 바람이 몰아치지만 이를 움직이는 무리들은 폭풍의 눈 안에서 평안히 거주하며 주변을 모두 파괴하고 있다.

창세기 6장 5절에 하나님은 다음과 같이 말씀 하셨다.

"여호와께서 사람의 죄악이 세상에 관영함과 그 마음의 생각의 모든 계획이 항상 악할 뿐임을 보시고"

사람의 죄악이 관영하고, 마음의 생각과 모든 계획이 항상 악하다고 탄식하셨다. 예수님은 노아의 때처럼 될 때 이 땅에 다시 올 것임을 말씀하셨다.

우리들의 시대는 이미 노아의 시대로 들어갔다. 그것도 아주 깊숙이 들어섰다. 교회 배도의 수위는 이미 심판대 앞에 놓여진 상태며, 사람들 죄악의 관영함, 즉 인간의 인간됨을 파괴하며, 신에 도전하는 교만도 이미 돌이킬 수 없는 시대로 들어왔다.

4차 산업혁명의 신기술들은 초를 다투며 발전되고, 하루가 멀다시피 우리 앞에 그 부산물들이 나타나고 있다. 이 모든 기술들의 정점에 하나님이 된 인간이 자리하고 있는데, 우리 교회는 이를 보지 못하고 있다. 오히려 쌍수 들고 환영하고 있다. 새로운 교회 성장의 전략을 짜는 데 여념이 없다. 정말 할 말 없다. 그렇게 이 시대가 보이지 않는가.

제2장

ID2020 프로젝트

▶▶▶▶ 'ID2020 프로젝트'. 일반인들에겐 생소한 말이 될 수 있다. 그러나 이 프로젝트는 제4차 산업혁명과 더불어 유엔 어젠다 2030 실현을 위한 구체적 행동으로, 2029년까지 전 인류에게 디지털 아이디를 부여해 차별 없는 공평한 세상을 만들겠다는 취지에서 진행한다는 명분을 갖고 있다.

클라우스 슈밥은 이를 위해 2016년, 앞으로 10년 내에 전 인류에게 마이크로칩 이식을 완료할 것이라는 말을 했다. 즉, 2025년까지 전 인류에게 마이크로칩을 이식하겠다는 말이다. 슈밥의 말처럼 되진 않겠지만 2029년까지는 가능해 보인다.

ID2020 프로젝트는 2016년 5월 20일 뉴욕 유엔 본부에서 2020년부터 2030년까지 모든 사람들에게 추적 가능한 디지털 신원 제공을 결의한 프로젝트다. 유엔은 이를 실현하기 위해 민간과 공공 부문이 파트너십 형태로 컨소시엄을 구성케 해 이를 추진하도록 했다.

중심 세력으로는 게이츠 재단이나, 록펠러 재단과 같은 세계 정부 주의자들이며, 현재 유엔에서 본격 추진하고 있는 일이다.

결국 이 프로젝트도 '유엔 어젠다 2030'을 실현하기 위해 구체화한 것으로, 세계의 지속 가능 발전(Sustainable Development Goals, SDGs)을 목표로, 인류 복지란 미명하에 모든 것을 제어 통괄하려는 총체적 개념이다. 이 계획은 세계 정부를 구성하고자 하는 실제를 담고 아주 구체적으로 진행되고 있다.

유엔의 어젠다 2030은 2016년부터 진행되어 왔다. 2015년 유엔 총회에서 193개국이 채택했으며, 17항목의 중심 목표 중 16개 목표 다음으로 설정된 마지막 17번째 목표는 앞선 16가지 목표 이행을 위한 국가 간의 협력을 요청하는 항목으로 세계 정부 구성을 하겠다는 사실을 우리는 알 수 있다.

유엔 어젠다 2030 계획을 구체화하는 ID2020 프로젝트, 한국경제 용어 사전에서 다음과 같이 정의하고 있다.

"2030년까지 지구상 모든 사람들에게 디지털 신원을 제공하자는 유엔 2030 지속 가능 개발 목표(SDGs)를 실현하기 위해 민간 부문과 공공 부문이 파트너십 형태로 구성한 컨소시엄을 말한다. 이 프로젝트는 블록체인을 이용해 난민들도 현재 거주지에서 기본적인 교육 및 의료 서비스를 받기 위해 자신의 신분을 증명할 수 있는 서류를 가질 수 있게 하는 것을 목표로 하고 있다."

우리 그리스도인들이 주목해야 할 것은 2030년이란 연대와 블록체인을 기반으로 한 디지털 ID 네트워크 구축이라는 단어다.

전 인류를 블록체인 기술을 기반으로 네트워크화해 인류에게 다양한 혜택을 제공하겠다는 것으로, 굉장히 좋은 계획처럼 보인다. 모든 인류를 디지털로 정확히 파악해 차별 없는 다양한 복지 혜택을 주겠다는 것이다.

그러나 여기엔 무서운 음모가 숨어 있음도 보인다. 전 인류를 디지털로 네트워크화해 보편 복지라는 당근을 던지고, 전 인류에 대한 정보를 빅 데이터로 저장, 분석 그리고 감시, 통제할 수 있는 시스템을 2029년까지 마무리하겠다는 포석이다. 이는 곧 인간에게 이식되는 디지털 마이크로칩을 통해 경제, 사회 활동을 하도록 하겠다는 것이며, 모든 인류를 적극적으로 감시, 통제하겠다는 계획으로 보인다.

2019년 1월 스위스 다보스 포럼에서 이 계획을 다시 한번 재확인, 더욱더 분명히 했으며 빌 게이츠의 마이크로 소프트 사에서 적극 추진하고 있다.

성경은 이에 대해 정확히 계시하고 있다. 계시록 13장에 등장하는 짐승의 표에 대한 말씀이다.

계시록 12장에는 악한 사탄이 하늘의 영적 전쟁에서 미카엘에게 패해 지상으로 쫓겨난다. 13장에서 쫓겨난 사탄은 짐승이라 불리는

통치자에게로 들어가 그 통치자에게 자신의 능력을 주고, 이 짐승을 경배하도록 강요한다. 대부분의 사람들이 이에 굴복해 경배하지만, 하나님의 생명책에 기록된 성도는 이를 거부하고 인내로써 믿음을 지켜 간다.

짐승은 모든 자에게 자신을 따르도록 하는 짐승의 표를 강제하는데, 이 짐승의 표가 없으면 경제 활동 자체를 하지 못하도록 한다. 즉 경제나 모든 사회 활동, 생계를 위한 모든 삶이 짐승의 표에 의해 결정되도록 한 것이며, 이를 통해 모든 사람을 감시, 통제하게 된다.

필자의 판단으론 이 짐승의 표는 ID2020 프로젝트에 의해 진행되는 전 인류에 대한 디지털 신원 확인으로 판단된다. 디지털 신원 확인은 디지털 칩인 마이크로칩을 받지 않으면 할 수 없는 일이다. 이 칩이 성경에서 계시한 짐승의 표가 될 것임이 분명해 보인다.

전 인류에게 디지털 칩을 이식해 이들에게 평등한 보편 복지를 제공한다는 당근을 주는 것처럼 보이지만, 결국 이를 통해 전 인류를 감시, 통제하겠다는 의도며, 결국 이 칩을 통해 모든 경제 활동이나 사회 활동을 할 수 있도록 하겠다는 것으로, 사람의 자유가 정부에 의해 제한 되도록 하는 무서운 계획의 일환이다.

이미 사람에게 이식할 수 있는 디지털 칩은 여러 형태가 나와 있으며 대부분 의료용이지만, 곧 CBDC 사회로 들어가게 되면 화폐와 연동된 칩이 나오고, 이 칩이 전자 지갑 역할을 하며 이 칩 안으로 모든 화폐가 들어오게 될 것이다. 그렇기 때문에 이 칩을 받지 않으면 생계유지를 할 수 없게 된다.

현재 ID2020 프로젝트라는 이름하에 구체적으로 이 계획이 진행되고 있다. 화폐가 칩으로 들어오는 시대, 칩을 통해 모든 경제 활동이 가능해지는 시대, 칩을 받지 않으면 생활을 할 수 없는 시대, 이 시대가 우리 앞으로 다가오고 있다.

계시록 13장은 이런 시대를 예고하고 있으며, 경제 활동을 가능케 하는 이 칩을 짐승의 표로 안내한다. 계시록 13장 16~18절이다.

"저가 모든 자 곧 작은 자나 큰 자나 부자나 빈궁한 자나 자유한 자나 종들로 그 오른손에나 이마에 표를 받게 하고 누구든지 이 표를 가진 자 외에는 매매를 못하게 하니 이 표는 곧 짐승의 이름이나 그 이름의 수라. 지혜가 여기 있으니 총명 있는 자는 그 짐승의 수를 세어 보라 그 수는 사람의 수니 육백육십육이니라"

현재 교회는 이렇게 구체적으로 짐승의 표 시대가 진행되고 있음에도, 여기에 대해 함구하고 있으며 짐승의 표를 단지 상징으로 규정해 성도들에게 짐승의 표가 되는 디지털 칩을 받도록 무언의 안내를 하고 있다. 그리고 이런 구체적 계획에 대해 대부분이 모르고 있다.

곧 대중 매체를 통해 이 칩에 대한 안내와 선전이 나올 것이며, 대부분의 사람들은 성경을 믿지 않기 때문에 자신의 삶을 위해 자연스레 이 칩을 이식할 것이다. 그리고 정부로부터 많은 혜택도 받을 것이다. 그러나 이 칩 안에는 세계 정부를 따를 수밖에 없는 장치가 들어가게 되며, 이를 거부하는 자들에게 여러 불이익과 더 나아가 무서운 박해로 이어지게 될 것이다. 이 모든 박해의 대부분은 그리스도인들이 될 것이다.

유엔 어젠다 2030의 구체적 실현 계획인 ID2020 프로젝트는 4차 산업혁명의 발전과 더불어 달콤한 사탕으로 우리에게 접근해 올 것이며, 우리 교회는 이를 적극 수용할 것으로 보인다.

교회 운영은 성도들이 내는 헌금으로 유지된다. 만약 디지털 칩이 나오면서 이 칩을 통해 경제 활동이 가능해지고, 헌금이 가능해진다면 교회는 이 칩을 받도록 적극 권장할 것이다. 교회 내 새로운 헌금 시스템을 설치해 성도들이 쉽게 손이나 이마 등을 활용해 헌금이 가능하도록 할 것이다. 이런 교회는 성도들을 지옥으로 안내하는 교회다. 성도들의 성경적 분별력이 철저히 요구되는 시대다.

베리칩과 나노칩

유엔 어젠다 2030의 실현은 결국 4차 산업혁명과 ID2020 프로젝트라는 구체적 계획 아래 완성될 것이다. 이는 디지털 사회를 만들어 세계를 디지털로 단일화해 전 인류를 통제하려는 계획이다. 디지털 사회의 핵심은 결국 디지털 칩이 될 것이며, 이 디지털 칩은 자가 조립이 가능한 나노칩이 될 것임은 의심의 여지가 없다.

이미 우리 사회는 수많은 칩들로 연결된 사회가 되었다. 모든 삶의 현장엔 칩이 내장된 다양한 디지털 기구들이 자리하고 있고, 이러한 칩들은 더욱더 크기가 작아지면서, 결국 나노미터까지 오게 되었다. 나노란 10억분의 1미터로 특수 현미경이 아니면 볼 수 없다.

현 4차 산업혁명이나 디지털 사회의 중심부 그리고 ID2020 프로젝트를 실현하기 위해서는 이 칩들을 첨단화시켜 인간 몸에 이식하고 인간과 컴퓨터가 연결되면서 IoB 사회를 만들어야 가능하다. 그런데 불가능할 것 같은 일들이 가능해졌고, 현재 우리의 모든 삶에 칩들이 들어와 칩에 의한 삶을 살고 있다. 그러나 대부분이 인지 못한다.

우리 지구는 약 100여 종의 원소가 있다. 그중 나노는 탄소라는 원소에서 추출된 물질이다.

1985년 미국 라이스대학교 화학과 리쳐드 스몰리 교수팀이 풀러렌(fullerene)이라는 새로운 형태의 탄소 물질을 발견했다. 이어 1991년 일본 NTT의 수미오 이지마 박사가 탄소나노튜브(carbon nanotube)를 발견했고, 2004년 영국 맨체스터대학교 물리학과의 안드레 가임 교수팀이 나노그래핀을 발견한다. 이 세 물질은 탄소나노 삼형제라 불리면서 미래의 새로운 역사를 예고했다. 나노는 10억분

의 1의 크기를 의미하는 말로, 일반 현미경으론 볼 수 없는 물질이다.

풀러렌을 발견한 공로로 이를 발견한 과학자들은 1996년 노벨 화학상을 받게 되고, 그래핀을 발견한 물리학자들도 2010년 노벨 물리학상을 수상했다.

현 우리 인류는 첨단 나노물질을 활용해 먹거리로부터 의료, 산업, 국방 분야 등에 이르기까지 수많은 분야에 활용 혹은 연구 중이다.

나노기술 연구 조합에 의하면, 다음과 같은 분야에 나노기술이 적용될 수 있다고 한다.

1. 전자, 통신 분야

- 낮은 전력 소모, 적은 생산 비용으로 백만 배 이상의 성능을 갖는 나노구조의 마이크로프로세서 소자
- 10배 이상의 대역폭과 높은 전달 속도를 갖는 통신 시스템
- 현재보다 용량은 크고 크기는 작은 대용량 정보 저장 장치(초고집적 반도체 소자)
- 대용량 정보를 수집 처리하는 집적화된 나노센서 시스템
- 정보 저장, 메모리 반도체, 포켓 사이즈 슈퍼 로봇
- 더 빠르고, 더 작고, 더 얇고, 더 가벼운 스마트 인터페이스
- 전계 방출 디스플레이(FED)에의 응용

2. 재료 분야

- 기계 가공하지 않고 정확한 모양을 갖는 나노구조 금속 및 세라믹
- 원자 단위에서 설계된 고강도의 소재, 고성능의 촉매
- 뛰어난 색감을 갖는 나노입자를 이용한 인쇄
- 나노크기를 측정할 수 있는 새로운 표준 절삭 공구나 전기적, 화학적, 구조적 나노코팅
- 나노입자인 이산화 티타늄으로 코팅한 화장실: 더러움이나 박테리아에 저항성을 갖게 된다.
- 나노입자로 이루어진 화장품: 피부에 쉽게 흡수되어 성분을 몸속에 쉽게 운반한다.

3. 의료 분야

- 진단학과 치료학의 혁명을 가능케 하는 빠르고 효과적인 염기 서열 분석
- 원격 진료 및 생체 이식 소자를 이용한 효과적이고 저렴한 보건 치료
- 나노구조물을 통한 새로운 약물 전달 시스템(표적 지향성 약물 운반 시스템): 암세포만을 표적으로 하는 치료 방법이다.
- 암 조직의 나노스케일의 구멍을 통해 100나노미터 이하의 운반체를 이용하여 항암제를 운반하는 방법
- 내구성 및 생체 친화력 있는 인공 기관
- 인체의 질병을 진단, 예방할 수 있는 나노센싱 시스템

- 항원, 항체가 결합하는 반응을 이용하는 방법: 운반체로서 나노 물질인 풀러렌 이용
- 암세포와 바이러스 등을 분쇄하거나 손상된 세포를 복구할 수 있는 나노로봇
- 나노로 만든 주사기의 주삿바늘: 통점과 통점 사이로 주사하여 통증이 없게 된다.

4. 생명 공학

- 하이브리드 시스템의 합성 피부, 유전자 분석/조작
- 분자 공학으로 제작된 생화학적으로 분해 가능한 화학 물질
- 동식물의 유전자 개선
- 동물에게 유전자와 약물 제공
- 나노배열을 기반으로 한 분석 기술을 이용한 DNA 분석

5. 환경, 에너지

- 새로운 배터리, 청정 연료의 광합성, 양자 태양 전지, 염료 감응 태양 전지
- 나노미터 크기의 다공질 촉매제
- 극미세 오염 물질을 제거할 수 있는 다공질 물질
- 자동차 산업에서 금속을 대체할 나노입자 강화 폴리머
- 무기 물질, 폴리머의 나노입자를 이용한 내마모성, 친환경성 타이어
- 나노센서를 이용한 쓰레기 소각로의 배기가스 검사 및 공장 폐수

수질 검사, 식품 품질 검사
- 산소를 이용한 오염 물질 분해에 이용하는 전기 분해 촉매
- 탄소 나노튜브를 활용한 수질 환경 정화 시스템

6. 국방

- 무기 체계의 변화(소형화, 고속, 장거리 이동 능력 향상)
- 무인 원격 무기(무인 잠수함, 무인 전투기, 원격 센서 시스템)
- 은폐(Stealth) 무기

7. 항공 우주 분야

- 저 전력, 항 방사능을 갖는 고성능 컴퓨터
- 마이크로 우주선을 위한 나노기기
- 나노구조 센서, 나노전자 공학을 이용한 항공 전자 공학
- 내열, 내마모성을 갖는 나노코팅

이상의 분야 외에도 현재 나노신소재의 발전은 4차 산업혁명의 쾌거인 초연결, 초융합을 통해 더욱더 빠르게 발전하고 있다.

우리는 그리스도인이다. 그리스도인으로서 성경과 관련 있는 나노는 당연 나노칩이다. 나노칩에 대한 발전도 우리가 상상하는 이상으로 발전해 있다.

미국은 빌 클린턴 대통령 재임 당시, 생명 공학계에서 인간 유전자 코드를 완성했다.

유전자 코드를 발표하던 날인 2000년 6월 26일을 클린턴은 세기의 날로 선포했다. 그리고 7월에 대통령 보좌관 중의 한 사람이었던 Norman Mineta가 Digital Angel 속에 있는 16자리 Digital Code에, 새로 개발된 128 DNA-Code를 함께 넣을 것을 건의했고, 클린턴 대통령은 그것을 Applied Digital Solutions(ADS) 최고 경영자인 Richard Sullivan 박사에게 지시해 유전자 코드(DNA-Code)가 넣어졌다. 이것이 미네타 인크류션(Mineta Inclusion)이다.

미네타 인크류션(Mineta Inclusion)의 숨은 뜻은 128개의 DNA-Code를 'Character'라는 단어로 바꾸어 16개의 일련번호(Serial Number)와 함께 포함(Inclusion)됐다는 뜻이다.

16-Digital Angel은 칩의 고유 번호로서 위치확인위성(GPS)과 지상 통제소 그리고 감지기로 확인이라는 추적에 역점을 두었고, 128개의 Character는 사람의 염기 활동을 확인하고 조정하도록 해서 병을 치유하는 역할이라 했다. 이렇게 해서 개발된 칩이 'VeriChip'이다.

베리칩(VeriChip)이란 Verification(확인, 증명) + chip의 약자로서 '확인용 칩'이라는 뜻으로 사람의 피하에 삽입하는 체내 이식용 마이크로칩을 말한다. 쌀알만 한 크기로 되어 있으며 무선 식별(RFID: radio frequency identification)기술을 사용하는 기술이다.

현재 이 무선 식별을 이용하는 기술은 마트, 주차장, 출입증 관리, 애완견 관리, 지하철, 교통 카드 등 우리 주변에서 어렵지 않게 찾아 볼 수 있다.

RFID 기술을 이용해 만들어진 베리칩은 미국 정부가 투자하고, 플로리다주에 위치한 Applied Digital Solutions(ADS)에 위탁 생산했던 국영사업으로 진행했는데, 처음부터 이 칩은 인간을 겨냥해 만들어졌으나 생각보다 보급이 부진했다.

2009년 9월, Digital Angel 사가 Steel Vault(스틸 볼트)라는 신분이나 신용정보 도난방지 기술을 취급하는 회사를 인수한 후 베리칩을 Positive ID로 이름을 바꿔 버렸다. 베리칩이 그들이 생각하는 만큼 보급 되지 않았으며, 사람들 또한 이에 대해 긍정적인 반응이 별로 없었기 때문에 결국 이름을 Positive ID로 바꿔 변화를 시도 했으나 이 또한 실패해 결국 최초 베리칩을 만든 ADS는 문을 닫게 되었다.

베리칩이 나올 당시 종말을 외치던 대부분의 사람들은 이 베리칩이 짐승의 표라고 소리치면서 베리칩에 대한 경계를 주었다. 그러나 교계는 이를 받아들이지 않았으며, 베리칩은 짐승의 표가 아니라는

결론을 내리고 발표했다.

2013년 베리칩에 대한 예장합동교단의 발표다. 베리칩에 대한 대부분 교단의 입장이 이와 비슷하다.

"'베리칩과 666'에 관련한 총회의 신학적 입장 정리의 건"

베리칩을 요한계시록 13장의 "짐승의 표"로 간주하고, 그것을 받는 자는 구원에서 끊어진다는 주장은 해당 본문에 대한 오해와 광신 이데올로기 그리고 주관적인 상상력에 지배를 받은 억지스러운 해석의 결과이다.

그들의 주장의 핵심을 살펴보면 짐승의 표와 베리칩 사이의 몇 가지 피상적인 유사성에 근거하고 있음을 알 수 있다. 예컨대 짐승의 표를 오른손이나 이마에 받는 것(계 3:16)과 베리칩을 오른쪽 어깨 관절이나 손등에 이식한다는 점, 짐승의 표를 받은 사람만 매매 활동을 보장하는 것과 베리칩이 결제 수단으로 사용된다는 점, 그리고 짐승의 표 666을 게마트리아를 통해 숫자풀이하면 컴퓨터를 가리킨다는 점 등이 소위 베리칩 선지자들이 내세우는 주요한 유사성이다.

그러나 이런 유사성은 해당 성경 본문의 정당한 해석에 따르면 전혀 근거 없는 것으로 드러났다. 한마디로 말하면 짐승의 표가 베리칩이라는 주장은 참으로 터무니없는 허황된 주장이다.

성경은 모든 시대의 모든 사람들에게 동일한 적실성을 갖는다는 계시의 보편적 성격에 입각해서 짐승의 표를 이해해야 한다. 특별히 배교와 같은 종교적인 이슈가 개입하는 계시록의 상징적인 언어를 해석할 때는 더더욱 그러하다.

이런 점에서 짐승의 표를 21세기의 과학 문명의 산물인 베리칩으로만 한정하는 것은 명백한 잘못이다.

짐승의 표는 요한의 계시록의 수신자인 1세기 교회의 신자들에게 던지는 경고였다는 점을 망각해서는 안 된다. 황제 숭배를 강요당하는 현실에서 그것을 거부하는 고대의 참신자들이 박해를 받던 역사적 상황에서 짐승의 표를 이해할 수 있는 단서를 찾아야 한다.

역사적인 콘텍스트 안에서 본다면 짐승의 표는 분명히 절대적인 권력자였던 로마 황제에 대한 충성과 숭배를 뜻하는 외적인 표였다. 실제로 표라는 말은 당시 로마 황제의 이름을 명시한 공식 문서에 찍는 인장을 뜻하는 것이었다.

이렇게 본다면 짐승의 표란 하나님의 지위와 영광을 찬탈하고자 하는 사악한 시도에 동조하는 행위를 드러내는 외적인 증표라고 해야 할 것이다.

이렇게 짐승의 표가 황제를 신으로 숭배하는 우상 숭배의 외적인 표였다는 점에서 그것은 보편적으로 각각의 시대마다 활동하는 거짓 선지자와 적그리스도에 대한 복종이나 배교로 이해되어야 한다.

그러므로 짐승의 표는 단지 과거 기독교 박해 시대에 등장했던 독재적 인물과 연계하여서만 이해될 수 있는 것이 아니며 우리 시대의 기술 문명의 이기(利器)와 동일시하는 것은 더더욱 터무니없는 시도이다.

그것은 지상 교회가 영광에 들어가기 전까지 직면하게 될 항구적이고 보편적인 신앙의 위협이나 배교로서 이해되어야 한다.

이 시대에 출현하는 적그리스도와 거짓 선지자들이 현대의 과학 기술을 통해 하나님의 자녀들을 믿음에서 멀어지도록 유혹하고 우상 숭배로 끌어들이는 수단으로 삼을 수는 있다. 그러나 신학적인 의미와 동떨어진 어떤 새로운 기술 자체를 요한 계시록의 짐승의 표와 동일시하는 것은 완전히 빗나간 것이다.

다시 말하면, 짐승의 표를 가시적이고 물질적 원리의 범주에 속하는 것과 동일시하는 것은 잘못이라는 말이다. 두말할 필요도 없이 믿음에는 물질적이고 형식적인 원리가 중요한 요인으로 작용한다.

그러나 믿음은 오직 성령의 부르심과 중생으로 말미암는 것이며 개인의 자유로운 의지와 양심에 지배를 받기 때문에 결코 가시적이고 물질적인 원리와 동일시될 수 없다.

베리칩을 비롯해서 바코드, 컴퓨터, 혹은 신용 카드 등은 모두 일반 은총의 영역에 속한다. "하나님의 지으신 모든 것이 선하매 감사함으로 받으면 버릴 것이 없나니 하나님의 말씀과 기도로 거룩하여짐이니라"(딤전 4:4~5)

기술 문명에 속한 그것들 자체는 선한 것으로서, 하나님께서 금하신 것도 아니며 믿음의 도에 어긋나는 것도 아니다. 만일에 현대적 기술 문명의 혜택을 입는 것을 배교 내지는 배교로 이어지는 전단계로 단정한다면 하나님께서 말씀하시지 않은 내용을 성경에 더하는 것이다.

교회는 베리칩과 같은 새로운 과학 기술에 대한 두려움을 가질 것이 아니라 하나님의 말씀을 기준으로 삼아 자신의 생각과 행동을 성찰하는 것이 더 중요하다. 우리를 구원에서 떨어지게 하는 유혹과 시험의 본질은 물질적 원리가 아니라 우리의 마음과 생각을 지배하는 정신적이며 영적인 원리이다.

"우리의 씨름은 혈과 육에 대한 것이 아니요 정사와 권세와 이 어두움의 세상 주관자들과 하늘에 있는 악의 영들에게 대함이라"(엡 6:12)

과거에도 그랬듯이 짐승으로 일컫는 정치적 군사적 독재자가 또 다시 일어나게 되면 세상은 두 그룹으로 나뉘게 될 것이다. 짐승에 복종하는 자들과 그것에 머리를 숙이고 복종하기를 거부하고 오직 하나님만을 섬기고자 하는 참 된 신자들로 나누어지게 될 것이다.

그때 하나님 외에 다른 지상의 권력자와 거짓 선지자들에게 머리를 숙이고 그들을 숭배한다면 그들은 짐승의 표를 받는 자들이다. 짐승의 표의 본질은 배교적 복종이다.

그러므로 본 교단은 요한 계시록 13장에 등장하는 666과 베리칩을 동일한 것으로 연관 짓는 것은 분명히 비성경적임을 확인한다. 따라서 666과 베리칩을 연관 지어 활동하는 개인이나 단체는 배격하기로 한다.

아주 시기적절하게 잘 나온 담화문이며, 베리칩에 대한 입장 정리가 분명한 내용으로, 베리칩에 대해 성도들에게 바른 안내를 한 것으로 보인다. 그러나 베리칩에 대한 내용을 짐승의 표와 연결해 짐승의 표마저 상징으로 그리고 일단의 환난이나 핍박 정도로 말한 것은 정말 위험하다.

장로교 합동 교단의 발표 내용을 정리하면 대충 다음과 같다.

1. 베리칩은 짐승의 표가 아니다.
2. 짐승의 표란 하나님의 지위와 영광을 찬탈하고자 하는 사악한 시도에 동조하는 행위를 드러내는 외적인 증표다.
3. 짐승의 표는 보편적으로 각각의 시대마다 활동하는 거짓 선지자와 적그리스도에 대한 복종이나 배교로 이해되어야 한다.
4. 그것은 지상 교회가 영광에 들어가기 전까지 직면하게 될 항구적이고 보편적인 신앙의 위협이나 배교로서 이해되어야 한다.
5. 신학적인 의미와 동떨어진 어떤 새로운 기술 자체를 요한 계시록의 짐승의 표와 동일시하는 것은 완전히 빗나간 것이다.
6. 기술 문명에 속한 그것들 자체는 선한 것으로서, 하나님께서 금하신 것도 아니며 믿음의 도에 어긋나는 것도 아니다.
7. 짐승의 표의 본질은 배교적 복종이다.

베리칩이 짐승의 표가 아니라는 것은 일단 동의가 되나, 이후의 모든 내용은 계시록의 성격과 일체 맞지 않다. 계시록은 미래에 일어날 특정한 시기의 집중 사건이다. 이때 등장하는 짐승의 표도, 하나님의 특별 심판 기간에 교회가 배도하는 특별한 사건이 된다. 그리고 현 기술 문명을 하나님께서 주신 특별 은총의 한 부분으로 본다는 것은 어이없는 생각이다.

현 4차 산업혁명의 기술 발전은, 인간이 인간을 만들고, 복제하고,

유전자를 편집해 유전자 인간을 만들며, 다른 종으로 바꾸고, 트랜스 휴먼이 되는 인간 2.0의 시대로 열어 가는 새로운 세상을 만들어 인간이 신이 되고자 한다. 이런 기술이 하나님의 은총, 하나님께서 주신 복으로 생각하면 그는 그리스도인이 아니다. 거짓 성도며, 거짓 종이며, 거짓 선지자다.

교단의 입장을 정리해 보면 과학 기술이 주는 혜택을 받아 누려도 괜찮으며, 오히려 이에 적응해야 하고, 짐승의 표는 전 시대에 일어나는 박해나 배교기 때문에 과학 기술의 발전으로 사람들에게 그 어떤 표를 이식해도 괜찮다는 내용이다. 정말 무지하다.

오렌지 카운티의 미주 한인교회협의회에서도 같은 발표를 했다.

현재까지도 베리칩에 대한 싸움은 계속되고 있다. 베리칩이 짐승의 표 형태를 띠긴 하나 베리칩 그 자체가 짐승의 표가 아니라는 사

실은 이미 밝혀졌고 그 이름도 포지티브 아이디로 바꾸었는데, 아직도 베리칩이 짐승의 표라 말하는 것은 옳지 않다.

베리칩이 짐승의 표가 될 수 없는 이유는, 현 베리칩은 근거리 통신만 가능하며, 일부 나라에서 일부의 사람들이 편리하게 사용하기는 하나, 제거가 가능하고, 사람을 통제하는 기능이 전혀 없다.

성경에서 말하는 짐승의 표는 근거리가 아니라, 어느 곳이라도 통신이 가능해 원거리 추적이 될 수 있는 칩이어야 한다. 피할 수도, 숨을 수도 없도록 추적 가능한 형태의 칩이어야 하고, 우리 사회 전반에 이 칩이 사람들에게 이식되어 사회에 통용되어야 한다. 그러나 현재 일부 사용되고 있는 베리칩에는 그런 기능이 전혀 갖추어지지 않았고 우리 사회에 통용되고 있지 않다. 그리고 짐승의 표는 본인의 의사와 상관없이 제거가 원천적으로 불가능한 칩이어야 하는데 베리칩은 본인이 원하면 언제든 제거가 가능하다. 비록 베리칩이 짐승의 표 형태는 갖추고 있으나, 짐승의 표가 될 수 없는 이유다.

현재 베리칩과 비슷한 새로운 칩이 나왔는데 이 칩이 디지털 사회의 핵심이 되는 나노칩이다.

나노물질이 발견된 이후 수많은 분야에서 나노신소재가 활용, 발전되고 있으며 특히 생명 공학이나 의료 분야엔 놀랄 만한 성과를 거두었다. 의료 분야에 있어 더욱더 정교해지고 고도화된 나노의 발전은 나노봇이라는 나나이트를 만들어 내었고, 이 나나이트는 현재 의료용으로 우리 몸에 이식되고 있다.

나노를 신의 물질이라 명명하기도 하는데, 이는 그 활용도가 무한하고, 우리 인간이 상상할 수도 없는 신비한 것들로 이루어진 것이기 때문이다.

나노를 이용해 이제 인간은 나노컴퓨터를 만드는 수준까지 왔으며, 사람 몸에 자연스럽게 이식하는 기술까지 진보해 있다. 이런 나노컴퓨터는 이미 2007년부터 개발되고 있었으며, 당시 40나노미터 정도였으나, 현재는 5나노까지 가능한 상태다.

2007년, 한국 기술정보연구원 선임 연구원인 이호신 연구원은 이미 나노컴퓨터가 의료 목적으로 우리 몸속에 내장될 것임을 말했으며, 미래에는 나노컴퓨터가 인간의 몸속으로 들어올 것에 대한 이야기를 하면서 인간 컴퓨터 시대를 알렸다.

(중앙 선데이, 나노컴퓨터의 두 얼굴, 2007.04.24.)

현 2022년, 이호신 연구원이 말한 나노컴퓨터는 더욱더 소형화되면서 이미 여러 의료 분야에 활용되고 있다.

2016년, 성균관대와 이화여대 공동 연구팀이 암 치료를 방해하는 항암제의 내성 원인을 빠르게 찾는 기술을 개발했는데 나노칩이 그 주인공이다. 개발한 나노칩을 뇌종양 세포에 적용해, 항암제에 대한

내성을 빠르게 나타나도록 한 후 유전자 변이와 발현 과정을 분석한 것인데, 국제 학술지 미국 국립과학원회보 온라인 판에 실렸다.

(YTN scince, 2016.11.24. 이동은 기자)

2018년, 이미 우리 몸 안에서 자유자재로 돌아다닐 수 있는 나노입자 캡슐이 개발되어, 필요한 양의 약물을 목표 부위에 효과적으로 전달할 수 있도록 했다.

(연합뉴스 TV, 2018.01.12.)

2015년 영국가디언지에 따르면 가열된 나노입자로, 뇌에 이식된 나노입자를 제어하는 기술 또한 개발되었음을 발표했다. Remote control of brain activity with heated nanoparticles의 제하에 실린 원문 중 일부다.

Two teams of scientists have developed new ways of stimulating neurons with nanoparticles, allowing them to activate brain cells remotely using light or magnetic fields. The new methods are quicker and far less invasive than other hi-tech methods available, so could be more suitable for potential new treatments for human diseases.

(The Guardian, Remote control of brain activity with heated nanoparticles, 2015.03.24.)

이미 나노입자를 뇌에 주입해 파킨슨, 다발성경화증 진단, 치매 등에 대한 연구는 오래전부터 연구되어 왔고, 인간의 뇌에 나노입자를 주입하는 일은 아주 쉬운 기술이 되었다.

미국 달파(DARPA)에서는 이미 오래전부터 BCI(Brain-Computer Interface) 기술을 연구해, 뇌와 컴퓨터 간의 소통을 추진해 왔다. 2018년 Nonsurgical Neural Interfaces Could Significantly Expand Use of Neurotechnology 제하에 달파에서 발표한 내용의 일부를 가져왔다.

Over the past two decades, the international biomedical research community has demonstrated increasingly sophisticated ways to allow a person's brain to communicate with a device, allowing breakthroughs aimed at improving quality of life, such as access to computers and the internet, and more recently control of a prosthetic limb. DARPA has been at the forefront of this research.

The state of the art in brain-system communications has employed invasive techniques that allow precise, high-quality connections to specific neurons or groups of neurons. These techniques have helped patients with brain injury and other illnesses. However, these techniques are not appropriate for able-bodied people. DARPA now seeks to achieve high levels of brain-system communications without surgery, in its new program, Next-Generation Nonsurgical Neurotechnology (N3).

"DARPA created N3 to pursue a path to a safe, portable neural interface system capable of reading from and writing to multiple points in the brain at once," said Dr. Al Emondi, program manager in DARPA's Biological Technologies Office (BTO).

"High-resolution, nonsurgical neurotechnology has been elusive, but thanks to recent advances in biomedical engineering, neuroscience, synthetic biology, and nanotechnology, we now believe the goal is attainable."

(DARPA, 2018.04.03.)

Defense Advanced Research Projects Agency(DARPA), 달파라 불리는 미 국방고등연구계획국은 군 관련 기술 연구 개발을 중심으로 하는 기구로, 미 국방부 산하 소속이다.

현 세상을 바꾸는 대부분의 기술들이 달파를 중심으로 나왔으며, 달파의 기술은 현 기술보다 적게는 20년 많게는 50년 앞선 기술을 갖고 있다고 한다.

앞으로 우리 몸은 다양한 생체 칩, 그중에서도 나노칩 이식이 대세를 이룰 것으로 보이며, 결국 이 나노칩은, 의료 분야 외에도 디지털 시대에 들어가면서 우리 몸의 핵심 칩으로 자리 잡게 될 것이다.

이미 세계는 CBDC(Central Bank Digital Currency, 중앙은행 디지털 화폐) 사회로 진입했으며, 머지않아 CBDC 사회가 자리를 잡게 될 것으로 보인다. 그렇게 되면 우리에게 이식되는 나노칩 가운데 CBDC와 연동되는 칩이 나올 것이며, 우리 삶의 필수가 되는 매매, 즉 경제 활동을 총괄하는 칩으로, 공히 우리의 모든 삶이 칩에 의해 움직이는 사회가 될 것이다.

현 우리 몸에 이식되는 나노칩은 전자적 성질에 의해, 외부 안테나와 쉽게 연동되며, 외부 안테나와 연동된 나노칩은 외부 안테나를 조종하는 메인 컴퓨터로 전송된다. 메인 컴퓨터는 국가가 총괄하며, 결국 국가는 개인의 모든 삶을 마음대로 통제할 수 있는 거대 통제 세력이 되며, 정부에 비협조적인 사람들은 국가가 마음대로 조종할 수 있는 집단 동물 농장의 동물이 되어 버린다.

성경은 경고한다. 짐승의 표가 될 가능성이 거의 확실한 나노칩을 이식해 살게 되면 결국 짐승 정부에 굴복하게 되고, 짐승 정부를 따르게 되며, 짐승이란 우상 앞에 절하게 될 수밖에 없는 사람이 됨을 알리고 있다. 그리고 이 표를 받는 자는 구원도 받지 못함을 경고하고 있다.

우리 경제 활동을 모두 통제할 수 있는 나노칩의 등장과 이식은 시대의 대세며, 이를 거부할 만한 힘이 우리에게는 없다. 주님이 도와주지 않으면 이런 시대를 이기기란 불가능하다. 그렇기 때문에 주님의 강권적 개입이 반드시 있을 것이다. 간단히 베리칩, 나노칩, 짐승의 표에 대해 도표로 정리해 본다.

나노칩과 베리칩의 비교

베리칩	나노칩	짐승의 표
전송 거리 제한적	전송 거리 제한 없음	전송 거리 제한 없음
제한된 사람만 사용	모든 사람 사용	모든 사람 사용
제거 가능	제거 불가능	제거 불가능
생각과 마음 조종 불가능	생각과 마음 조종 가능	생각과 마음 조종 가능
국가 통제 불가능	국가 통제 가능	국가 통제 가능
제한된 경제 활동	무제한적 경제 활동	무제한적 경제 활동
제한적 화폐 기능	무제한적 화폐 기능	무제한적 화폐 기능
국가 간 제한받음	국가 간 제한받지 않음	국가 간 제한받지 않음
저장 용량 제한적	저장 용량 무제한	저장 용량 무제한
선택의 자유	처음엔 자유, 나중엔 강제	처음엔 자유, 나중엔 강제

베리칩과 나노칩을 비교하면서 짐승의 표를 함께 살펴보았는데, 짐승의 표가 될 수 있는 칩은 결국 나노칩이 될 수밖에 없다.

유엔 어젠다 2030의 실천 계획 중 하나인 ID2020 프로젝트의 중심엔 디지털 사회가 들어 있고, 디지털 사회를 만드는 핵심 요소가 디지털 칩이다. 2029년까지 유엔은 ID2020 프로젝트에 의해 전 인류에게 디지털 아이디를 부여할 계획이다. 디지털 아이디는 결국 디지털 칩이 될 것이며, 이 칩 중의 하나가 짐승의 표가 될 것이다.

필자의 판단으로는 짐승의 표가 되는 디지털 칩이 나온다고 해서 바로 강제되는 것은 아니다. 대부분의 사람들은 스스로 받겠지만, 그래도 개인 사생활을 염려하는 많은 사람들과 말씀에 깨어 있는 그리스도인들은 이 칩을 받지 않을 것으로 보인다. 그리고 일정 기간 현금과 같이 칩의 사회가 통용되기 때문에 현금이 완전히 들어가기 전까진 칩 받기를 꺼려할 것이다.

정부는 이런 사태를 막기 위해 다양한 당근을 던질 것이며, 주저했던 많은 사람들이 당근에 미혹되어 칩을 받게 될 것이며, 교회 또한 이에 동조할 것이고, 참 된 하나님의 자녀가 아닌 자들도 여기에 동참할 것이다.

강제적 칩의 사회로 전환되지 않더라도, 이미 칩을 통해 이루어지는 경제 사회는 칩을 받지 않는 자들에 대한 수많은 불이익이 있을 것이다.

얼마간의 시간이 지난 뒤 현금이 모두 사라지게 되면서 공히 완벽한 칩의 사회로 들어서게 되고, 이후 적그리스도에 의한 강제적 칩 이식이 진행될 것이다.

참 된 주의 자녀는 이 칩을 받지 않을 것이며, 이 시기쯤 하나님의 절대적 보호하심이 있을 것이니, 주의 자녀들은 절대 칩을 받지 말고 믿음으로 잘 이겨 주길 당부한다.

제3장

코로나와 바이러스 그리고 백신

2021년 2월부터 시작된 백신 접종 후 2022년 10월 공식 발표를 마무리하기까지 질병관리청 발표에 의하면, 백신으로 죽은 사람이 약 2,452명, 중중환자가 17,000명이 넘었고, 이상 반응 신고가 470,000명을 넘어섰다. 신고 안 한 건수를 합하면 수배에 달할 것으로 예측된다.

2022년 9월 10일 추석, 백신 접종 피해자들의 눈물의 합동 차례상을 지낸다는 보도를 접하면서 마음이 무겁다. 얼마나 가슴들이 아플지.

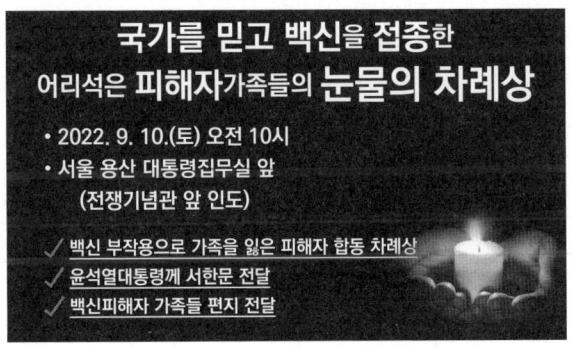

코로나 사태가 터지기 한창 전인 1995년, 피에르 길버트 박사는 다음과 같은 강연을 했다. 일부의 내용이다.

"In the biological destruction, there are the organized tempests on the magnetic fields. What will follow is a contamination of the bloodstreams of mankind, creating intentional infections. This will be enforced via laws that will make vaccination mandatory. And these vaccines will make possible to control people. The vaccines will have liquid crystals that will become hosted in the brain cells, which will become micro-receivers of electromagnetic fields where waves of very low frequencies will be sent. And through these low frequency waves people will be unable to think. You'll be turned into a zombie. Don't think of this as a hypothesis. This has been done. Think of Rwanda."

간단히 말하면, 백신 접종을 의무화하는 법을 만든다는 것이며 백신들이 뇌세포들 속에 자리 잡게 될 것이고, 이 백신이 전자기장의 마이크로 수신기가 되어 송수신이 가능하게 되는 초저주파의 파장들이 보내진다는 것이다.

세계 최고 의학 저널인 The BMJ에서, 화이자 백신은 효과가 과장된 엉터리 백신이란 사실을 FN TODAY 기사에서 밝혔다.

> **thedmj** covid-19 Research ∨ Education ∨ News & Views ∨ Campaigns ∨ Jobs ∨
>
> Feature = BMJ Investigation
>
> **Covid-19: Researcher blows the whistle on data integrity issues in Pfizer's vaccine trial**
>
> BMJ 2021 ; 375 doi: http://doi.org/10.1136/bmj.n2635 (published 02 November 2021)
> Cite this as: BMJ 2021;375:n2635
>
> Read our latest coverage of the coronavirus pandemic
>
> Article | Related content | Metrics | Responses
>
> Paul D Thacker, investigative journalist
> Author affiliations ∨
>
> Revelations of poor practices at a contract research company helping to carry out Pfizer's pivotal covid-19 vaccine trial raise questions about data integrity and regulatory oversight.
> **Paul D Thacker** reports
>
> In autumn 2020 Pfizer's chairman and chief executive, Albert Bourla, released an open letter to the billions of people around the world who were investing their hopes in a safe and effective covid-19 vaccine to end the pandemic. "As I've said before, we are operating at the speed of science." Bourla wrote, explaining to the public when they could expect a Pfizer vaccine to be authorised in the United States.[1]

영국의 의학회지인 The BMJ(BMJ jounals)는 최근 화이자 임상 실험을 진행했던 전직 1명과 현직 2명의 제보자의 말을 인용해, "화이자 백신이 엄격한 임상 실험을 거치지 않았고, 예방 효과는 과장되었으며, 중증 부작용에 대한 충분한 조사가 되지 않은 백신"이라고 밝혔다.

(https://www.bmj.com/content/375/bmj.n2635, 파이낸스투데이, http://www.fntoday.co.kr, 2021.11.05. 인세영 기자)

2022년 10월 11일, 유럽 청문회에서 화이자의 중역인 제닌 스몰은 네덜란드 하원 의원 밥 루스의 질문에 대해 다음과 같이 대답했다.

밥 루스 :
화이자 코로나 백신을 시판하기 전, 백신이 코로나 감염을 막을 수 있는

임상학적 근거가 있는가.

제닌 스몰 :

백신이 감염을 막는지 못 막는지 미리 알았냐고? 당연히 몰랐다. 백신 제조를 긴급하게 하라는 지시가 와, 빨리 만드느라 많은 위험에 노출되었던 것은 사실이다. 화이자 사장인 불라가 대답해도 아마 같은 대답을 할 것이다.

임상학적 실험을 제대로 하지 않은 채 급조되어 보급된 백신이기 때문에 위험에 노출될 것을 미리 알고 있었다는 내용이다.

독일 최대 신문사인 BILD지는 코로나19 관련 과장 보도로 사회에 피해를 끼친 점에 대해 사과문 발표했다.

버넌 콜먼 박사는, 우리는 코로나19 백신이 의학적으로 살인이라는 명백한 증거를 가지고 있다고 그의 홈페이지와 의학 저널인 서큘레이션지에 논문을 통해 밝혔다.

(https://principia-scientific.com)

전 화이자 부사장인 마이크 예돈 박사에 의하면 "코로나 백신은 대량 학살이다. 그리고 모든 코로나 돌연변이들은 원래 코로나19 바이러스와의 차이가 3.3% 미만이기 때문에, 주류 언론들이 '코로나19 변종' 또는 돌연변이에 대해 과장하고 있는 모든 '공포 포른(fear porn)'은 근거가 없다."라고 말했다.

(https://healthimpactnews.com/2021)

얼마 전 타계하고, 2008년 AIDS를 유발하는 HIV(인간면역결핍바이

러스)를 발견해 노벨 의학상을 받은 뤽 몽타니에(Luc Montagnier) 교수는, 데일리 익스포즈와의 인터뷰에서 "코로나 백신은 용납할 수 없는 실수다. 많은 역학자(epidemiologists)들이 '항체 의존성 강화(ADE)'로 알려진 현상에 대해 잘 알고 있으면서 침묵을 하고 있다."라고 말했다. 그는 바이러스가 돌연변이를 일으켜 변종을 일으키는 것으로 알려져 있지만, "실제로 변이를 만드는 것은 백신 접종"이라고 주장했다.

(https://dailyexpose.co.uk/2021/05/24)

2021년 6월 9일 핀란드 의회 의원인 아노 투르티아넨(Ano Turtiainen)은 핀란드에서 발생할 수 있는 코로나 백신 대량 학살 가능성에 대해 직설적인 연설을 했다. 그는 말하기를 그들(백신제약회사)은 의도적으로 여러 가지 다른 범죄에 연루되어 있지만 이 중 가장 심각한 것은 집단 학살일 수도 있다고 말했다.

(https://rapsodia.fi/covid-vaccine)

2022년 7월 유럽 의회 연설에서 독일 국회 의원 크리스틴 앤더슨(Christine Anderson)은 코로나19 백신을 접종하도록 강요하는 것은 "인류를 대상으로 저지른 가장 큰 범죄"라고 말했다.

(https://summit.news/2022/07/27)

mRNA 참여 개발자 로버트 말론 박사는 "사람들에게 백신을 받아들일지 말지 결정할 권리가 있다고 생각한다."며 화이자와 모더나의 코로나19 백신이 미 식품의약국(FDA)의 공식 승인이 아닌 긴급 사용 허가에 따라 접종되고 있는 '실험용 백신'이라고 강조하면서, 부스터 샷은 산산조각 난 과학적 합의에 불과하다고 했다.

(https://kr.theepochtimes.com/)

수십 년간 백신 개발의 최고 핵심에 일해 왔던 게르트 반델 보쉬 박사는 "특정 항원에만 반응하는 코로나 백신, 그로 인해 만들어지는 항체는 없어지지 않고, 영원히 살아남는다. 마치 컴퓨터에 새로운 소프트웨어를 설치한 것과 같다. 반면 모든 종류의 변이에 대처할 수 있는 자연 면역은 백신에 의해 무용지물이 되어 버린다. 이로 인해 사람들의 면역은 차츰 제로의 상태로 들어가게 된다."는 무서운 말을 했다.

그리고 대규모 코로나 백신 접종을 계속 시행하면, 일시적으로 환자가 줄고 상태가 호전되는 듯 보이나, 조만간 전염성이 높고, 백신으로 생긴 항체도 무력화시키는 변종이 나오고, 이 변종은 백신을 맞은 사람들에게서 백신을 맞지 않은 사람들(특히 아이들과 젊은 층)에게 전염되고, 나중에는 모든 사람에게 전염되는 새로운 팬데믹이 올 수 있다고 했는데, 지금 당장 백신 접종을 멈춰야 한다고 했다.

(https://www.geertvandenbossche.org/)

Dr. Geert Vanden Bossche는 빌&멜린다 게이츠 재단 전 백신 개발 선임 책임자였으며 Head of the Vaccine Development Office German Centre for Infection Research(DZIF)와 Chief Innovation & Scientific Officer(Univac) 그리고 GAVI 프로그램 책임자였다.

디데일 라울터 백신 교수는 "자연적 보호는 백신 보호보다 10배 더 효과적이다. 재발 위험은 코비드에 걸렸던 환자보다 백신 접종을

받은 환자에게 더 크다."며 실제 현실보다 수치 데이터를 바탕으로 하여 진실에서 벗어난 성급한 결론을 발표하면서 현재 시행되고 있는 의학의 표류를 경고하고 있다. 그는 "자연 감염은 백신을 맞았던 사람의 감염보다 최소한 10배 더 보호적이다. 자연 감염은 예방 접종에 비해 재발이 매우 드물게 나타난다."고 말했다.

우리나라 면역학자 배용석 (주)스마트푸드디엠 대표는 파이낸스 투데이에서 확진자 검사 통계를 토대로 분석해 볼 때 확진자의 99.91%는 코로나19로 인해 별다른 문제가 되지 않은 것이라고 했다.

(https://www.fntoday.co.kr/news)

세계 100인의 의료진에 선출된 이왕재 박사에 의하면, 백신의 예방 효과는 이론적으로 불가능하며 후두점막에 감염되므로 백신이 접근할 수 없다. 그리고 백신으로 항체 생성은 1%도 안 된다. 100명 중 1명도 안 된다. 백신의 안전성은 검증이 안 되어 있으며 mRNA 백신은 인류 최초 시도이기에 안전성은 10년 이상 연구해야 한다. 백신으로 인한 집단면역은 항체가 바이러스와 만날 수 없기 때문에 절대 불가능하며, 백신의 예방율이 95%라는 사실은 일체 믿을 수 없다고 했다.

더블린대학의 의과대학 분자 유전학 교수이자 아일랜드 자유당의 대표인 돌로레스 케이힐(Dolores Cahill) 박사의 인터뷰에서 "'mRNA 백신의 부작용'에 대해 이 코로나 바이러스 백신의 진짜 mRNA가 무엇이든 간에 백신 접종을 한 사람이 언젠가 실제 부작용이 발생하고 나면, … 동물 연구에서 일어난 일은 동물의 20% 또는 50% 또는 100%가 죽었다는 사실이다. 80세 이상의 사람들 중에서 약 2.5%는 심각한 부작용을 겪을 것이고 많은 사람들이 정상적으로 일하거나 생활할 수 없는 부작용을 경험할 것이다."라고 말했다.

(https://greatgameindia.com)

미국 면역 및 바이러스 박사 데렉 크나우스 박사는 "코로나는 가짜다. 나는 임상 실험실 과학자이다. COVID-19는 가짜다. 나는 바이러스학 및 면역학 박사 학위를 가지고 있다."고 말하면서, "나는 임상 실험실에서 S. California에서 수집된 1,500개의 '추정' 양성 COVID-19 샘플을 테스트했다. 우리 연구실 팀과 내가 Koch의 과정과 SEM(주사형 전자 현미경)으로 관찰하여 테스트를 수행했을 때 1,500개의 샘플 중 어느 것에서도 코비드가 발견되지 않았다."고 했다.

(https://halturnerradioshow.com/index.php/en/news)

서주현 명지병원 응급의학과 교수는 "코로나19의 사망률은 2%가 넘지 않는다. 백신 개발은 2%의 사망률을 0.5%로 낮추기 위해 하는 것일까? 그 백신이 개발될 때까지 이렇게 과도한 검사를 하며 버티는 것이 옳은 일일까?"라며, "코로나19 확진자의 99%는 증상의 경중만 있을 뿐 환자라고 볼 수 없는 경우가 많았고, 심지어 코로나 결과 양성 판정을 받고도 격리가 해제될 때까지 무증상인 사람도 많았다."고 하였다. 서 교수는 "백신을 맞으면 열이 나도 코로나19 검사를 안 해도 되고, 약을 먹고 이틀 동안 지켜봐도 된다니, 백신만 맞으면 면죄부를 받는 것 같은 기분이 들기도 한다."고 허탈감을 표하기도 했다.

(http://www.mygoyang.com)

세계에서 가장 많이 인용되는 면역학자이자, 세계에서 가장 많이 인용되는 10명의 과학자 중 한 사람인 존 이오아니디스(John Ioannidis) 교수 등 스탠퍼드대 연구진은 최근 미국 의료 전문지 스태트에 기고한 연구에서 "코로나19의 치사율은 WHO 발표 수치와 큰 차이가 나는 0.125% 정도에 불과하다."고 주장했다.

이오아니디스 교수는 "코로나19는 분명 심각한 위협이긴 하지만 신뢰할 만한 정보를 근거로 하지 않은 고강도 격리 조치와 과민 반응은 바람직하지 않다."고 주장했다. 앞서 워싱턴 포스트도 "코로나19 감염자의 75~80%가 무증상자라는 연구도 있다."며 "치사율을 계산할 때 이들 무증상자들이 빠진다는 점을 고려하면 WHO의 사망률 조사는 지나치게 높을 수 있다."고 분석했다.

(YTN 뉴스 입력, 2020.04.14. 오후 5:33 이교준 기자)

미국 클리브렌드 오하이오주에서 20년 넘게 4만 시간 동안 백신을 연구하고 교육한 미국의 Dr. Sherri Tenpenny 여사는 코로나 백신을 통해 약 20가지 정도의 유해성 메커니즘이 발생할 수 있음을 발표했다.

"Approving a vaccine, utilizing novel RNA technology without extensive testing is extremely dangerous. The vaccine could be a bioweapon and even more dangerous than the original infection."

"백신을 승인하는 것은 광범위한 검사 없이 새로운 RNA 기술을 활용하는 것으로 매우 위험한 일이다. 이 백신은 생화학 무기가 될 수 있으며, 원래의 감염보다 훨씬 더 위험할 수 있다."

(20 MECHANISMS OF INJURIES (MOI) FROM COVID-19 INJECTIONS)

2021년 3월 미 법원은 화이자에 백신에 대한 자료 제출을 요구했다. 그러나 화이자는 70년 뒤 발표할 수 있도록 허가해 달라는 요청에 미 법원은 8개월 내 전 내용을 제출하라고 명령했다. 이에 화이자는 백신에 대한 내용의 일부를 발표했는데, 사망을 포함한 부작용 건수가 약 1,200가지가 넘는다는 사실을 밝혔다. 그런데 우리나라 언론은 이에 대해 별것 아닌 것처럼 간단히 흘려보냈다. 그리고 대부분의 국민이 이런 사실을 제대로 알지 못하고 있다.

코로나 백신에 대한 거짓말은 WHO 사무총장의 말을 통해서도 잘 알 수 있다. 사무총장인 테워드로스 아드하놈은 다음과 같이 계속 말을 바꾸었다.

(파이넨스 투데이, 2022년 백신 관련 WHO의 거짓말 변천사, 2022.12.20. 인세영 기자)

2022년 5월 백신은 95%의 효과가 있다.

2022년 6월 70%의 효과가 있다.

2022년 8월 50%의 효과가 있다.

2022년 9월 감염 확산 예방 효과는 없지만 중증화 예방에는 효과 있다.

2022년 10월 중증화 예방 효과는 없지만 병원 입원 예방 효과는 있다.

2022년 11월 병원 입원 예방 효과는 없지만 사망 위험 감소 효과는 있다.

결국 우리나라 질병청도 바이러스의 계속적 변이로 백신을 통한 집단 면역이 불가능함을 인정했다. 2022년 11월 7일 서울 광화문 정부서울청사에서 열린 코로나19 특별대응단 정례 브리핑에서 정기석 코로나19 특별대응단장 겸 국가감염병위기대응자문위원장은 이 같이 밝혔다.

정기석 위원장은 "(코로나 초기엔 전 국민의) 70%가 백신을 맞으면 집단 면역이 형성된다라는 얘기들을 많이 했는데 그 얘기는 그 당시에는 틀린 말은 아니었지만 지금은 다르다."고 지적했다. 바이러스 전파력이 나날이 높아지고 있어서라는 구차한 변명으로 일관했다.

(이데일리, 코로나19 집단면역 형성 불가능, 2022.11.07. 이지현 기자)

그러나 지금이라도 사실을 인정한 것은 다행이다.

코로나로 인해 사망하는 비율이 감기나 독감으로 사망하는 비율보다 아주 낮다. 코로나로 인한 사망률은 0.1% 정도 밖에 되지 않는다. 그것도 대부분이 노인층에서 나타난다.

2022년 11월 2일 현재, 코로나 접종률이 88%에서 1%로 뚝 떨어졌다는 기사가 나왔다. 1차 87.9%, 2차 87.1%, 3차 85.6%, 4차 14.7%, 동절기인 현재는 1.6%로 떨어졌다.

(머니투데이, "부작용 무서워 못맞겠다" … 백신 불신에 접종률 뚝, 2022.11.02. 안정준 기자 외 2명)

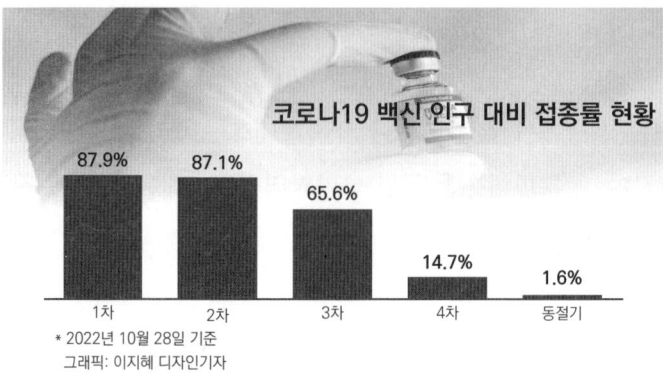

자료: 질병관리청

그나마 다행으로 여겨진다. 백신 부작용에 대한 국민 의식이 점차적으로 깨어나고 있다는 사실이다.

국산 개량 백신 1호를 만든 SK바이오사이언스는 자사가 만든 '스카이 코비원 멀티주' 생산을 잠정 중단했다. 접종률이 현저히 낮아 자사의 제품을 사용하는 사람들이 거의 없었기 때문이다.

학인연(학생학부모인권보호연대) 등 백신 반대 운동을 주도했던 일부 단체들의 열매라 보이며 백신의 실체를 알리는 그들의 노력이 없었다면 아직도 우리 국민 대다수는 백신의 무서움을 알지 못했을 것이다. 그들의 노고에 감사드린다. 그러나 백신에 대한 주의는 늘 해야 한다. 항상 경계를 늦추지 말고, 하나님께서 우리 몸에 주신 자연 면역이 최고의 면역임을 잊지 말고, 하나님께서 주신 귀한 음식들 잘 먹으며 면역력을 키워 주길 당부한다.

코로나 사태

우리는 이해할 수도, 이해해 줄 수도 없는 거대한 세계적 사기극에 놀아났다. 그러나 사기를 당할 때는 사기를 당하는 줄 모르듯, 인류는 거대한 사기의 현장 속에서 일부만이 그 현장에 대해 목소리를 내었을 뿐, 대부분이 그 사기에 동참 혹은 사기에 당했다. 그런데 아직도 사기를 사기인 줄 모른다. 코로나 사태는 역사 이래 전 인류를 속인 최고의 사기극이며 인류를 기만한 연극이다.

필자가 앞서 백신에 대한 여러 학자들의 견해를 먼저 밝힌 것은, 우리가 당한 코로나 사태가 거짓이고, 사기임에 대한 경각심을 먼저 주기 위해서다.

대륙의 합리론 창시자인 데카르트는 생각하는 인간 그 자체를 존중하며, 인간의 인간됨은 생각을 할 수 있는 존재라는 말을 하면서, 나는 생각한다, 고로 나는 존재한다는 대명제를 내세웠다.

오늘날 우리는 대중 매체의 앵무새 같은 메시지에 세뇌되어, 전혀 생각하지 못하는 인간이 되고 있다. 자연스레 대중 매체의 말을 그대로 받아들이고, 믿어 버리는 대중 매체의 꼭두각시가 되어 버렸다.

2015년 빌 게이츠는 TED 강연에서 미래 인류의 팬데믹을 경고하고, 지구촌 국가들은 핵무기 개발보다 전염병 예방에 돈을 써야 한다고 주장했다. 참으로 이상한 일이다. 의학자가 아닌 IT학자의 입에서 갑자기 이런 이야기가 나왔으며, 이런 그의 이야기는 실제가 되어 버린다.

2016년 5월 유엔 본부에서는 유엔 어젠다 2030 실현을 위해, 록펠러 재단이 주관하고 게이츠 재단 등이 참석한 가운데 'ID2020 어젠다'가 결의되면서, 전개했듯이 2029년까지 전 인류에게 디지털 ID를 제공한다는 내용이 나왔다. 이 프로젝트는 록펠러 재단, MS사, 액센츄어, 세계백신면역연합(Gavi), IDEO의 연합으로 진행되고 있다.

2019년 10월 18일 게이츠 재단인 빌&멜린더 재단은, 존 홉킨스 보건 센터 그리고 WEF와 함께 최고 등급의 팬데믹 사태가 발생할 것을 대비한 '이벤트 201'을 뉴욕의 더피어 호텔에서 비밀리에 개최했다.

이벤트 201에 대한 내용은 https://www.centerforhealth security.org에 자세히 기록하고 있다. 대중들이 보기엔 전혀 이상이 없는 내용처럼 보인다.

이벤트의 목적을 밝히는 내용의 일부를 홈페이지에서 원문 그대로 가져왔다.

(https://www.centerforhealthsecurity.org/our-work/exercises/event201/about)

Purpose

In recent years, the world has seen a growing number of epidemic events, amounting to approximately 200 events annually. These events are increasing, and they are disruptive to health, economies, and society. Managing these events already strains global capacity, even absent a pandemic threat. Experts agree that it is only a matter of time before one of these epidemics becomes global—a pandemic with potentially catastrophic consequences. A severe pandemic, which becomes "Event 201," would require reliable cooperation among several industries, national governments, and key international institutions.

요약해 보면, '전 세계적으로 전염병이 증가하고, 이 전염병으로 말미암아 우리 지구가 파괴된다, 그렇기 때문에 전 세계가 함께 협력해 이런 사태를 해결해야 한다'는 내용이다.

이벤트 201의 팬데믹 사태는 박쥐로부터 돼지 그리고 인간으로 전염되어 결국 사람들 간에 광범위한 전염으로 말미암아 약 18개월 동안 인구 6,500만 명이 죽고 세계 경제가 파산되는 것으로 마무리된다. 이때 퍼진 가상의 전염병이 코로나다.

2019년 12월 19일 중국 우한에서 갑자기 실제 코로나라는 바이러스가 나타났다는 보도가 나왔다. 박쥐로부터 옮겨 왔다는 내용이었다. 이후 코로나 바이러스는 전례 없는 전염 속도로 전 세계를 강타하고 있다는 대중 매체의 보도가 계속되면서 결국, 2020년 3월 12일 테워드로스 아드하놈 거브러여수스 WHO 사무총장은, 코로나19 팬데믹 선언을 발표했다. 코로나 바이러스란 말이 나온 후 약 3개월 만이다. 이런 급작스런 팬데믹 선언도 전례가 없는 이례적이었다.

　놀라운 사실은, WHO의 팬데믹 선언에 전 세계가 움직이고, 이 말 한마디로 세계의 문이 닫히게 되었으며, 약간의 반대는 있었지만 그 어떤 저항 없이 이 팬데믹은 전 세계를 코로나라는 공포로 밀어 넣어 버렸다.

　그러나 코로나 바이러스 추출물이 발견되지 않았고, 수많은 전문 의학자, 생명공학자, 바이러스 전문가들의 연구 결과, 코로나가 거짓되고 잘못된 것임이 드러나고 밝혀지자, 세계 곳곳에서 이에 대한 사실 규명과 시위가 이어졌으나, 우리나라는 이상하리만큼 코로나 사태를 적극 수용, 전 국민들을 코로나 공포로 밀어 넣었고, 여기에 교회는 앞장서 정부의 방침에 적극 협력했다. 교회의 코로나 1차 접종률은 96% 정도다.

　코로나 팬데믹이 발표되자 얼마 지나지 않아 코로나 바이러스 검사를 위한 PCR 검사법이 도입되면서 거의 의무적으로 PCR 검사를 받도록 했고, 이 검사 이후 코로나 환자 수가 급증하는 사태가 일어났다.

PCR(중합효소연쇄반응법)은 1993년, 이 발명으로 노벨 화학상을 수상했던 닥터 캐리 멀리스 박사의 발명품이다.

자신의 침이나 가래 등의 가검물에서 RNA를 채취해 진짜 환자의 RNA와 비교, 일정 비율 이상 일치하면 양성으로 판정하는 검사 방법이다. 코로나 바이러스는 RNA 바이러스기 때문에 RNA를 DNA로 변환, 증폭시켜 그 결과를 찾아낸다. 이렇게 DNA를 검출하기 위해 얼마나 많은 증폭을 했는가를 'Cycle Threshold(Ct)'라고 불리는데, 이 증폭 수치에 의해 양성과 음성으로 그 결과를 판단한다.

PCR 검사에 있어 Ct 값의 정확도를 파악하기 위해선 바이러스를 배양하여 얻어진 자료와 비교해야 한다. European Journal of Clinical Microbiology & Infectious Diseases에 발표된 데이터에 의하면, PCR 테스트가 100% 정확성을 가지려면, Ct 값이 17 미만이고, 80%의 정확성은 25 미만, 34 이상이면 0%로 떨어진다고 했다.

2020년 9월 Clinical Infectious Diseases에 발표된 논문에 있어, Ct 값이 25일 때 70%의 정확성, 30이면 25%로 떨어진다. Ct가 35일 경우에는 고작 2.7%였다고 했다.

2021년 1월 27일 중앙대병원 감염내과, 고려대 의대 미생물학교실 공동 연구 논문이, 권위 있는 New England Journal of Medicine에 게재된 됐는데 Ct 값에 있어 그 값이 28.4 이하에서만 바이러스가 배양됐다는 사실을 발표했다.

프라임 경제 기사에서 "한국에서 사용되는 PCR 테스트, 얼마나 정확할까?"라는 제하의 기사에 의하면, 당시 한국에서 사용되는 Ct 값은 승인된 6종(모두 국내산)의 코로나19 진단 키트 중, 3종은 Ct 값을 40으로 설정해 놓았고, 나머지 3종은 Ct 값이 각각 38과 36, 35로 정해 놓고 사용했음을 밝혔다.

한성영 민노총 사회 서비스, 일반노동조합 위원장이 전국의 보건소에 일일이 전화해 Ct 값에 대해 문의한 결과 7개 업체에 대한 CT 값을 확인했다. 녹십자, 씨젠, 이원, 보건환경연구원 등의 4회사는 40, 랩지노믹스는 36, 신원 35, 삼광의료재단 33~40으로 조사됐다고 했다.

(프라임 경제, 2021.03.04.)

수많은 전문가들이 PCR 테스트의 근본적인 문제를 오랫동안 제시했다. 급기야 2020년 12월 14일 WHO도 PCR 테스트의 위양성 문제를 인정했으며, 포르투갈에서의 한 판사는 Ct 값이 25가 넘으면 믿을 수 없다고 판결을 내리기도 했다.

그리고 22명의 독립적인 과학자 단체 The International

Consortium of Scientists in Life Sciences(ICSLS)에 의하면, Ct 값 35 이상은 하나도 신뢰할 수 없다고 비판했다. 그리고 지난 2021년 2월 17일 Lancet에 발표된 논문에서도 PCR 테스트가 코로나 판정에 적절하지 못하다는 주장의 내용도 발표됐다.

PCR 검사기를 만들어 노벨상을 받은 Kary Mullis 교수는 PCR 검사 시 증폭을 많이 하면 누구한테서 무엇이든 찾아낼 수 있다고 했다. PCR 검사의 정확성을 분명히 하기 위해서는 증폭 값을 아래로 낮추어야 하는데, 일반적으로 17 이하로 낮추어야 정확한 진단이 가능하다.

일반 국민들은 PCR 검사가 무엇인지도 모른다. 간호사가 PCR 검사를 할 때 코로 깊숙이 검사 막대를 집어넣어 5, 6회 정도 심하게 돌린다. 피검사자자가 왜 그렇게 돌리느냐 물으니, 자기도 모르고 위에서의 지시대로 했다고 한다.

아무것도 모르고 검사를 받은 국민들은 국가에서 양성이라 하면, 양성이고, 음성이라 하면 음성인 줄 알고, 그 결과에 따라 희비가 엇갈린다. 양성인 자가 다시 검사했을 때 음성이 나오기도 하고, 음성인 자를 다시 검사 했을 때 양성으로 나오는 경우도 허다했다.

우리가 국가에서 실시하는 PCR 검사에 대해 의문을 갖는 것은 전혀 이상한 것이 아니다. 오히려 그대로 따르는 사람들이 잘 몰라 따를 뿐이다. 만약 이들이 이런 사실들을 안다면 국가의 결과에 대해 승복할 사람들이 얼마나 될지 궁금하다.

미국이나 유럽 등 이미 여러 나라에서 PCR 검사를 없앴고, 코로나도 종식시켜 가고 있다. 현재 OECD 국가 중 마스크를 쓰는 나라는 우리나라 밖에 없다. 밖에선 쓰지 않아도 된다는 정부의 발표에도 대부분의 사람들이 마스크를 쓰고 다닌다.

유전자 증폭 검사인 PCR 검사의 문제점에 대해 지적한 닥터 캐리 멀리스 박사는 2019년 7월 한여름에 폐렴으로 사망하게 된다. 많은 의문이 가는 대목이다.

아프리카에서는 백신을 거부했던 4명의 대통령이 모두 사망했다. 탄자니아의 마구폴리, 브룬디의 은쿠룬지, 차드의 이드리스 데비, 아이티의 모이즈드등 4명이다.

이 중 그리스도인 존 마구폴리 탄자니아 대통령은 21년 3월 17일 그가 사망하기 전까지 탄자니아의 대통령으로 재임했던 인물이다.

2021년 3월 갑작스럽게 행방불명되었던 마구폴리 대통령은, 코로나가 사기임을 알고 코로나와 백신을 거부하며, WHO 직원을 추방한 뒤 사라졌다. 2주 후 부통령에 의해 심장마비사하였다고 발표만 되고 그대로 묻혀 버렸다.

마구폴리 대통령은 2020년 3월 탄자니아에 첫 확진자가 발생하자 3일간 국가 금식 및 기도를 선포하고, 3일간의 국가 금식을 한 후 하나님께서 탄자니아를 지키실 것을 믿고 감사할 것을 말한 인물이다.

탄자니아는 코로나와 관련해 일체의 거리 두기, 마스크 착용 강제 등의 방역 조치를 취하지 않았고 교회, 상점, 학교를 정상적으로 운영해 왔다.

존 마구폴리 대통령은 코로나 검사를 해 달라며 다섯 사람의 검체를 WHO 본부에 보내 코로나 테스트를 실시하도록 했는데, 이는 사람이 아니라, 파파야 열매, 잭프룻 열매, 염소, 메추라기, 엔진 오일을 이용해 만든 가짜 검체물을 사람이라 속여 검사를 의뢰했다. 놀라운 결과가 나왔다. 4개가 양성이고, 하나는 판명 불가로 나왔다. 현재 코카콜라, 키위도 양성 반응이 나온다고 한다.

이 사실을 안 마구폴리 대통령은 코로나가 사기임을 알고, 파견되어 있던 WHO 직원들을 전부 추방시켰으며, 보건부 장관을 통해 탄자니아 내, 백신의 출시를 원천 금지시켰다.

코로나가 잘못되었음을 지적하며, 34년 이상 호흡기 감연 치료 분야에서 치료 경험을 가진 심장병 전문의였던, 스위스의 코마스 바인더 박사[5]는 코로나19의 문제를 지적하다 정신 병원에 강제 감금된

---

5) 취리히대학에서 내과와 심장학을 전문으로 하는 면역학과 바이러스학 박사 학위를 받았다.

인물이다.

2020년 본격 시작된 코로나 사태는 급기야 전 세계를 공포의 도가니로 몰아넣었고, 세계는 코로나와의 치열한 전쟁에 돌입하게 된다. 코로나는 거짓이며, 사기라는 수많은 전문 의학자의 반대에도 불구하고 코로나 사태는 더욱더 본격화되면서, 사람들은 집 밖 출입을 하지 못하고, 국가의 공권력에 의한 통제 속으로 들어가면서, 생활의 불편이 가중되었다.

자연스레 사람들은 콘택트(contact)의 문화를 버리면서 언택트(untact)에 적응하게 되고, 대부분의 나라들이 언택트 시대에 적응 가능하고, 모든 업무들도 언택트로 볼 수 있는 시스템으로 대체해 갔다. 자연히 디지털 문화의 유산이 되는 언택트에 길들여지게 되면서 현재 학교 학생이나, 직장인들도 언택트를 많이 선호하고 있다.

2020년 3월 11일 WHO의 팬데믹 선언 이후, 약속이라도 한 듯 갑자기 유엔 산하 197개국 전 나라에서 코로나 바이러스가 나타나기 시작했으며, 어떤 나라는 심하게, 어떤 나라는 좀 약하게 나타면서 전 세계를 코로나 바이러스의 공포로 밀어 넣기 시작했다. 그리고 더 놀라운 사실은 얼마 뒤 바로 백신이 나오면서 백신이 공급되기 시작했다. 일반인이나 전문인의 상식을 모두 깬, 놀라운 백신의 등장이다.

공급된 백신은 지금껏 시도된 적이 없는, 일반 사람들에게 생소한

mRNA 기법의 백신이었다. 아스트라제네카, 화이자, 모더자, 얀센이 백신을 공급하는 대표적 회사였다.

백신 승인은 상식적으로 동물 실험을 완벽히 거친 뒤, 사람을 중심으로 임상 1, 2, 3상을 거쳐 미국 FDA 승인을 받아 사용하게 되어 있다. 이렇게 승인받는 평균 소유 기간이 10.7년 정도 된다.

그런데 코로나 바이러스 전파를 막기 위해 만들어지고 보급된 백신은 불과 3~10개월 만에 개발되어, FDA의 긴급 임시 승인[6]이 떨어져 사람들에게 보급되기 시작했고, 그에 따른 부작용도 만만찮게 나타나기 시작했다.

mRNA로 만들어진 백신은 전례가 없는 백신으로 이번 코로나 사태로 말미암아 갑자기 등장한 백신이다. 이 백신을 연구한 수많은 전문 학자들이 mRNA 백신에 대한 위험성을 지적하고, 백신 사용을 금지해 줄 것을 요청했으나, 모두 묵살되었고, 일부의 전문가들은 갑자기 사망하기도 했다.

우리나라는 좀 늦게 백신이 공급되었으나, 타의 불허를 추종할 정도로 빠르게 백신 접종이 진행되어 세계 탑 권에 속했다. 당연 백신 공화국이라는 닉네임도 얻게 되었다.

---

6) 긴급 승인(EUA)을 받은 백신은 그 부작용에 있어 면책 특권을 받는 것이 미국의 긴급 승인에 관한 법률이다.

2022년 11월 현재 우리나라의 백신 접종률은 세계 탑 권에 속해 있다. 그럼에도 불구하고 코로나 환자도 세계 탑 권이다. 백신이 코로나에 효과가 있다면, 당연히 백신 접종이 많은 우리나라는 코로나 환자수가 절대적으로 줄어들거나 없어야 하는데, 오히려 그 반대 현상이 일어나고 있고, 이제는 4차 접종까지 권유하며, 국민들을 설득시키고 있다. 그러나 백신에 대해 점차적으로 알아 가는 국민들로 인해 접종이 제대로 되지 않고 있다.

이스라엘의 공중 보건 책임자는 국영 방송에서 코로나로 인한 중증 환자의 95%, 응급실 입원 긴급 환자의 85~90%가 백신 접종자란 말을 했다.

영국의 데일리 익스포즈에서는 코로나로 인한 사망자의 80% 이상이 백신 접종자란 사실을 밝혔다.

(https://dailyexpose.co.uk/2021/07/29/87)

미국 미네소타 주의 경우는 신규 코로나 감염자의 99%가 백신 완전 접종자란 사실을 밝혔다.

(ttps://humansarefree.com/2021/10/)

캐나다 역시 코로나 응급실 환자의 80%가 백신 2차 접종자라고 밝혔다.

존스 홉킨스의 데이터에 따르면, 코로나19 백신이 질병과 사망의 대부분을 유발하고 있다는 충격적 보도를 했다.

(https://humansarefree.com/2021/10)

미 국방부에서 조사해 발표한 내용을 보면 코로나19 입원의 대다수가 완전 백신 접종을 받은 사람들 사이에서 발생하고 있다고 했다.

(https://principia-scientific.com)

스웨덴의 경우에 있어서도, 코로나 사망자의 70%가 백신 완전 접종 혹은 2차 이상 백신을 접종한 자들임을 밝혔다.

(https://humansarefree.com/2021/10/7)

THE EPOCH TIMES지는 독일 연구진의 연구를 인용해, "모든 코로나 백신에서 독성 물질을 발견했다"는 보도를 했다.

(THE EPOCHTIMES, 독일 연구진, 모든 코로나19 백신에서 독성 물질 발견, 2022.08.29. 엔리코 코리코스 기사)

이 연구는 독일의 독극물 전문가인 잰시 린지 박사에 의해 진행되었는데, 잰시 린시 박사에 의하면 이 연구는 영, 나가세, 보타, 플레밍, 로버트 웨이클링, 노악 박사 등 해외 연구진의 연구에 기반을 두고 있다"고 말했다.

이번 연구에 참여하지 않은 제3자로서 견해를 밝힌 린지 박사는 "코로나19 백신에 관한 오염 의혹이 일관되게, 일정한 숫자 이상으로 제기되고 있다"며 "투명성 측면에서 당혹스러운 문제"라고 강조했다.

연구팀은 코로나19 백신 접종자에게서 채취한 혈액 샘플을 분석해 중요한 두 가지 발견을 했다는 점도 밝히면서, 하나는 혈액 샘플에서 백신 접종을 전후로 '눈에 띄는 변화'가 나타났다는 점, 다른 하나는 지질나노입자(LNP)의 안정성이 클수록 더 많은 부작용이 관찰됐다는 점이었다.

(kr.theepochtimes.com)

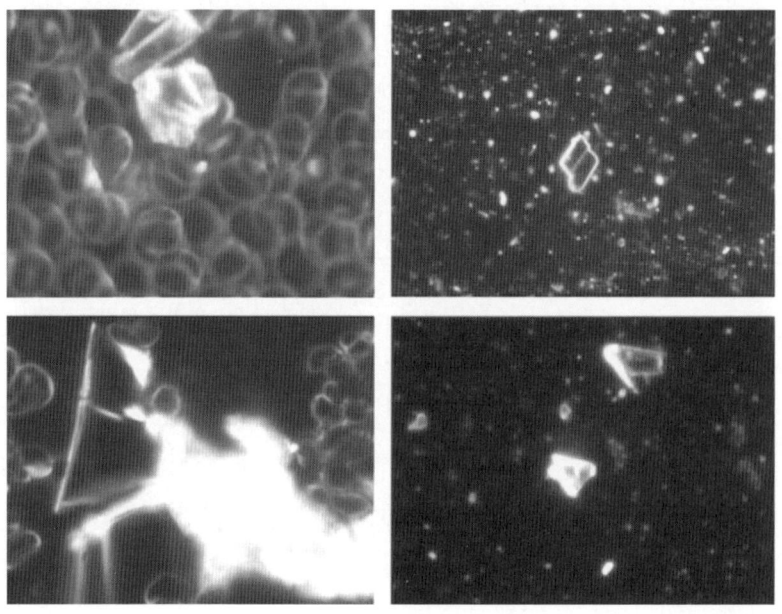

혈액 샘플과 백신에서 관찰된 결정체. 왼쪽은 화이자의 코로나19 백신을 접종한 사람에게서 채집한 혈액 샘플에서 발견된 결정체다. 비슷한 형태의 결정체가 코로나 백신에서도 발견됐다(오른쪽).

제공: 헬렌 크렌 (kr.theepochtimes.com)

미국의 expose-news에 의하면 '미국 CDC는 코로나 백신 접종이 자가 면역 질환의 위험을 13.200% 높인다'는 연구 결과를 발표했다.

(Expose-news.com)

A study conducted by the US Centers for Disease Control and Food and Drug Administration has shown that the risk of myocarditis following mRNA COVID vaccination is around 133x greater than the background risk in the population.

This means Covid vaccination increases the risk of suffering myocarditis, an autoimmune disease causing inflammation of the heart, by 13,200%.

이상의 결과들을 우리 질병관리청이 모를 리 없다. 그리고 언론도 모를 리 없다. 그런데 이런 모든 사실들을 뒤로한 채 우리 국민들에게 계속 백신 접종을 강요해 왔으며, 지금도 백신이 코로나의 중증을 예방하고 있다는 발표를 하면서 접종을 독려하고 있다. 우리 언론의 순기능 역할은 완전 사라졌고, 우리 국민들은 이런 언론에 의해 지성과 감성이 마비되어, 그대로 믿고 따라가 버린다.

과거엔, 초기에 나온 백신으로 인해, 약 50명 정도가 사망하면, 전량 폐기 처분했다. 그런데 2,500여명 가까이 사망했음에도 불구하고, 폐기 처분은커녕 오히려 더욱 더 접종을 장려하고 있다.

참으로 안타까운 현실은, 우리 교회가 백신 접종에 있어 최고의 협조자였다. 성도들 가운데 일차 백신 접종자가 약 95%이상이었고, 2차, 3차도 교회와 성도들이 앞장섰다. 다른 사람들에게 피해를 주지 않고, 사회의 빛과 소금이 되기 위해 그렇다는 것이다. 정말 우리 백성들을 위하고, 사회의 빛과 소금이 되려했다면, 이에 대해 연구하고 바르게 알려, 경고를 주어야 함이 옳았을 것이다. 모두 자신이 살려고 한 거짓말이다.

필자 주변에 백신으로 인해 사망한 사람도 있고, 아직까지 다리를 쓰지 못하는 사람도 있으며, 그 후유증을 호소하는 사람들이 꽤 있다. 백신 접종 전, 전혀 이상이 없던 사람들이 백신 접종한 후 갑자기 그렇게 되었다. 보건소에 신고했지만, 기저 질환으로 인한 것이기 때문에 인과성 없음으로 마무리되었고, 어디에 호소할 데도 없이 후유증으로 치료가 필요한 사람들은 개인 돈을 들여 치료를 계속하고 있다.

필자는 코로나, 백신 사태가 우연히 일어난 일이라 보지 않는다. 오랫동안 딥스에 대한 부분을 살펴보면서, 이들의 계획 가운데, 백신으로 사람들을 감시, 통제 그리고 마음대로 조종하는 시대를 만들 것이라는 내용을 알고 있었기 때문에, 백신에 대한 경계를 늘 하고 있었다.

그러던 중 2020년 코로나 사태가 일어나고, 곧바로 백신이 출시된 것을 보면서, 유엔 어젠다 2030 실현과 특히 ID2020 프로젝트 실현을 위한 딥스의 본격 계획이 진행되었구나라는 생각을 했다. 그래서 유튜브를 통해 이런 사실을 알리고, 백신에 대한 경계를 주었는데 결국 계정이 삭제되고, 모든 영상도 사라졌다.

백신 안에는 다양한 물질이 들어가는데, 그중 인간 몸을 디바이스

하는 물질이 산화 그래핀이라는 나노물질이다. 산화 그래핀이 우리 몸에 들어오면, 우리 몸에 있는 수소와 산소가 나노와 결합되면서, 전기와 전자적 성질을 갖게 된다.

산화 그래핀은 6개월에서 1년내 재주입하지 않으면 대부분 사라지나, 계속 주입하게 되면, 우리 몸 내 다양한 질병을 일으키는데, 주로 뇌 질환과 심장 질환을 많이 일으킨다. 우리 뇌와 심장이 전기적 반응에 가장 민감한 부분이기 때문이다.

산화 그래핀의 전자적 성질이 우리 몸에 머물게 되면, 외부와의 통신이 가능해지고, 외부에서 원격으로 우리 몸을 조종할 수 있는 상태가 된다. 그렇기 때문에 나노컴퓨터가 우리 몸에 들어오게 되면, 외부에서 이를 조종해, 사람들을 마음대로 통제할 수 있게 된다. 이는 산화 그래핀이 뉴런의 시냅스를 파괴하여 우리의 뇌가 매핑될 수 있도록 관리하고, 말 그대로 기억, 지역 생각, 감각, 감정 등 느낌과 같은 정보를 수집할 수 있도록 하기 때문이다.

모두가 이런 이야기를 음모론이라 취급했다. 지금도 그렇게 믿는 사람들이 많이 있지만, 많은 분들이 깨어나, 이제 이런 사실을 알고 있고, 전문 연구진들의 연구 결과에 대한 신뢰를 하면서, 백신 안에 나노그래핀이 함유되었음을 인정한다. 인터넷에 산화 그래핀에 대한 전문 연구들의 연구가 많이 올라와 있으니 참고하면 도움이 될 것이다.

글로벌리스트며 클라우스 슈밥의 참모 역할을 하는 유발 하라리는, 인간을 해킹해 인간의 생각과 마음을 알 수 있다는 말을 했는데, 이는 인간 몸이 컴퓨터화될 것임을 미리 알고 이야기 한 것이다.

제4차 산업혁명 시대를 선포한 클라우스 슈밥은 "이 혁명은 사람의 일을 바꾸는 것이 아니라, 사람 그 자체를 바꾸는 일"이라고 했다. 휴먼 2.0을 염두에 둔 것이다.

백신 안에 산화 그래핀이 들어 있음은 이미 밝혀진 사실이다. 수많은 부작용이 있음에도 계속 백신을 맞히려는 것은 우리 몸에 산화 그래핀을 집어넣음으로, 디지털 사회 내 디지털 인간을 만들려는 것이며, 휴먼 2.0으로 인간을 트랜스 휴먼화해, 짐승의 표가 되는 디지털 칩을 이식하려는 것이다.

그렇기 때문에 앞으로 더욱더 발전되고 진일보한 범용 백신이 선보일 것이며, 대부분의 사람들은 여러 바이러스를 잡아 준다는 달콤한 유혹에 미혹되어, 만능 혹은 범용 백신을 맞게 될 것이다. 2023년에는 범용 백신이 나올 가능성이 많이 있다.

미국 펜실베니아대 의대에서는 mRNA 기술을 적용해 백신 한 번으로 모든 독감을 예방하는 범용 독감 백신 동물 실험에서 이미 성공했다.

산화 그래핀은 우리 몸을 디바이스화해, 디지털 시대에 걸 맞는 IoB, 즉 신체인터넷 시대를 열어 감에 있어 필수 요소가 된다. 그리고 짐승의 표를 이식하기 위해선 필수 물질이 된다.

나노물질인 산화 그래핀은 백신이 아니더라도 공기 그리고 다양한 식자재, 음료 등 수많은 식품에서도 발견된다. 그렇기 때문에 백신을 맞지 않는다 해도, 산화 그래핀은 우리도 모르는 순간 우리 몸 안에 축적될 수 있다. 단지 백신 안에는 다량의 산화 그래핀이 들어 있어 그 부작용이 심각하지만, 일반적으로 우리 몸에 들어오는 산화 그래핀은 치명적이지가 않다. 그리고 일정 시간이 지나면서 사라지고, 또 들어오고, 사라지는 일들이 반복적으로 일어난다.

백신 안에 주입된 산화 그래핀은 인위적 조작으로 대량 들어온 것이기 때문에 그 위험성에 있어 사망에서부터 다양한 질환으로 나타나기도 한다. 이는 나노라는 물질의 부작용 때문에 일어나는 일들이다. 아직 나노의 독성 제거에 있어 완전히 해결한 것이 아니기 때문에, 우리 몸에 대량 주입되면 아주 위험하다.

뭔가 얼떨떨할 것이다. 코로나 사태, ID2020 프로젝트, 조금 뒤에 다룰 The Great Reset, 이것들과 백신이 뭔 상관이 있느냐는 생각을 할 수 있다. 그러나 이 모두는 하나의 어젠다를 위해 존재한다. 유엔 어젠다 2030이다.

전 인류를 이 어젠다 속으로 밀어 넣으려면 그에 걸맞은 세기적 사건이 필요하다. 전염병과 백신만큼 큰 효과적인 것이 없다는 것을 세계 정부주의자들은 오래전부터 알고 있었고, 이제 시대적 여건이 형성되자, 그 계획을 추진하는 것이다. 백신 접종은 장기간 계속될 것이다.

이미 세계는 유엔의 지시대로 움직인 지 오래다. 그리고 유엔 산하 여러 조직들에 의해, 세계의 운명이 좌지우지되는 경우도 배재할 수 없다. 그리고 그렇게 되어 가고 있다. 그 기구중 하나가, WHO라는 유엔 조직이다. 세계인들의 건강을 갖고 움직이는 기구로 인류를 통제하기 위해서는 최적의 기구다.

지난 11월에 마무리된 2022년 G20 정상회의에서, 전염병에 대한 모든 권한을 WHO에 위임하고, 전 국가는 WHO의 지시대로 따르기로 한다는 발표를 했으며, WHO는 23년 5월 총회 때 이런 안을 가결시키려 한다. 국가 위에 존재하는 기구로 만들겠다는 것이며, 앞으로 전염병을 통해 인류 통제를 계속하겠다는 숨은 의도도 발견할 수 있다.

얼마 전 네덜란드 국영 TV에서 한 바이러스 학자의 실수로 코로나의 음로를 밝힌 내용이 방송됐다. 이 내용에서 WHO가 2020년부터 2030년까지 10년간 감염병에 대한 계획을 가지고 있다고 밝혔다.

WHO에 소속된 마리오 쿱만스라는 네덜란드 정부 출신의 바이러

스 학자로 국영 TV와의 인터뷰에서 더 플랜이란 계획을 설명하면서, 그녀는 WHO가 2020년부터 2030년까지 10년간의 전염병 계획을 가지고 있다고 말실수를 하면서 밝혀진 내용이다.[7]

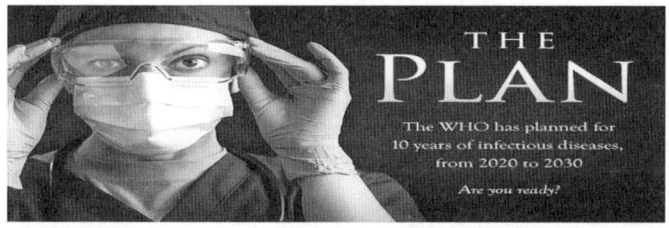

출처: https://www.stopworldcontrol.com

정말 놀라운 사실은 WHO가 이미 전염병에 대해 알고 있었다는 점, 2017년 파우치가 위험한 질병이 발병할 것이라고 이미 말한 점, 코로나 바이러스가 우한에서 어떻게 세계로 퍼지는 지를 보여 주는 비디오가 세계 준비 위원회에서 이미 만들어진 점, 코로나가 발병하기 몇 달 전 빌 게이츠가 이 전염병을 위한 훈련을 미리 한 점, 그리고 유일한 대안은 백신 밖에 없을 것이라는 사실을 인지시키려고 했다는 점, 코비드가 발생하기 1년 전부터 코비드에 사용될 PCR 키트를 만들어 두었다는 점, 2010년 록펠러재단의 '미래를 위한 시나리

---

7) https://www.stopworldcontrol.com

오'에서 2020년에 일어날 코로나 사태를 미리 예견했다는 점 등등 수도 없이 코로나는 계획되어 나온 사기극이란 사실이 드러나고 있다.

WHO뿐만 아니라, 유엔의 대변인격 비슷한 WEF 또한 유엔 어젠다 2030의 실현을 위해 숨 가쁘게 달려가고 있다.

본인은 오래전부터 딥스의 계획을 알리며, 이들의 계획들을 조심스레 살펴 왔다. 그러다 보니, 음모론자, 극단적 종말론자, 이상한 목회자라는 수식어들이 따라왔다. 오랜 세월 함께한 본 교회 성도들도 그런 분들이 제법 있는데, 다른 분들이야 오죽하겠는가.

본인의 짧은 지식으로 이들의 거대한 정체를 제대로 안다는 것은 불가능 하다. 그렇기 때문에 어느 정도의 실수는 인정할 수 있다, 그러나 이들에 대해 진지한 자세로 연구하면 음모론이니 하는 그런 소리 함부로 하지 못한다. 그리고 이들에 대한 조금의 지식만 갖고 있어도, 이들의 계획이 눈에 보이며, 지금 세상이 이들이 계획한 대로 흘러가고 있음을 알 수 있다. 그러나 이들의 모든 계획 또한 하나님의 계획을 이루는 일이 되며 절대 하나님의 주권하에서 진행된다. 그렇다고 그 주체가 하나님이란 억지는 부리지 말길 당부한다.

본인은 항상 2030년대를 주목해 왔다. 그리고 지금도 마찬가지다. 많은 분들이 나름 시기에 대해 이런저런 이야기들을 했으나, 본인은 2030년대쯤 놀라운 일이 일어날 것임을 늘 말해 왔다. 그건 이 땅에

대한 주님의 심판과 재림에 대한 내용들이다.

　재림의 시기와 날짜를 말하는 것은 아주 위험한 일이다. 주님께서도 그날과 그 시는 알 수 없다는 말씀을 하셨기 때문이다. 지극히 옳고 당연하신 말씀이다. 그렇다고 시대를 살펴 대충 주님 오실 시대를 말하는 것 마저 잘못된 것으로 치부하면 안 된다. 주님도 주님 오실 시대적 배경을 말씀해 주셨고, 그때 되면 준비하도록 알려 주셨기 때문이다.

백신사태

정말 참담한 일이다. 세계적 석학들의 경고나 이들의 목소리는 들어가고, 거의 강제되다시피 전 세계는 코로나 백신이 공급되면서, 백신을 주입하기 시작했다. 거듭되는 백신 성분 공개에 대한 요구는 모두 묵살되고, 약 8개월 만에 만들어진 백신에 의해 속수무책 국민들에게 백신이 주입되기 시작했다.

대부분의 사람들이 정부에서 하는 일이니, 별 문제 없을 것이라고 믿고, 별다른 저항 없이 백신을 맞았다. 그리고 언론 방송들도 연일 연야 코로나에 대한 공포를 주면서, 사람들에게 백신을 맞아야 한다는 홍보를 했다.

몇몇 전문가들이나, 백신에 대해 지식이 있는 분들이 목소리를 내보려 했으나, 거의 차단당했다.

오래전부터 mRNA 백신에 대한 연구는 진행되었으나, 단 한 번도 성공하지 못했고, 짐승에 대한 임상에서도 모두 실패했다.

그런데 코로나 백신으로 나온 백신들은 짐승들에 대한 실험도 제대로 하지 않았고, 화이자는 원숭이를 대상으로 실험했지만, 모두 사망했다는 사실을 은폐시켰다.

약 8개월 만에 나온 백신, 제대로 실험도 되지 않은 백신, 이런 백신이 코로나 바이러스를 예방하는 백신이라 보도되면서 각국은 앞 다투어 이 백신을 수입했고, 우리나라는 좀 늦었지만, 역시 수많은 백신을 수입해 국민들에게 놀라울 정도로 빠른 속도로 접종을 시켜 갔다.

대형 교회를 중심으로, 교회는 백신 접종을 빨리해 예배를 회복하고, 코로나를 종식시키자는 기도회를 열기 시작했고, 앞장서서 백신 접종하는 일에 우선했다. 이런 이유로 교회는 약 95% 이상의 접종률을 기록했다. 경이적 기록이다. 목회자나 성도들 대부분이 접종했다는 말이다.

정부는 쾌재를 불렀다. 코로나의 온상지로 교회를 지목하도록 거짓 정보를 보내, 사람들에게 교회에 대한 불신을 일으키면서, 이를 회복하고자 하는 교회는 백신 접종에 앞장서서 교회의 이미지를 쇄신시켜 보려 한 것이다.

코로나 백신. 아직도 당신은 이 백신을 믿고 있는가. 세계적 전문 의료진 17,000여명이 백신에 대한 문제에 있어 소송 중에 있다.

제대로 임상 시험을 거치지 않은 코로나 백신의 문제는 백신 접종이 시작되면서 서서히 불거지기 시작했다. 멀쩡하던 사람이 갑자기 죽어 가고, 각종 이유를 알 수 없는 질병들이 나타나기 시작했다. 그제야 백신에 대해 눈을 뜬 사람들이 나타나기 시작하고, 전 세계는 백신 공급에 대한 반대 시위를 하기 시작했다. 그런데 이상한 것은 우리 언론에는 이런 보도가 거의 나오지 않았다.

수많은 바이러스 전문가와 의료진들이 백신에 대한 문제를 지적했지만, 이들의 지적 대부분은 묵살되고, 어떤 이들은 의문의 죽음 혹은 사고 등을 당했다.

우리나라도 몇몇의 전문가들이 백신 문제에 대한 의의를 제기 했지만, 모두 묵살 시켰고, 백신 문제를 지적하는 자들을 거짓된 자로 매도를 했다. 아직도 그렇다.

백신 접종을 4차까지 연이어 맞힌 예는 인류 역사상 없는 일이다. 이는 이 백신이 잘못되었음을 스스로가 증명하는 것인데도 대부분이 정부를 믿었고 언론과 방송을 믿었다.

코로나 바이러스 예방으로 만들어진 백신은 mRNA로 만들어진 백신이다. 고전적으로 만들어진 백신과는 전혀 다른 성격의 백신이다. 그렇다면 더 조심해야 하는데, 이런 사실을 알려 주지도 않고, 여기에 대한 위험성도 전혀 언급하지 않은 채, 언론은 백신 접종을 해야 코로나가 종식될 수 있다는 거짓 기사로 도배했다.

mRNA로 만들어지는 백신은, 우리 몸의 정상 세포에 치명적인 영향을 미칠 수 있다는 연구는 수도 없이 많이 나와 있다. 유전자 백신이기 때문에 우리 몸의 유전자에 상당한 영향, 그것도 부정적 영향을 미칠 수 있다는 사실이다. 인터넷을 조금만 찾아봐도 이런 사실은 쉽게 알 수 있다.

mRNA 백신은 우리 몸의 유전자에 영향을 미칠 수 있으며, 우리 몸의 유전자에 그 어떤 이상 반응이 오면, 어떤 형태로 우리 몸이 반응할지 알 수 없다. 그렇기 때문에 아주 위험한 백신이 된다. 물론 앞으론 더 많은 연구가 이루어져, 우리 몸에 맞는 백신이 만들어질 수 있다. 그러나 지금은 아니다. 너무 위험하다.

미 법원의 강제 명령으로 화이자는 코로나 백신에 대한 문서 일부를 공개했다. 그 문서 안에 사망을 포함한 1,291개의 부작용이 있음을 발표했다. 너무 무섭지 않는가.

약 1,300개 정도의 부작용이면, 대부분의 질병이 해당된다. 물론 약하게 올 수 있는 부작용도 있지만, 사망에까지 이르게 하는 백신이라면 당연 폐기 처분되어야 옳은 일이다. 전 세계에 백신으로 사망한 사망자의 수가 헤아릴 수 없을 정도로 많다.

우리나라 질병관리청 자료에 의하면, 우리나라도 2022년 11월 현재 약 2,500명 가까이 백신으로 사망했다. 그리고 현 코로나로 사망한 사람 대부분도 백신을 한두 번 이상 맞은 사람들이다.

우리나라 백신 접종률은 세계적으로 탑에 속한다. 우리 보다 접종률이 훨씬 못한 많은 나라들 대부분이 코로나 엔데믹으로 가고 있는데, 접종률 탑에 속한 우리나라는 확진자가 제일 많고, 아직도 코로나 바이러스가 계속 유행 중에 있다. 백신 접종에 있어 전혀 그 효과가 나타나지 않고 있다.

앞으로도 많은 백신들이 우리 앞에 나타날 것으로 보인다. 특히 mRNA 중심의 백신이 대량 만들어질 것이다. 그리고 모든 바이러스를 한 번에 치료할 수 있는 범용, 혹은 만능 백신에 대한 소개가 이어질 것이고, 만들어질 것이다. 먹는 백신, 패치형 백신, 뿌리는 백신 등 다양한 종류의 백신들이다. 이미 만들어져 활용 중에 있는 나라도 있다.

지금은 백신에 대해 어느 정도 경계를 하나, 앞으로 대부분의 사람들은 계속 나타나는 알 수 없는 바이러스성 질병을 예방하기 위해, 백신 접종을 주저하지 않을 것이다. 그리고 WHO나 우리 정부가 그렇게 할 가능성이 많다. 그러니 아주 조심해야 한다. 이 백신이 당신의 생명을 지키는 것이 아니라, 앗아 갈 수 있다.

특히 그리스도인들은 더욱더 경계해야 한다. 의료용 백신 안에 나노칩이 내장된 최신 기술이 접목되는 백신 혹은 치료제가 나올 것이다. 이에 길들여지게 되면, 짐승의 표가 되는 나노칩도 이식할 가능성이 많다.

사람들이 코로나 혹은 백신으로 인해 고통을 호소할 때 쾌재를 부른 자들이 있다. 화이자를 비롯한 세계적 빅 제약업체들이다. 이들은 사람들의 고통을 이용해 떼돈을 벌고 더욱더 많은 부를 축적했다.

2022년 7월, 유럽 의회에서 앤더슨 의원은 "코로나 백신은 인류에게 저지른 최악의 범죄"라면서, 인류에게 저지를 가장 큰 범죄라 했다.

This vaccine campaign will go down as the biggest scandal in medical history," Anderson declared, adding "moreover, it will be known as the biggest crime ever committed on humanity.

(https://summit.news/2022/07/27)

우리나라 질병관리청 정보 공개 청구에 대한 답변에 있어, "백신 접종이 중증화율 감소를 가져오는가"에 대한 그 어떤 정보도 내놓지를 않고 있다. 공식적 질문에 대한 답변을 전혀 못하고 있다.

질병관리청은 백신을 접종할 경우 약 93%의 효과가 있다는 발표에 대한 근거를 알려 달라는 청구에 있어, 과학적 근거를 제시하지 못했고, 접종 후 6개월 뒤에 그 효력이 사라진다는 근거 또한 전혀 제시하지 못했다.

(http://www.fntoday.co.kr/news)

mRNA 기술을 개발한 로버트 말론 박사는 "빈번한 백신 접종은 우리 면역 체계에 손상을 입히고 면역각인(Immune imprinting)[8]

---

[8] 면역각인(Immune imprinting)이란 항체가 특정 외부 세균이나 바이러스 단백질에 반응하면서 다른 종류의 단백질에 제대로 반응하지 못하는 현상으로 항체의존면역증강현상(ADE)과 한 쌍을 이루고 있다.

현상이 일어난다."고 말하면서 백신 접종을 강력히 반대했다.

(https://kr.theepochtimes.com)

로버트 말론 박사 외 미국의 17,000여명의 의료진들이 지난 1월 23일, 미국 워싱턴 DC에서 백신 의무화 반대 대규모 시위를 열었다. 이날 연설에서 로버트 말론 박사는 "이 mRNA 백신은 허술하기 짝이 없으며, 지속력도 약하며, 전 국민 100% 접종을 달성한다 해도 결코 집단 면역을 갖출 수 없을 것"이라 했으며, 수많은 의료진들의 항의성 발언과 시위가 이어졌다.

(http://www.fntoday.co.kr/news)

2021년 9월 17일 프랑스에선 백신을 거부한 의료진 3,000여명이 정직을 당하면서 까지 백신 반대를 했다.

화란, 벨기에, 아일랜드, 스위스 그리고 독일 의료진들은 "Covid19는 일반적인 독감이고, PCR 오류율은 98%이며, Covid19 유행병은 가짜다."란 발표를 했으며, 87,000명의 의사, 간호사들은 백신 접종, 사회적 거리 두기, 마스크 착용, 봉쇄를 반대한다고 발표했다.

이미 영국 법률 팀들은, 보리스 존슨 영국 전 총리, 크리스토퍼 위티 영국 정부 의료 자문위원회 수장, 윌리엄 게이츠(빌&멜린다 게이츠 공동 설립 운영자), 멜린다 게이츠(빌&멜린다 게이츠 재단 공동 설립 운영자), 알버트 불라(화이자 CEO), 앤서니 파우치(NIAID 연구소장), 피터 다작(에코헬스 얼라이언스 대표), 중국 우한 바이러스 연

구소에 연구 자금 지원과 앤서니 파우치의 대리인으로써 '기능 획득' 연구를 진행해 온 미국 기업 등 2021년 12월 6일자로 ICC(국제 형사 재판소)에 고소를 했다.

December 6, 2021

International Criminal Court
Office of the Prosecutor
Communications
Post Office Box 19519
2500 CM The Hague
The Netherlands
EMAIL: otp.informationdesk@icc-cpi.int

BEFORE THE INTERNATIONAL CRIMINAL COURT
(TREATY OF ROME STATUTE, ARE. 15.1 AND 53)

Subject of complaint:
- Violations of the Nuremberg Code
- Violation of Article 6 of the Rome Statute
- Violation of Article 7 of the Rome Statute
- Violation of Article 8 of the Rome
- Violation of Article 8 bis3 of the Rome Statute

Based on the extensive claims and enclosed documentation, we charge those responsible for numerous violations of the Nuremberg Code, crimes against humanity, war crimes and crimes of aggression in the United Kingdom, but not limited to individuals in these countries.

Perpetrators:

- BORIS JOHNSON, Prime Minister for the United Kingdom
- CHRISTOPHER WHITTY Chief Medical Officer for England and Chief Medical Adviser to the UK Government
- MATTHEW HANCOCK, (former) Secretary of State for Health and Social Care
- SAJID JAVID (current) Secretary of state for Health and Social Care,
- JUNE RAINE Chief Executive of Medicines and Healthcare products Regulatory Agency (MHRA),
- TEDROS ADANHOM GHEBREYESUS, Director-General of the World Health Organisation
- WILLIAM GATES III and Co-chair of the Bill and Melinda Gates Foundation
- MELINDA GATES Co-chair of the Bill and Melinda Gates Foundation,
- ALBERT BOURLA Chairman and Chief executive officer of Pfizer,
- STEPHANE BANCLE Chief Executive Officer of AstraZeneca,
- PASCAL SORIOT Chief Executive Officer of Moderna,
- ALEX GORSKY, Chief Executive of Johnson and Johnson
- DR RAJIV SHAH President of the Rockefeller Foundation,
- DR ANTHONY FAUCI Director of the National Institute of Allergy and Infectious Disease (NIAID),
- KLAUS SCWAB Founder and Executive Chairman of the World Economic Forum
- DR PETER DASZACK President of EcoHealth Alliance

그리고 이미 작년 5월 푸엘 미흐 박사 외 1,000명 이상의 변호사와 10,000명 이상의 의료 전문진들로 구성된 전문 팀이 CDC, WHO, WEF 등을 뉘른베르거 협약 위반으로 고발해 놓은 상태다.

그리고 17,266명의 의사, 과학자들이 참여한 가운데 의료 위기에 대한 선언문을 작성하면서 코로나 백신 접종을 당장 금지해야 할 것을 주장했다. DECLARATION OF MEDICAL CRISIS 란 선언문을 발표하면서 다음의 8가지 사항에 대해 바로 실천해 줄 것을 요구했다.

(https://medicalcrisisdeclaration.com)

DECLARATION OF MEDICAL CRISIS

1. A worldwide 'stop' to the national inoculation campaigns with the products known as "COVID-19 vaccines".

▶ 코비드 백신 접종을 즉시 중단.

2. Investigation of all sudden deaths of people who were healthy previous to the inoculation.

▶ 접종 전 건강했던 사람들의 갑작스런 죽음에 대한 조사.

3. Implementation of early detection programmes of cardiovascular events which could lead to sudden deaths with analysis such as D-dimer and Troponin, in all those that were

inoculated with the products known as "COVID-19 vaccines", as well as the early detection of serious tumours.

▸ 접종한 모든 대상에 D-dimer, Troponin 등의 분석으로 돌연사에 이를 수 있는 심혈관 사건의 조기 발견 프로그램 구현 및 종양과 같은 심각한 질병의 조기 발견.

4. Implementation of research and treatment programmes for victims of adverse effects after receiving the so called "COVID-19 vaccine".

▸ "백신" 접종 후 부작용 피해자를 위한 연구 및 치료 프로그램 시행.

5. Undertaking analyses of the composition of vials of Pfizer, Moderna, Astra Zeneca, Janssen, Sinovac, Sputnik V and any other product known as "COVID-19 vaccines", by independent research groups with no affiliation to pharmaceutical companies, nor any conflict of interest.

▸ 코비드 백신사들이 만든 백신 성분을 백신사와 연관된 제약 회사와 상관없이 독립적으로 분석.

6. Studies to be conducted on the interactions between the different components of the so called "COVID-19 vaccines" and their molecular, cellular and biological effects.

▸ "COVID-19 백신"의 다른 구성 요소와 분자, 세포 및 생물학적 효과 간의 상호 작용에 대한 연구.

7. Implementation of psychological help and compensation programmes for any person that has developed a disease or disability as a consequence of the so called "COVID-19 vaccines".

▸ "백신"의 결과로 질병이나 장애가 발생한 사람을 위한 심리적 지원 및 보상 프로그램의 구현.

8. Implemention and promotion of psychological help and compensation programmes for the family members of any person who died as a result of having been inoculated with the product known as "Covid-19 vaccines".

▸ "백신"으로 알려진 제품을 접종해 사망한 모든 사람의 가족에 대한 심리적 지원 및 보상 프로그램의 구현 및 홍보.

2022년 5월 11일 로버트 말론 박사를 비롯한 17,000여명의 의료진과 과학자들은 모든 국가에서는 코로나에 대한 비상사태를 해제하고, 과학적 연구 아래 진실이 밝혀져야 할 것을 촉구하면서 다음과 같은 10가지 선언문을 작성했다.

(https://globalcovidsummit.org/news/declaration)

1. We declare and the data confirm that the COVID-19 experimental genetic therapy injections must end.

▸ 데이터 확인을 통해 COVID-19 실험적 유전자 치료 주사를 중단할 것을 선언.

2. We declare doctors should not be blocked from providing life-saving medical treatment.

▸ 생명을 구하고 치료를 제공하는 의사를 방해해서는 안 된다고 선언.

3. We declare the state of national emergency, which facilitates corruption and extends the pandemic, should be immediately terminated.

▸ 팬데믹을 연장하고 부패를 조장하는 국가적 전염병 비상사태를 즉시 종료해야 한다고 선언.

4. We declare medical privacy should never again be violated, and all travel and social restrictions must cease.

▸ 개인적 의료권이 다시는 침해되어서는 안 되며, 모든 여행 및 사회적 제한이 중단되어야 한다고 선언.

5. We declare masks are not and have never been effective protection against an airborne respiratory virus in the community setting.

▶ 마스크는 지역 사회에서 공기를 통한 호흡기 바이러스에 대한 효과적인 보호를 제공하지 못하며 전에도 못 했다고 선언.

6. We declare funding and research must be established for vaccination damage, death and suffering.

▶ 백신 접종으로 인한 피해, 사망 및 고통에 필요한 자금과 연구가 확립되어야 한다고 선언.

7. We declare no opportunity should be denied, including education, career, military service or medical treatment, over unwillingness to take an injection.

▶ 교육, 직업, 병역, 치료를 포함하여 어떤 경우에도 백신 접종을 거부한다는 이유로 기회를 박탈당해서는 안 된다고 선언.

8. We declare that first amendment violations and medical censorship by government, technology and media companies should cease, and the Bill of Rights be upheld.

▶ 수정 헌법 1조 침해와 정부, 빅테크 기업 및 언론사가 저지른 의료 검열을 중단하고 권리 장전이 지켜져야 할 것을 선언.

9. We declare that Pfizer, Moderna, BioNTech, Janssen, Astra Zeneca, and their enablers, withheld and willfully omitted safety and effectiveness information from patients and

physicians, and should be immediately indicted for fraud.

▶ Pfizer, Moderna, BioNTech, Janssen, Astra Zeneca 및 협력자들이 환자와 의사에게 백신의 안전성 및 효과에 관한 정보 제공을 보류했고 의도적으로 누락했기에 즉시 사기 혐의로 기소되어야 함을 선언.

10. We declare government and medical agencies must be held accountable.

▶ 정부와 의료 기관이 책임을 져야 한다고 선언.

현재 세계의 수많은 의료진과 바이러스 생물학자, 과학자, 변호사 등의 전문인들이 코로나 바이러스에 대한 고소와 고발, 그리고 중단 선언 등의 발표가 이어지고 있다.

안타까운 것은 우리나라에서는 정부나 질병관리청을 상대로 한 의료적 선포나 법적 선포들이 너무 미약한 것이 아쉽다. 교회 역시 그렇다. 생명을 살려야 하는 자들이 오히려 생명을 앗아 가는 일에 암묵적 동조를 하고 있다.

작년 11월, 슬로베니아의 류블랴나 임상 센터에서 근무했던 전직 간호사가, 코로나 백신의 내용물에 대해 충격적인 발표를 해 충격을 주었다. 이 발표는 왜 백신을 같이 맞았는데, 누구는 멀쩡하고 누구는 부작용 심했던 이유가 설명되는 부분이다.

그녀에 의할 것 같으면 백신의 시리얼 넘버(코드 번호)에 따라, 같은 화이자 백신이라도 각각 식염수, mRNA 물질, mRNA 물질+발암 물질의 혼합물 등으로 나뉜다는 것이다.

그녀는 자신이 주사하던 코로나 백신의 코드 번호(시리얼 넘버)에 따른 백신 성분의 치이를 카메라 앞에서 폭로했다.

진(眞), 위에 대한 말들이 많이 있었지만, 그녀의 증언이 아주 구체적이었기 때문에, 그녀의 증언을 무조건 무시할 수 없으며, 현 백신으로 인해 나타나는 증상들에 있어 우리 모두는 합리적 의심을 가질 수밖에 없기 때문이다.

그녀에 의할 것 같으면, QR코드에서 번호가 '01'로 시작되는 병에는 식염수가 들어 있었으며, '02'로 시작되는 병에는 mRNA 물질이 들어 있었고, '03'으로 시작되는 병에는 mRNA 물질과 함께 발암 물질이 들어 있었다는 것이다.

(http://www.fntoday.co.kr)

2022년 9월 13일 THE FLORIDA STANDARD의 JONAS VESTERBERG 에 의하면, 코로나 백신이 바이러스보다 약 98배 더 위험하다는 보도를 하면서, 하버드와 존스 홉킨스에서 연구한 자료를 보도했다.

(https://www.theflstandard.com)

Vaccine Narrative Collapses as Harvard Study Shows Jab MoreDangerous than COVID. As boosters that have not been tested on humans are beingrolled out across the country, a new study indicates that the jabis far more dangerous than COVID-19 itself. And the CDC hasprovided false information regarding their tracking of adverse events linked to the vaccines.

하버드 연구에 따른 보고인데, 사람에 대한 임상적 연구를 거치지 않은 백신 접종이 코비드보다 훨씬 더 위험하다는 보고로, CDC가 백신에 관련한 잘못된 정보를 제공했음을 말하고 있다. 아래의 연구 결과에 의하면,

STUDY: WORSE THAN THE VIRUS

A new study conducted by scientists from Harvard and Johns Hopkins, currently in pre-print, reveals that the COVID-19 vaccines were up to 98 times worse than the virus itself. The study is critical of the booster requirement for American university students, stating in the abstract: "Using CDC and sponsor-reported adverse event data, we find that booster mandates may cause a net expected harm: per COVID-19 hospitalisation prevented in previously uninfected young adults, we anticipate 18 to 98 serious adverse events, including 1.7 to 3.0 booster-associated myocarditis cases in males, and 1,373 to 3,234 cases of grade ≥3 reactogenicity which interferes with daily activities."

하버드와 존스 홉킨스의 연구진에 따르면, COVID-19 백신은 바이러스 자체보다 최대 98배 정도 더 위험하다는 연구 결과다.

지금이라도 늦지 않았다. 의료진들과 바이러스 학자들의 양심적 발표가 나와 주기를 바란다. 그리고 언론도 여기에 대해 심층 분석해 올바른 보도를 해야 한다.

머니투데이의 기사다. "병원 한 달 일하면 벤츠 뽑는다더니… '코로나 검사'로만 1.2조 벌었다"란 제하에 코로나 사태를 이용해 병원들이 떼돈을 벌었다는 기사다.

확진자 급증을 틈타 신속항원검사를 통해, 하루 1,000만 원 이상의 매출을 올리는 병원이 있다는 보도가 나왔고, 이를 전한 기사에는 "한 달만 일해도 벤츠 뽑는다."는 댓글 등이 달리기도 했다. 이유는 한 건당 건보지원 55,920원을 포함해 하루 200명을 신속항원검사 하는 병원일 경우, 검사로만 1,000만 원 이상의 매출을 올릴 수 있는 구조였다.

(https://n.news.naver.com/article, 2022.09.23. 안정준 기자)

돈벌이에 눈이 먼 병원 의료진들이 약간의 감기기만 있어도, 무조건 pcr 검사 그리고 확진 등으로 수도 없는 확진자들을 양산했고, 이로 인해 많은 병원들이 돈방석 위에 앉게 된 것이다.

2022년 9월 21일 파이낸스투데이, 연합뉴스 등에서는 놀라운 기

사가 실렸다. 우리 법원에서 코로나 백신 맞고 생긴 질환, 국가가 보상하라는 판결을 한 것이다.

법원은 코로나19 예방 접종을 받은 뒤 14일 이내에 이상 반응이 나타났고, 다른 원인으로 인한 가능성이 충분히 증명되지 않았다면 국가가 피해를 보상해야 한다는 판단이 나왔다.

9월 20일 법조계에 따르면 서울행정법원 행정6부(부장 판사 이주영)는 A(33)씨가 질병관리청장을 상대로 낸 '예방접종피해보상신청 거부처분취소' 소송에서 원고 승소 판결을 내렸다. 재판부는 예방 접종과 A씨가 겪은 이상 반응 사이의 시간적 밀접성, A씨가 예방 접종 이전 건강에 이상이 없었던 사실을 모두 인정하며, "이 사건 증상이나 질병이 이 사건 예방 접종과 전혀 무관하게 발생했다고 단정하기 어렵다"라고 판시했다고 설명했다. 또 "코로나19 백신은 예외적 긴급 절차에 따라 승인·허가가 이뤄져 실제로 사용된 것은 2년도 되지 않은 상태"라며 "다른 원인에 의해 이상 반응이 나타났다는 점에 대한 상당한 정도의 증명이 없는 한 해당 증상과 AZ 백신 사이에 역학적 연관성이 없다고 쉽게 단정할 수 없다."고 판결했다.

(http://www.fntoday.co.kr, 2022.09.21. 인세영 기자)

앞으로 이와 유사한 소송이 줄을 이을 것으로 보인다.

이번 코로나 백신은 바이러스를 예방하는 백신이 아니라, 유전자 치료제로 만들어졌으나, 이것이 백신으로 둔갑되어 우리 몸에 주입되면서 수많은 부작용을 낳고 있다. 이미 미 대법원도 코로나 백신은 백신이 아니라, 유전자 치료제라는 판결을 한 바 있다.

(https://www.alertadigital.com)

앞으로 코로나 백신은 지속적 업그레이드나 치료제 등으로 유엔 어젠다 2030 실현을 위한 실천 사항으로 우리에게 계속 접종될 것이다. 어느 것도 신뢰할 수 없는 이 시대, 스스로가 공부하고, 살펴보면서 이에 대한 대처를 잘해 가야 할 것이다.

우리 교회는 하나님 앞에, 백신에 대한 문제를 회개해야 한다. 영향력 있는 목회자, 교단들 중 단 한 명도, 그리고 그 어떤 교단도 백신에 대한 문제를 지적하지 않았다. 오히려 백신을 권장하고, 백신을 반드시 맞아야 한다며 성도들에게 강권적으로 재촉했다. 그 결과 성도들의 백신 접종률은 타의 추종을 불허한다. 백신 접종을 하지 않은 사람들은 입구에서부터 원천 차단당했고, 교회를 오지 못하도록 교회가 나서서 막았다. 이런 교회에 다니는 성도들도 참으로 안타깝다.

아직도 백신 사태는 마무리 되지 않았다. 백신을 맞은 사람들의 부작용이 이제 서서히 가시화되기 때문이다. 최춘식 의원의 지적처럼, 현재 코로나로 사망하는 대부분이 백신을 접종한 자들이다. 사망자들이 정말 코로나로 사망한 것인지, 백신의 부작용으로 사망한 것인지 알 수 없다. 또 그렇게 되도록 만들어 버렸다.

사람들은 시간이 지나면서 자신의 몸이 아프면 백신 맞은 지 꽤 시

간이 지났기 때문에 백신 부작용이라 생각하지 않는다. 백신을 만든 제약 회사들은 이 점을 이용한 것이다.

고(故) 뤽 몽타니에 교수, 화이자 부사장이었던 마이크 예덴 박사 등 수많은 전문가들이 백신을 맞은 뒤, 시간이 가면 갈수록 부작용이 많이 나타난다고 경고했다.

앞으로 백신은 계속 업그레이드되어 등장할 것이다. 이 점을 유념해서 그 어떤 백신이 나오더라도 경계를 늦추어선 안 된다.

제4장

백신패스

▶▶▶▶ 방역패스라고도 하는 백신패스는, 백신을 완전 접종한 자들에게 주어지는 일종의 면죄부 같은 것이다. 우리 정부는 2021년 고강도의 백신패스제도를 시행함으로, 백신패스가 없는 자들에 대한 차별을 강화하고, 수많은 불이익을 주었다. 식당, 병원, 마트, 학교, 대중교통 등의 출입을 금지했고, 심지어 직장에서의 불이익으로 많은 사람들이 직장을 잃었다.

그리고 방역 정책의 강화로 자영업자들이 죽기 시작했으며, 나라의 경제는 절벽의 나락으로 떨어져 일어설 기미를 보이지 않는다.

나라 곳곳에서는 방역과 백신패스의 부작용이 나타나기 시작했고, 일부 의식 있는 자들의 시위도 일어났다. 그러나 문재인 정부는 여전히 요지부동이었고, 더욱더 백신을 강화하며, 수많은 백신 부작용은 아랑곳하지 않고 백신 정책을 밀어붙였다.

다행히 2022년 5월, 정권이 교체되면서 거의 강제되다시피 한 백신 접종 대부분이 자율로 돌아서고, 백신패스제도는 유지는 되나 거의 유명무실하다시피 되었다.

급기야 지난 8월 열린 국회 예산결산특별위원회 전체 회의에서, 최춘식 의원의 백신 접종에 대한 질문에 백경란 질병관리청장은, "접종은 자율적으로 본인이 선택하도록 하겠다"고 대답했다.

국회 농림축산식품해양수산위원회 소속인 최춘식 의원은, 지난달 29일 열린 국회 예산결산특별위원회 전체 회의에서 질병관리청장에게 다음과 같이 지적했다.

- 코로나 확진자 94%가 백신 접종자인 점
- 변이가 심해 백신을 100차까지 맞아도 코로나에 걸릴 수밖에 없다는 점
- 3~4차 접종자 그룹 확진자가 지역 사회에 코로나를 전파 시키고 있는 점
- 접종자가 비접종자보다 감염 위험이 6배 높다는 점
- 백신패스 시행 이후 일일 확진자가 무려 44배 폭증한 점

이상의 내용 등을 근거로 향후 개량 백신 등이 도입돼도 백신패스 재시행은 부적절하다고 지적했다.

(http://www.hkbs.co.kr, 2022.09.01. 김인성 기자)

최춘식 의원은, 우리나라가 백신 접종을 시작할 때부터 접종반대를 해 온 유일한 국회 의원으로, 마스크 또한 그 부작용이 심하니 착용하지 않도록 해야 한다고 건의했다. 당일 최 의원은 다음과 같이 코로나에 대해 설명했다.

- 코로나 치명률이 사실상 독감보다 낮은 감기 수준인 점
- 마스크는 체내 산소를 부족하게 하는 동시에 이산화탄소를 과다 흡입하게 해 아이의 뇌 발달을 느리게 하고 각종 질병을 발생시킬 수 있다는 점
- 우리나라가 전 세계 어느 국가보다 마스크를 잘 썼지만 일일 확진자 세계 1위를 한 점
- 대부분의 타 국가들은 이미 마스크 의무 착용을 해제한 점

등을 들어 실외뿐만 아니라 실내 마스크 착용도 '전면 자율화'해야 한다고 적극 요구하기도 했다.

너무 논리 정연하고, 확고한 증거 앞에 질병관리청장은 "방역 당국도 아동들의 마스크 착용에 따른 부정적인 영향을 잘 알고 있다"며 "아동 마스크 착용에 대해서 방역 당국도 정책 변화가 필요하다"고 하면서 "코로나 백신패스 폐기 및 마스크 정책 변화 필요성에 공감한다"고 최 의원에게 답변을 하고 마무리 했다.

(http://www.hkbs.co.kr, 2022.09.01. 김인성 기자)

대중이 무지하고, 어리석으면 권력이 독재로 변하고, 권력자는 대중

을 마음대로 통제하며, 대중을 지배하려 한다. 우리의 무지함으로 정부의 권력은, 우리 백성들을 모두 통제 속으로 길들이는데 성공했다.

현재 이 글을 쓰는 시점에 아직도 수많은 국민들이 마스크를 쓴 채 밖을 돌아다닌다. 10명 중 8명 이상이 그렇다. 정부도 밖에선 마스크를 쓰지 않아도 된다는 발표를 이미 했음에도, 국민 대부분이 마스크를 쓰고 다닌다. 불과 1, 2년 사이, 통제에 길들여졌기 때문이다.

백신을 맞아도 6개월이 지나면 또 맞아야 하는 백신이 무슨 백신이란 말인지. 이 정도면 눈치를 채야 하는데도, 눈치를 채지 못하고, 백신을 맞아야 사는 줄 안다. 백신을 자꾸 맞게 되면, 수많은 의료진들의 지적처럼 면역 증강, 혹은 저하 현상이 일어나, 우리 몸이 바이러스에 대해 제대로 반응하지 못한다. 그래서 우리 몸은 백신으로 인해 더 많은 질병에 노출될 수 있다.

백신 패스제도는, 백신을 강제 접종하려는 의도란 사실을 왜 모를까. 백신을 맞아도 면역이 형성되지 않고, 수많은 부작용이 있음도 널리 알려졌는데, 왜 계속 백신에 대한 의문을 갖지 않았을까. 수많은 청원이 쉴 새 없이 청와대 청원란과 국회 청원란에 올라갔는데도 왜 모두들 이를 방관했을까. 왜 이를 무시했을까. 조금만 주의하고 노력했더라면, 그리고 조금만 살펴봤더라면, 소중한 생명을 지킬 수 있었을 텐데, 정말 안타까운 사연들이 너무 많다.

최춘식 의원의 지적처럼, 현 코로나 사망자들 대부분이 백신 접종을 완료했거나, 1, 2차 이상의 접종자들이다. 그리고 코로나 사망자 77% 이상이 65세 이상의 노년층이다.

보도는 되지 않았지만, 백신으로 인해 눈물겨운 사연들이 셀 수 없이 많다. 이들의 사연을 책을 만들어도 수권은 만들 수 있을 것이다.

우리 그리스도인들은 코로나 사태와 백신 사태를 통해, 주님 재림이 임박했음을 빨리 알아야 한다. 주님은 코로나와 백신패스를 보여주심으로 짐승의 표가 곧 우리에게 다가 왔음을 알리고 있다. 현재 주님께선, 주님 다시 오심에 대해 더 이상 보여 줄 징조가 없을 정도로 수많은 징조들을 알리고 있다.

코로나 사태와 백신패스로 인해 세계가 휘청이고 있으며, 새로운 세상으로 리셋되고 있다. 인류 역사를 완전히 다시 써야 하는 새로운 시대로의 전환을 가져오고 있다. 디지털 세상이다.

모든 것이 하나로 연결되는 세상, 집에서 모든 업무를 보는 세상, 모든 것이 감시되고 통제 가능한 세상, 실제 화폐가 사라지고 숫자로만 나타나는 새로운 가상 화폐가 우리 경제 중심에 서는 세상, 사물인터넷을 넘어 인간과 사물간의 소통이 가능해지는 신체인터넷의 세상, 휴먼 1.0인 자연인이 트랜스화되어 휴먼 2.0이 되는 세상, 메타버스라는 가상 세계 안에서의 새로운 삶이 시작되는 세상, 컴퓨터로

부터 지식을 업, 다운로드 할 수 있는 세상, 우리 몸에 나노봇이 임플란트 되어 우리 몸 곳곳을 돌아다니면서 치료하는 세상 등등. 이게 디지털의 세상이다.

코로나와 백신 사태는 아날로그의 인류 시대를 디지털 인류 시대로 만들어 갔고, 인류 역사의 새로운 장을 만들어 가는 세상의 출발점이 되었다. 유엔 어젠다 2030 실현의 최적 사건으로 보인다.

2022년 열린 G20 회의에서, 각국의 정상들은 다음 팬데믹 시 반드시 전 세계적 백신패스제도를 빨리 도입해 이를 활용해야 하며, 이 백신패스가 있는 사람만이 자국의 입출입을 허락하자라는 취지의 중요한 결의를 한 내용이 있다. 이미 WHO에 모든 전권을 이임하자고 결정했는데, 지켜봐야 할 중요한 사안이다.

제5장

더 그레이트 리셋

▶▶▶▶   난세가 영웅을 만든다. 소용돌이치는 현 세상에는, 영웅 같은 인물이 필요하다. 영웅을 만들어 내기 위해선 시대의 상황이 따라와야 한다. 새로운 시대로의 전환을 준비하는 유엔은, 새로운 새 시대에 걸맞도록 모든 것을 재편성해 가고 있다.

4차 산업혁명, ID2020 프로젝트와 더불어 새로운 세상을 위한 새로운 어젠다가 다시 제시된다. The Great Reset 즉, 위대한 재설정이다. 앞에 The를 붙인 것은, 본인의 생각이지만 정관사 The의 용례를 보아, 현 세상에 있어 위대한 재설정은 반드시 이루어야 된다, 이 재설정만이 현 세상에 있어 유일한 대안이라는 의미를 내포하고 있는 것으로 보인다. 정관사 The는 유일한, 절대적이라는 용례로 사용되기도 하기 때문이다.

I am the way, truth, life. 번역하면 내가 유일한 길이요, 진리요, 생명이란 의미다. The란 의미는 유일한, 절대적인, 혹은 다른 길이

없다는 것을 말한다.

The Great Reset은 절대적인 길이며, 이 길만이 우리들의 세상을 살릴 수 있는 유일한 길이 됨을 암시하는 듯하다.

코로나로 인해 지구가 몸살을 앓을 때, 제4차 산업혁명 시대의 포문을 연 클라우스 슈밥이 다시 The Great Reset란 화두를 던지면서, 유엔 어젠다 2030의 실현에 대한 의도를 분명히 했다. 이에 대해 전 세계는 클라우스 슈밥의 의견에 적극 지지를 보낸다.

존 케리 전 미국 국무장관은, 바이든 정권이 '위대한 재설정'을 지지한다고 선언했다. 영국의 찰스 왕세자는 '위대한 재설정'이 지구를 더 이상 손상 시키지 않으면서 지속 가능한 개발을 우선할 수 있는 기회라고 말했다. 그리고 프란치스코 교황도 자유 시장이 사람들을 질병에 취약하게 만든다며 기회를 이용해 자유 시장을 수정해야 한다고 말하면서 클라우스 슈밥의 새로운 어젠다에 호응했다.

슈밥은 "코로나 대유행에 대한 경제적 비상 대응이, 경제를 보다 공정하고 친환경적인 미래를 향한 새로운 길로 인도할 제도적 변화와 정책 선택을 할 기회를 잡도록 할 것"이라고 말했다.

(https://news.g-enews.com/view)

더 그레이트 리셋의 선포는, 코로나의 비상시국을 이용한 아주 적절한 타이밍의 적절한 언어로 포장, 유엔 어젠다 2030의 실현을 정당화하는 놀라운 화법이다. 그리고 잘 포장된 언어다.

2020년 7월 슈밥은 세계 경제 포럼 공식 도서로 선정된《위대한 리셋》영어로는 'COVID-19: The Great Reset'이란 책을 발간한다.

이 책에서 슈밥은 거시적 차원에서, 경제, 사회, 지정학적, 환경적, 기술적 리셋을 제시하고, 미시적 차원에서 산업과 기업, 그리고 개인의 리셋을 제시하고 있다.

겉으로 보기엔 그럴듯하게 보이지만, 숨어 있는 의도는 세상의 재편을 통해 디지털 사회를 만들고, 디지털 사회를 통해 모든 사람들을 감시, 통제하는 사회로의 리셋을 만들려는 것으로 보인다. 이는 그가 평소에 해 온 말이나 여러 책들에서 힌트를 얻을 수 있다.

"4차 산업혁명이란 일을 바꾸는 것이 아니라, 사람을 바꾸는 일이다"라고 말한 슈밥은 2016년 ID2020 프로젝트의 일환으로 "앞으로 10년 뒤 모든 사람들에게 디지털 칩을 이식할 것이다", "2030년까지 무소유가 행복할 것"이라고 했다. 이런 그의 발언의 진의는 디지털 사회의 중심 과업인, 모든 사람들에게 디지털 아이디 즉 디지털 칩을 이식해, 민주주의의 체제를 없애 버리고, 모든 사람들을 통제하며 다스리겠다는 의도가 숨어 있다. 계속되는 그의 말을 통해 충분히 유추 가능한 합리적 추론이다.

현재 세계는, 주님의 말씀처럼 난리와 난리의 소문으로 정신 차릴 수 없을 지경으로 진행 중이다. 모두가 코로나의 여파로 생각하겠지만, 새로운 세계로의 리셋을 위한 과정으로 진행되는 일이다. 난리와 혼란의 틈을 타 어느 누구의 방해도 없이, 세계는 디지털 세상으로의 구축을 거의 완성했다. 사람들의 적절한 통제와, 의식 변화를 통해 디지털 사회의 당위성을 인정하도록 만들어 버렸다.

새로운 세계 통제를 위한 디지털 아이디의 당위성, 디지털 신분증, 디지털 지갑, 가상 화폐의 세뇌를 통한 CBDC의 당위성, 세계의 위기 속에 모든 국가가 연합해 해결해야 한다는 단일 세계 구성의 정당성 등 이 모두가 유엔 어젠다 2030의 디지털 세상을 구현하는데 있어, 구체적으로 진행되고 있는 일들이다.

세상의 혼란 속에 모든 것이 새로이 리셋되고 있는 것이다. 새로운 정치, 새로운 경제, 새로운 문화, 새로운 환경, 새로운 화폐, 그리고 새로운 종교 등이 모두 당연시 받아들여지고 있다.

모든 것이 새로 리셋되는 디지털 세상으로서의 단일 세계 정부에 대한 구상은 오래전 유대인을 통해 진행되어 왔으나 구체적인 실체는 유엔보다 앞서 1929년 CFR[9]에 의해 비밀리에 진행되어 왔다.[10]

제2차 세계 대전이 마친 1948년 10월 24일, 새롭고 평화로운 세상을 위한 유엔 연합이 만들어지고, 세계 정부에 대한 구체적 안들이 하나하나 나오면서, 현재의 유엔은 전 세계에 막강한 영향력을 행사하고 있다. 유엔의 결정은 곧바로 세계의 결정과 같으며, 전 세계가 유엔의 지배하에 움직이고 있다.

CFR(Council on Foreign Relations, 미국 외교협회)에 의해 비

---

9) 1921년에 세워진 미 외교협의회인 Council on Foreign Relation의 약자로 쓰이는 CFR은 딥스의 최정상에서 활동하는 조직이다. 미국 제2의 국무부로 불리어지는 CFR은 미국의 핵심 싱크 탱크 역할을 한다. 현 미국 내 가장 영향력 있는 조직으로 록펠러가 명예 회장으로 있다.

10) 장죠셉, 더 마크, 지혜의 말씀 기둥, pp33-35.

밀리에 진행된, 세계 정부의 청사진은 유엔을 통해 구체적으로 만들어지며, 1954년 조직된 빌더버그 그룹에 의해 더욱더 구체적이고 체계적인 세계 정부 구성안들이 나오게 되었다고 영국 BBC 방송이 알린 바 있다.

빌더버그에서 나온 단일 세계 정부안에 있어, 세계 정부는 유엔 산하에 두며, 우리 기독교와 관련해, "모든 교회의 뿌리인 교리를 없애고, 그 자리에 새 세계 종교의 물병자리로 바꾸게 한다"는 구체적인 계획도 들어 있다. 물병자리란 타락한 별로, 사탄을 지칭하며, 사탄의 종교로 만들겠다는 구상이다.

기독교를 뿌리 뽑고 없애고 말겠다는 세계 정부주의자들의 계획은 어제, 오늘의 일이 아니다. 뉴에이지 운동, 프리메이슨 일루미나티, 시온 의정서, 딥스 등등의 일련의 그림자 정부나 세계주의자들이 가지는 공동의 계획이 모두 기독교를 없애는 데에 일치하고 있다. 이는 이들을 움직이는 거대 조직이 기독교의 뿌리 없애기 위해 만들어진 예수회 조직의 일원이기 때문인 것으로 보인다.

예수회는 16세기 이그나티우스 로욜라에 의해 만들어진 것으로, 기독교를 완전히 없애기 위한 교황의 비밀 조직이다. 현 프란시스코 교황은 최초의 예수회 신부로서 교황에 오른 자다. 모든 그림자 정부의 최정상엔, 계시록을 근거로 유추해 보면 예수회일 가능성이 거의 확실해 보인다.

기독교를 완전히 없애려는 이유는 이들이 하나님의 대적자인 사탄의 집단이며, 이들의 일에 방해되는 최악의 조직이 기독교기 때문이다. 그리고 마지막 시대 이들과 저항해 싸울 최후의 인물들도 그리스도인이 될 것이다.

우리 그리스도인들은, 현재 이런 일들이 구체적으로 일어나고 있고, 수도 없이 딥스의 활동들이, 방송이나 매스컴 등에서 이루어지고 있으나, 전혀 알지 못하고 있다. 딥스는 이제 자신들의 정체를 숨기지 않는다. 이들은 이들의 정체를 사인이나 장식, 그리고 여러 동작들을 통해 수시로 알리고 있다. 그런데도 교회는 이런 딥스의 존재를 아직도 음모론 정도로 치부하고 있다.

딥스가 우리 기독교를 없애기 위한 구체적 방안은, 기독교란 이름은 갖고 있도록 하면서, 성경적 교리들을 조금씩 파괴하며, 시간이 지나면서 성경을 거부하거나, 성경을 올바로 알지 못하도록 한다. 그리고 교회 내 거짓 교리나 인본주의적 사상을 심어 놓는 것들이다.

차별 금지, 합리화, 포용, 조화, 일치, 통합, 하나 등의 사회적 슬로건을 내걸어 세상 사람들도 이들의 일에 자연스럽게 협조하도록 하고, 이런 일에 반대하는 교회에 대한 적대감을 갖도록 해, 기독교를 혐오의 종교로 만들어 버린다. 그리고 이러한 이들의 전략은 성공했다.

그리고 이들에게 있어, 교회를 무너뜨리는 최후의 일이 종교 통합

이다. 이미 이에 대한 계획들이 하나하나 이루어지고 있다.

우리 기독교의 정체성을 완전히 무너뜨리는 종교 통합의 구체적 대안들이 속속들이 나오고, 여기에 우리 기독교가 적극 협력하고 있는 실정이다. 진보 성향의 WCC(World Council of Churches, 세계교회협의회), 보수 성향의 WEA(World Evangelical Alliance, 세계복음주의연맹)가, 성도들의 눈과 귀를 멀게 만들고, 진리를 거짓으로 만들어 성도들을 속여, 종교 통합의 당위성을 인정하도록 하고 있다. 시대의 조류와 문화, 그리고 사회 내 연합과 포용의 당위성, 타 종교에 대한 관대함과 하나 됨의 거절할 수 없는 시대적 요청에 우리 기독교의 유일한 절대 구원 교리가 무너지고 있다.

단일 종교에 대한 개념은 세계의 단일화와 밀접한 관계를 가진다. 세계를 하나로 단일화하기 위해, 모든 종교도 하나로 단일 즉 통합해야 한다는 개념이다. 이미 이 계획은 상당히 진척되었으며, 세계의 모든 종교들이 하나라는 개념하에, 서로 협조하고 통합하려 하며, 다양한 세계 종교 통합 대회들을 진행하고 있다.

WCC 세계 대회, WEA 세계 대회, 2024년 우리나라에서 개최되는 로잔대회 등 세계적 모임을 예의 주시해 보면, 이 모임들의 흐름이 모두 종교 통합과 깊은 연관을 갖고 있음을 발견하기는 어렵지 않다.

개탄스럽고 통탄할 일은, 현재 우리가 아무리 노력하고 힘을 써도,

종교 통합의 거대한 물줄기를 돌릴 수 없다는 것이다. 이미 수많은 목회자, 성도들이 암묵적으로 이에 대한 지지를 보내고 있다.

금년(2022년)도 합동 총회는 WEA에의 문제에 대해, 아예 안건조차 내놓지 않고, 그냥 유야무야 넘어가 버렸다. 신학적 검토 후 뭔가의 기대를 했으나, 역시나였다.

이미 배도의 물결에 잠식당한 우리 한국교회는, 신사도 혹은 신복음의 거짓 가르침을 수용, 다양한 형태로 교회에 뿌리를 내려 버렸다. 그도 그럴 것이 대부분의 목회자들이 신사도, 신복음적 형태로 교회를 운영하면서도, 신사도가 무엇인지, 신복음이 무엇인지조차를 모르기 때문이다. 그저 교회가 성장하고 부흥된다면, 그 뿌리가 사탄이라도 교회에 옮겨 심으려 한다.

교회의 배도와 무지의 모습을 단면적으로 살펴보면, 동성애자인 헨리 나우웬을 20세기 최대의 영성가라 칭송한다. 다원주의자인 C.S 루이스를 20세기 최고의 변증가요 기독교 작가로 추앙한다. 배도의 선두 주자였던 빌리 그레이엄을 20세기 최고의 전도자로 평가한다.

이미 외국에선 마틴 루터의 사탄적 사상에 대해 밝혀져, 그 정체를 알리고 있지만, 아직도 우리나라에선 위대한 복음주의적 종교 개혁자로 칭송한다.

이미 WCC와 연대한 WEA의 정체가 구체적으로 나와 있지만, 아직도 WEA를 성경적 복음주의 연합회로 받아들인다.

유엔 어젠다 2030의 실천 사항인 더 그레이트 리셋의 리셋은 우리 삶의 전 분야에서의 리셋을 단행하는 바, 당연히 종교의 리셋도 들어 있다. 종교 리셋의 중심 목적은 우리 기독교를 완전히 없애고자 하는 무서운 음모가 들어 있다. 어젠다 2030의 최대 적이 우리 기독교기 때문이다. 하나 되는 디지털 세상 속에, 하나 되는 하나의 정체를 우리 기독교가 정확히 밝히고, 이런 세상은 곧바로 짐승 정부 세상이라 설파하며, 이에 대한 저항을 촉구하기 때문이다.

이런 사실을 알고 있는 글로벌리스트들은 오래전부터 종교 통합의 전략을 수립했고, 전략적 세부 계획 실행을 위한 작업들을 해 온 바, 이들의 목표대로 이루어졌다.

현 교회 성장 프로그램의 대부분이 이들에 의해 만들어졌으며, 이 성장의 이면에 자연스레, 다원주의, 상황주의, 포용주의, 통합주의, 기복주의, 성공주의, 안락주의, 감정주의, 신비주의적 사고로 전향되도록 만들어져 있다.

처음엔 아무도 모른다. 진행하는 목회자도 모른다. 그런데 시간이 지나면서 의식과 사고의 전향이 이루어지며, 돌아오기 힘든 배도의 자리에 깊숙이 빠져 있음을 알게 되지만, 결국 이 모두를 정당화, 합리화시켜 버린다.

거대한 리셋의 소용돌이 속에 우리 기독교 또한, 그 리셋의 달콤함에 빠져 함께 가고 있다. 시대와 연합해, 시대가 요구하는 새로운 기독교의 모습으로 변화해 가고 있다. 첨단 4차 산업혁명의 요구에 뒤지랴 서둘러 교회의 모습들을 재정비하고 있다. 여기에 숨어 있는 영적 실체들을 전혀 모른 채, 그냥 그대로 함께 어깨동무하며 달려가고 있다.

종교의 거대한 리셋 속엔, 기독교의 정체성이 사라지고, 모든 종교가 새로운 시대, 새로운 종교로 거듭나면서, 새 시대에 걸맞은 종교로 만들어진다.

세상의 그레이트 리셋은 이제 막을 수도, 돌이킬 수도 없는 팩트다. 이에 대해 우리 그리스도인들은 이들의 정체를 더욱더 분명히 알아, 아무도 싸워 주지 않는다면, 혼자라도 싸워 믿음을 지켜야 한다.

1974년 프리메이슨 하부 조직인 로마 클럽은 전 세계를 10등분[11]으로 나누어 각 지역의 역할을 담당할 나라를 선정했었다. 처음엔 제3지역으로 서태평양과 일본을 중심으로 해 그 역할을 분담케 했으나, 현재는 우리나라가 그 중심이 되어 있다.

---

11) 제1지역 북미주, 제2지역 중남미(라틴어권), 제3지역 서태평양과 일본, 제4지역 대양주, 제5지역 서유럽(구 자유주의권), 제6지역 동유럽(구 사회주의권), 제7지역 중동(이슬람, 아랍) 제8지역 중앙아프리카(이슬람권 제외), 제9지역 아시아(히말라야 산맥 남쪽) 제10지역 중앙아시아(히말라야 산맥 북쪽)(장죠셉, 더 마크, 지혜의 말씀 기둥, p.43)
http://abrieflookattomorrow.bizland.com/ten_years_after.htm

CFR 세계 정부 계획안은 로마 클럽을 거쳐 유엔으로 그 역할이 넘어가면서 유엔은 2009년, 2015년에 10개 영역으로 재편성을 했다.[12] 그리고 2018년, 다시 8개 영역으로 편성을 하면서, 일본 대신 우리나라를 중심에 두면서, 아시아 지역 쪽으로의 중심 국가로 편성을 했다. 8개 영역은 계시록의 10뿔이, 8뿔로 다시 재편됨을 생각나게 한다.

유엔은 CFR의 구체적 계획의 실현으로, 세계를 재편함에 있어, 약간의 변동을 거쳐 2018년 현재 10개 영역의 활동 분야와 8개 지역으로 재편해 두고 있다. 예전엔 중국, 일본 등도 중심 축 중의 하나였지만, 현재 중국, 일본은 그 역할에 있어 제외시켰다.

앞으로 특별한 입면이 없는 한 현재 재편된 형태로 유엔은 어젠다 2030 실현을 위한 그레이트 리셋을 단행할 것으로 보인다.

---

12) http://nuclearsuntan.blogspot.com/

로마 클럽의 세계 10분할도[13]

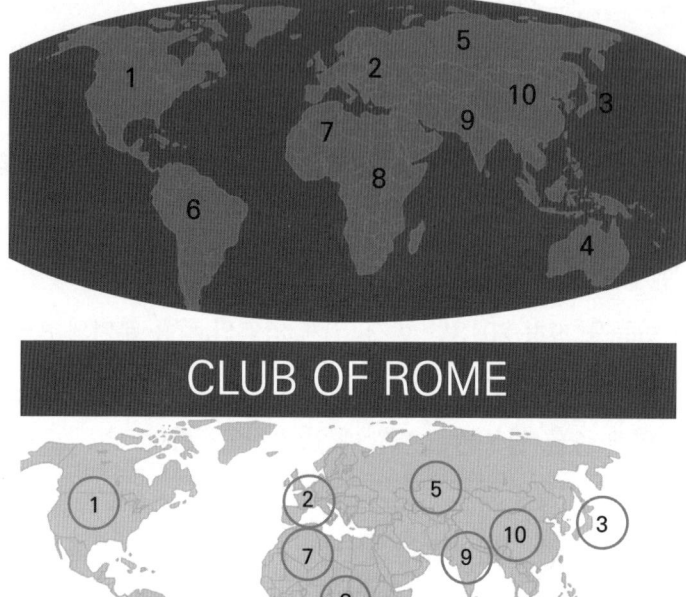

Regionailzation of the World System

---

13) The European Union and the soon-to-be North American Union (it will be in place by 2010) are the first TWO KINGDOMS of the New World Order, as shown on the map below which was originally produced in 1974 by the Club of Rome, one of the New World Order (NWO) organizations designated by the elitists/international bankers/ multinational corporations to bring about a One World Government - through the United Nations.
(https://www.goodnewsaboutgod.com/studies/political/newworld_order/world_order.htm

2009년 유엔의 세계 10분할도[14]

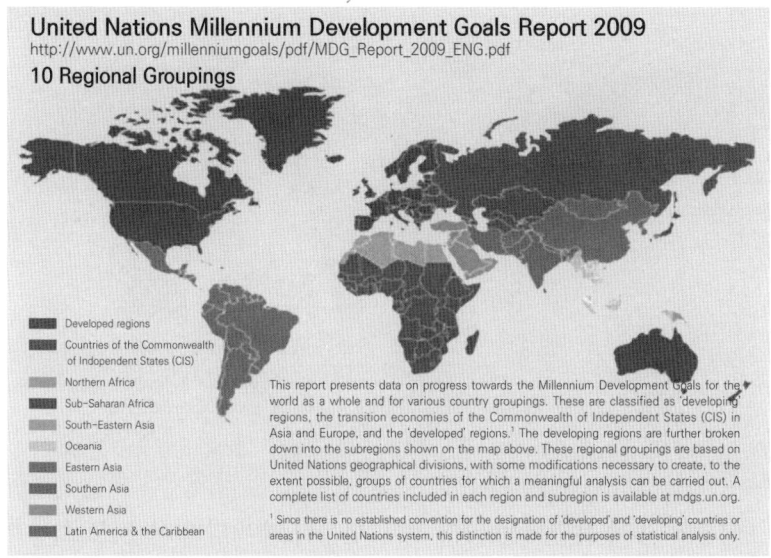

2015년 유엔의 세계 10분할도

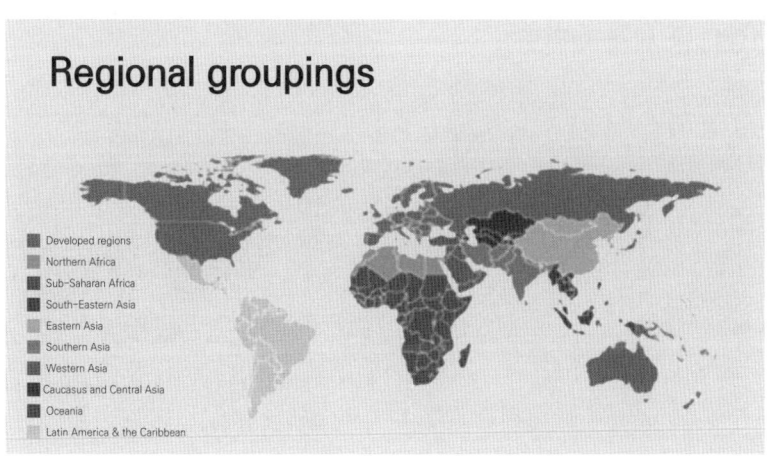

---

14) https://www.un.org/development/desa/publications/millennium-development-goals-report-

2018년 유엔의 세계 8분할도

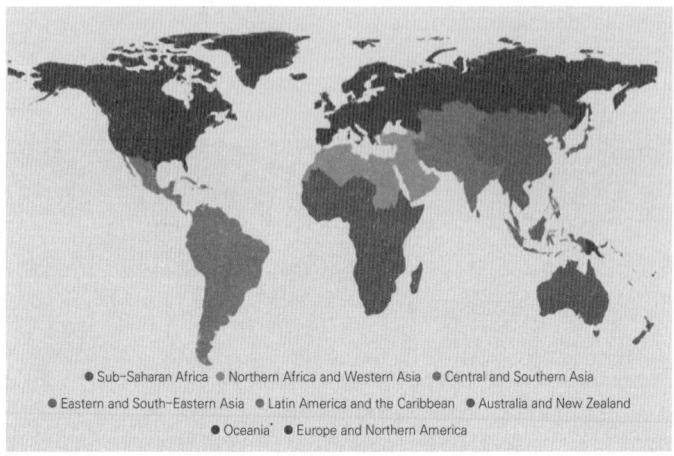

이상의 세계 분할도는 이미 1941년부터 계획되어 온 것으로,[15] 이런 계획들이 유엔을 통해 구체화된 것이다.

1941년 세계 재편도

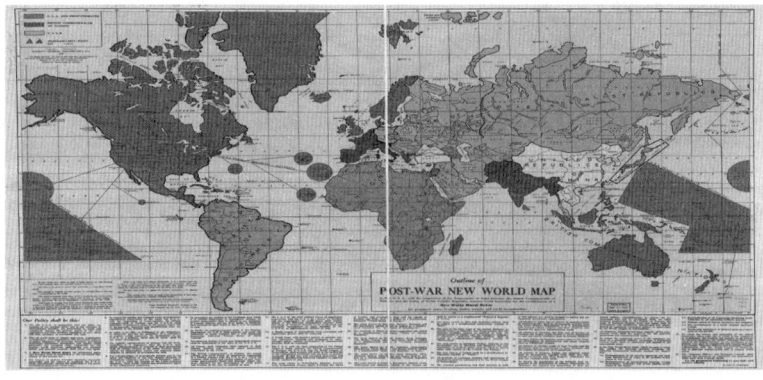

---

15) http://nuclearsuntan.blogspot.com/2010/05/un-divides-world-into-10-regional.html

참고로 세계를 움직이는 미국도 글로벌 리스트들에 의해 10개 영역으로 나뉘어져, 그들의 역할들이 추진되고 있는 중이다.[16]

미국의 10개 영역

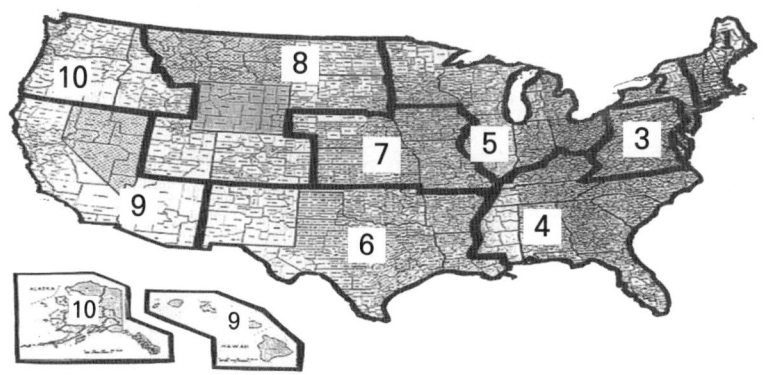

현재 유엔이 세계를 8개 영역으로 재편해 두었지만, 활동은 10개 영역으로 나누어 활동하도록 했다. 그중 우리나라는 새 세계 교육 질서를[17] 담당하는 국가로 분류해 두었다. 원래 교육 담당은 일본으로 분류했으나, 유엔은 일본을 배제하고, 대신 우리나라를 그 중심에 넣었다.

---

16) https://www.goodnewsaboutgod.com/studies/political/newworld_order/world_order.htm

17) 제1지역 정치(미국), 제2지역 농업(칠레), 제3지역 교육(대한민국), 제4지역 환경(호주), 제5지역 경제(영국, 프랑스, 독일, 이탈리아), 제6지역 노동(폴란드), 제7지역 에너지(아랍 연합), 제8지역 사회(남아프리카 공화국), 제9지역 통신(인도), 제10지역 산업(카자흐스탄)

아직도 많은 분들이 이런 유엔의 계획을 음모론 정도로 치부하고 있으나, 정말 음모론인지, 아니면 팩트인지는 수년 안에 판가름 날 것이다.

현재 우리나라는, 유엔의 적극적인 지지를 받고 있으며, 송도 국제 신도시는 첨단화된 스마트 도시로 만들어졌고, 많은 유엔 기구들이 하나하나 들어서고 있다. 그리고 유엔에서 추진하려는 제5본부[18]를 우리나라에 유치하려는 노력을 적극 시도하고 있는데, 이 모든 일들이 우연은 아닌 것 같다.

우리나라의 통일에 대한 가시적 희망을 가지는 것은, 희망 사항이 아니라, 실제 실현될 가능성이 아주 높다. 이는 딥스의 평화 전략 중 하나로 보이며, 평화를 가장한 한 왕의 등장 준비를 하는 국가로, 중동 분쟁의 핵이 되는 이스라엘과 함께, 하나님께 마지막에 쓰임받는 나라가 될 가능성이 있어 보인다.

새로운 새 시대, 새로운 세계 정부의 탄생은 곧바로 새 시대 새 종교의 등장을 예고하며, 곧바로 종교 통합의 결실로, 새로운 세계 정부 종교가 만들어질 가능성이 거의 확실하며, 우리 기독교도 이미 이 일에 적극 가담하고 있다.

---

18) 유엔은 전 세계에 유엔 본부를 두고 있는데, 미국에 제1본부가 있으며, 아프리카의 나이로비, 스위스의 제네바, 독일의 빈 등에 4본부까지 있으며, 현재 제5본부를 유치하려 하고 있다. 5본부는 아시아 영역을 지배할 목적으로 보이는데, 우리나라가 그 입지 조건에 있어 최적의 조건을 갖추고 있는 나라다.

세계의 모든 것이 모두 그레이트 리셋되는 것이다. 유엔은 2029년을 그 완성의 해로 보고 있으며, 2030년부터 새로운 시대로 들어서려는 계획을 오래전 실행해 왔는데, 이미 이 일에 대한 대부분의 시스템들이 구축되었고, 조금씩 실천에 옮기고 있으며, 한순간 디지털로 구축되는 새로운 세상의 도래를 머지않아 보게 될 것이다. 이렇게 만들어질 정부가 성경에서 계시한 짐승 정부가 될 것이 확실해 보인다.

현재 진행 중인 유엔 어젠다 2030의 계획을, 2029년이 아니라 2027년으로 약 2년 정도 앞당기자는 제안에 세계 정상들이 동의하고 있다. 그만큼 4차 산업혁명의 기술들이 빠르게 진행되고 있다는 사실을 알 수 있다.

제6장

범용 백신

▶▶▶▶ 우리나라가 세계 백신의 허브 역할을 해야 한다는 말들이 가끔씩 나오고 있다. 지난 2월 23일 WHO는, 글로벌 바이오 인력양성 허브 사업에 우리나라를 단독으로 선정해 발표했다.

(http://www.sisaweek.com)

현재 경북 안동엔 세계적인 백신 개발 회사인 SK바이오사이언스가 들어서 있으며, 이미 코로나 치료제를 만들어 보급 중에 있다.

전남 화순에는 정부 예산 1,000억 원이 반영돼, '글로벌 백신 허브 조성 사업'을 진행, 첨단 바이오 사업에 박차를 가하고 있다.

(https://www.ajunews.com/view)

이미 우리나라 서울에, 김정숙 여사[19]가 이사로 있고, 제롬 김(김한식)이라는 사무총장의 지도 아래, 1997년 설립된 국제 백신 연구소(International Vaccine Institute· IVI)가 들어서 있다. IVI는 유엔

---

19) 문재인 전 대통령 부인

개발 계획(UNDP)의 주도 아래 진행된 것으로, 우리나라를 중심해 설립한 비영리 국제기구로 유엔에 속해 있다.

이 기구는 세계 공중 보건을 위해 안전하고 효과적이며 저렴한 백신을 개발하고 보급에 전념하는 곳이다. 현재 한국·미국·인도·프랑스 등 15개국 143명이 일하고 있다.

현재 IVI는 매년 국제백신학연수과정(IVC)을 열어, 현재까지 약 3,000여명에게 백신 관련 전문 교육을 진행해 왔고, 2022년 올해도 9월 26일부터 30일까지 개최되었다.

(http://www.doctorsnews.co.kr)

이 재단을 이끄는 현 사무총장인 제롬 김(김한식)은, 코로나가 기승을 부릴 때인 2021년 3월 11일 '그래핀이 분산 함유된 생리 식염수 및 그를 이용한 코로나 바이러스 백신'이라는 특허를 낸 사람으로 다양한 백신 개발에 전념하고 있다.

그래핀을 이용한 의약 개발은 우리나라뿐만 아니라 일본, 중국 등도 가세하면서 나노물질을 통한 의료 분야에 획기적인 발전을 꾀하고 있다.

세계는 코로나 사태를 맞이하면서, 현 백신의 많은 문제점들을 알게 되었다. 계속되는 변이에 속수무책 당하면서, 백신의 한계를 느껴, 모든 바이러스 질환을 잡을 수 있는 범용, 혹은 만능 백신 개발을 위해 박차를 가하고 있다.

만능 혹은 범용 백신에 대한 이야기는 이미 2009년, 미국 국립 알레르기 감염병 연구소(NIAID) 소장인 앤서니 파우치에 의해 제기된 것으로, 이번 코로나 사태를 계기로 더욱더 그 중요성이 대두되었다.

2021년 12월, 앤서니 파우치 등 세계적 저명학자들이 NEJM[20]에 논평을 발표하면서, 전 세계에 퍼진 코로나 바이러스를 전수 검사하고 범용 백신 개발에 힘을 합쳐야 한다는 발표를 했다.

범용 백신의 필요성을 인식한 세계의 빅 제약사들은, 범용 백신 개발에 박차를 가하고, 늦어도 2023경에는 그 윤곽을 드러낼 것으로 보인다.

수많은 제약 회사들이 범용 백신에 대한 연구에 들어갔으며, 가시적 성과를 내고 있다. 우리나라도 mRNA 등 신기술 백신 플랫폼, 범용 백신, 공공백신 지원에 5,000억 원을 투자하기로 했고, 이에 6개 부처, 21개 세부 사업 추진 계획을 만들어 진행 중에 있다.

우리나라 SK바이오사이언스는 코로나 계열 범용 백신에 대한 개

---

20) 현존하는 의학 저널 중 가장 오래되고 권위 있는 잡지다. The New England Journal of Medicine의 약자인 NEJM은 1812년 처음 발간되면서, 의학 분야에 있어 세계 최고의 권위를 자랑하고 있다.

발을 작년 12월에 이미 착수했으며, 우리나라 최초의 코로나 백신인 '스카이코비원'을 개발하기도 했다.

일동제약에서 개발 중인 'S-217622' 백신은, 코로나의 모든 변이를 잡을 수 있도록 개발을 진행 중에 있다.

현대 바이오는, 범용 항바이러스제 'CP-COV03'의 임상 2상에 들어갔다는 발표를 하면서, 이 백신은 자가포식 작용을 하는 범용 항바이러스제로, 만약 코로나 19에 있어 그 유용성이 확인되면, 코로나 변이 외에도 독감, 간염, 에이즈, 에볼라, 헤르페스 등 다양한 바이러스에 적용 가능한 항바이러스제가 될 것임을 자신했다.

그리고 화이자는 2022년 말까지 출시하기로 했으나, 아직 발표가 나오지 않고 있다. 머지않아 코로나19 변이 바이러스를 모두 잡을 수 있는 백신 출시 발표를 할 것으로 보인다.

모더나 또한 모든 코로나에 통하는 범용 백신 개발을 추진, 곧 출시할 것으로 보인다.

코로나 바이러스는, 2020년 처음 나타난 바이러스가 아니다. 1980년대 중반부터 이미 짐승에게 먼저 나타난 바이러스다. 1980년대 중반 미 동부 메릴랜드주의 국립보건원(NIH)에서 박사 과정 중이었던 조나단 히니는, 서부 오리건주에서 포획된 치타 한 무리를 갑작스럽게 죽음으로 몰고 간 미스터리한 질병을 조사하게 된다. 코로나 바이러스였다. 히니가 코로나 바이러스를 처음으로 마주한 사건이었다.

히니가 그 원인을 조사하면서 코로나 이후 40년이 지난 지금 히니는 영국 케임브리지에 본사를 둔 생명공학기업인 '디오신백스(DIOSynVax)'를 이끌고 있다.

(https://www.bbc.com/korean)

약 2년간, 세계의 문을 닫게 한 코로나 바이러스의 진원지에 대한 논의는 아직도 미결로 남아 있지만, 이로 인해 세계는 아수라장이 되었다. 급조된 백신은 그 부작용에 있어 너무 심각했다. 그리고 백신의 효과에 대한 말들도 계속 바뀌었다. 그럼에도 불구하고, 우리나라는 백신 3차까지 진행되었으며, 4차 또한 계속 권유하는 실정이다.

2020년 9월 알파를 시작으로 발생한 코로나는, 델타, 오미크론 그리고 오미크론 하위 변종인 BA.4와 BA.5 등에 이르기까지 지속해서 변이 바이러스가 나타나면서, 모든 백신을 무력화시켜 버렸다.

현재 범용 백신이 개발되고 있지만, 이에 대한 사람들의 시선은 곱지만은 않다. 부작용에 대한 우려가 여전히 남아 있기 때문이다. 그럼에도 불구하고 다른 대안이 없다 보니, 여기에 희망을 걸고 있다.

미국의 칼텍은 모든 코로나를 예방하는 범용 백신 '모자이크8'을 개발했다. 이는 접종 시 발생 항체, 코로나 바이러스 21종을 인식하

는 백신으로, 3~5년 뒤 개발을 끝내고 제품 상용화 준비에 있다.

모자이크8은 코로나19 신종 변이는 물론 사스(SARS), 메르스(MERS) 등 모든 종류의 코로나 바이러스 감염을 막아 줄 수 있는 '올인원(all-in-one)' 백신이다. 현재 쥐나 원숭이 등의 실험에서 감염예방 효과가 입증되었다.[21]

코로나 바이러스 범용 백신 '모자이크8' 구조도

사진 출처: 칼텍 제공

범용 백신은 먹는 알약의 형태로부터, 뿌리는 스프레이형, 붙이는 패치형, 문신형 등 여러 모양으로 만들어져 나올 것이다. 그리고 만들어지는 대부분 백신들의 주원료는 나노가 첨가되는 백신으로 만들어진다.

---

21) https://biz.chosun.com/it-science/bio-science/2022/07/06/JW-FJGAOS4BCGLNOERY3FICAYM

이미 나노의 의학적 용도에 있어, 그 연구는 오래전부터 진행되어 왔다. 우리나라 KAIST 생명과학과 전상용·송지준 교수 연구팀이, 인플루엔자(독감)와 같은 감염성 질병의 효과적인 예방을 위한 자기 조립 단백질 기반 나노구조체 백신 개발에 성공했다.

KAIST 생명과학과 강석모 박사·김유진 박사가 공동 제1저자로 참여한 이번 연구는 미국 화학회 나노분야 저명학술지 'ACS 나노(ACS Nano)' 2021년 6월 11일 字 온라인판에 게재됐다.[22]

(http://www.lecturernews.com/news)

범용성 인플루엔자 나노백신 모식도

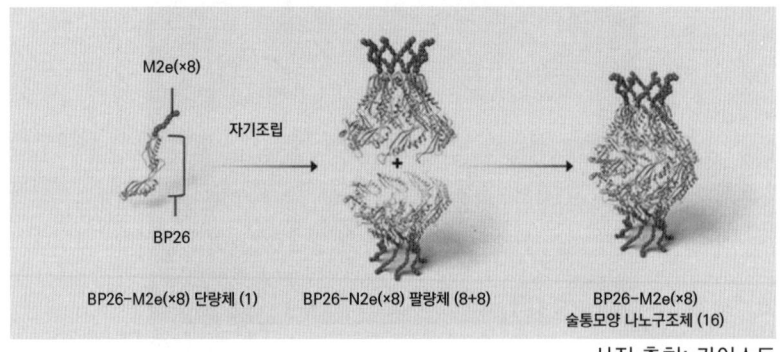

사진 출처: 카이스트

MIT Technology Review지에 의하면, 범용 백신의 핵심은 표면에 다양한 바이러스 조각들이 많이 모여 있는 '모자이크 나노입자'가

---

22) 논문명: Antigen-Presenting, Self-Assembled Protein Nanobarrels as an Adjuvant-Free Vaccine Platform against Influenza Virus(http://www.lecturernews.com)

될 것이라 했다.

2019년에는 킹과 공동 연구를 진행한 미 국립보건원의 바니 그레이엄(Barney Graham)이 모자이크 나노입자가 다양한 독감 바이러스 변종에 효과적이라는 것을 입증하는 데 처음으로 성공했다. 이 팀원들은 이 기술을 수정하고 개발하기 위해 회사를 설립했고, 현재 1단계 임상 시험 중인 나노입자 인플루엔자 백신을 보유하고 있다.[23]

나노기술은 미래 사회의 꿈의 기술이 아니라, 현재 범용 기술로, 우리 산업 전 분야에 활용되고 있다. 문희성 국가나노기술정책연구센터장에 의하면, 현 나노기술이 플랫폼 기술로 실제 현장에 쓰이면서 혁신 기술로서 활용되고 있다고 했다.

나노의 의료학적 연구는, 상상하기 힘들 정도로 그 범위가 무궁무진하다. 자성의 원리를 이용해 자성 나노입자를 만들어, 혈액 내 바이러스 같은 감염병 원인을 깔끔하게 없애는 기술이 이미 나왔고, 더 나아가 나노봇을 통한 각종 질병의 진단 및 예방 그리고 처치까지 가능한 수준에 이르렀다.

미래학자 레이 커즈와일은, 유전자 나노로봇 기술로 인류가 특이점을 맞게 되면 기계 지능과 연결되면서 수명 연장도 얼마든지 가능하다고 그의 저서 《특이점이 온다》에서 주장하고 있다.

---

23) https://www.technologyreview.kr/universal-covid-vaccine-research

나노봇은 2005년 미 항공우주국(NASA)에서 우주 미션에 활용할 나노로봇을 개발하기 시작하면서, 전 산업 분야 특히 의료 분야에 있어 급속한 발전을 이루어 왔다. 실제로 나노봇이 사람 몸을 돌며, 백신이나, 영양분을 공급하는 치료법은 현재 적용 중에 있다.

SK바이오사이언스에서 만들어 보급되고 있는 국산 1호 코로나19 백신인 GBP510은 재조합 단백질 나노입자 백신으로 만들어진 것이다. GBP510은 '스카이코비원멀티주'라는 이름으로 식품의약품안전처의 품목 허가를 받았다.

앞으로 우리는 나노로 만들어진, 다양한 형태의 백신을 공급받게 될 것이고, 이 백신은 하나의 바이러스만 잡는 것이 아니라, 여러 종류의 바이러스를 동시에 잡는 범용 혹은 만능 백신으로서 나올 것이다. 그리고 대부분의 사람들은 처음엔 주저할지 모르나, 다양한 전염병으로 말미암아 결국 이 백신을 접종하게 될 것이다.

상식선에서 우리가 경계해야 할 것은, 아무리 우리 몸에 유익을 주는 약이나 백신이라도 지나치면 오히려 몸을 해치는 결과를 가져온다. 특히 백신은 더욱더 그렇다. 백신의 특성상, 지나친 백신 접종은 우리 몸의 면역 체계에 치명적 영향을 미친다. 그렇기 때문에 백신은 우리 몸을 치료하는 치료제가 아니라, 우리 몸을 죽이는 독약이 될 수 있다.

우리에게 있어 최고의 면역제는 자연 면역제다. 우리 몸은 외부의 바이러스를 물리칠 수 있는 면역 시스템이 갖추어져 있다. 오히려 백신이란 물질을 넣음으로, 자연 면역 체계가 무너지면서, 더 위험해질 수 있다.

세계는 신기술이 적용된 여러 종류의 범용 백신이 나오면, 다양한 방송 매체를 통해 새로운 백신의 유용성을 강하게 어필할 것이고, 대부분의 사람들은 각 나라나 WHO의 지침대로 백신 접종을 하게 될 것이다. 그래야 사는 줄 알기 때문이다. 그러나 코로나 백신으로 우리를 속인 이들의 말을 전적으로 신뢰해선 안 된다. 백신의 검증은 약 10년 이상의 긴 시간을 요한다. 그 어떤 명분으로도 백신 접종을 강요하면 생각하고 또 생각해 보고 이에 대처해야 할 것이다.

백신과 그리스도인

앞으로 다양한 형태의 범용 백신이 우리 앞에 등장할 것은 분명하다. 그리고 이에 대한 연구가 빠르게 진행되고 있으며, 각종 방송 매체를 통해 범용 백신의 긍정적인 면만 선전하게 될 것이다.

하나님을 알지 못하는 자들은 그 어떤 형태의 백신이든 스스로 접종하는 것에 대해 우리가 관여할 만한 일은 못 된다. 백신의 위험성을 알릴 순 있어도 접종 자체를 어떻게 할 수 없다. 그러나 우리 그리스도인들은 성경적으로 좀 더 깊이 이 문제에 접근해야 한다.

앞으로 나올 대부분의 백신이나 의약품들은 나노기술과 연결된다. 나노기술과 연결된 백신이나 여러 약품들은 그 자체에 있어, 우리 몸 안에서 자가 조립 등이 가능하며, 하나의 통신 매개체 역할을 한다. 그리고 외부와의 통신이 자연스럽게 될 것이다.

4차 산업혁명의 초연결로 대부분의 의료 체제가 원격 진료와 원격 처치로 전환되면서, 점진적으로 우리 몸에 다양한 나노기술이 탑재된 의약품이 전달되고, 의료진은 외부에서 원격으로 우리 몸의 여러 질병들을 처치하게 될 것이다. 이에 관련된 수많은 영화들이 오래전부터 나오면서, 이런 시대를 예고했었다.

아직은 극소수의 이익 집단만 이런 혜택을 받지만, 점차적으로 대부분의 인류들이 이런 기술들의 혜택을 받게 되면서 서서히 여기에 길들여질 것이다.

의료를 빙자한 각종 백신이나, 약물 그리고 나노봇 등이 우리 몸에 들어와, 단지 의료용으로만 사용된다면 크게 문제될 것이 없으나, 만약 정부가 나노봇이나 나노컴퓨터 등을 통해 우리를 통제하고 감시하려는 마음만 먹는다면, 우리는 정부의 꼭두각시가 될 수 있는 통제된, 통제될 수밖에 없는 사람이 된다.

CBDC 시대를 맞이하면서, 의료칩과 더불어 경제 활동까지 가능한 나노칩이 우리 몸 안으로의 주입이 가능해진다.

정부는 이를 4차 산업혁명 시대, 신기술의 극찬으로 우리에게 평가해 알릴 것이고, 결국 우리 몸은 디지털 시대에 걸맞은 디지털 칩이

되는 나노칩을 자연스레 이식할 것이다. 그리고 의료용과 결합된 경제 활동이 가능한 나노칩이 나온다면, 사람들은 자연스레 이 칩을 이식하게 될 것이다.

만약 마이크로칩이 디지털 아이디의 신분증으로 사용된다면, 태어나면서부터 이 칩이 이식될 것이다. 아이 밴 자와 젖먹이는 자들에게 화가 있을 것이라는 주님의 말씀이 기억난다.[24]

나노봇을 활용한 원격 치료도, 2026년 6G가 서서히 상용화되면서 급발전을 이룰 것이다. 이와 더불어 CBDC를 활용할 수 있는 계좌번호도 나노칩 안으로 들어올 가능성이 많이 있다.

이 내용은 CBDC 편에서 좀 더 자세히 다루겠지만, 성경은 인간이 디바이스화되어 신체인터넷으로서의 활동하는 시대를 이미 예고하고 있다. 계시록 13장의 매매 기능이 들어가는 표(칩)의 시대를 알리면서, 이 표(칩)을 이식할 경우 하나님의 심판이 있음을 경고한다.

유엔 어젠다 2030의 계획 가운데 전 인류의 디지털 아이디화를 알리고 있는데, 결국 전 인류에게 디지털 아이디를 부여한다는 것으로, 이는 디지털 칩 즉 나노칩의 시대로 들어감을 암시하는 것이다.

우리 그리스도인들은 앞으로 나올 각종 범용 백신에 있어, 주의를 기울여야 한다는 사실에 있어 더 이상 강조해도, 지나치지 않는다.

---

[24] 마 24:19 그 날에는 아이 밴 자들과 젖 먹이는 자들에게 화가 있으리로다

제7장

경제 위기와 식량 위기

▶▶▶▶   코로나가 가져온 여파는 상상을 초월하고 있다. 우리나라뿐만 아니라 전 세계 경제가 초토화되고 있으며 가진 자는 더욱더 가지게 되고, 없는 자는 더욱더 없어지는 부익부, 빈익빈 현상이 심화되고 있다.

코로나가 진정되면, 모든 게 일상으로 돌아올 것이라는 일반인의 기대를 처참히 짓밟고, 현재는 코로나 이상의 더욱더 심각한 경제난으로 우리 국민들은 허덕이고 있다. 그렇다고 이런 경제난이 단기간에 안정될 기미도 보이지 않는다.

미 연준(미국 연방준비제도이사회, FED)은, 자이언트 금리 인상으로 자국과 세계적 경제난을 잡아 보려 몸부림치지만, 이미 엎어진 물을 주워 담기엔 역부족이다.

코로나와 더불어, 우크라이나와 러시아 간의 전쟁 사태가 장기화

됨으로, 이 또한 세계 경제 위기에 더욱더 불을 지펴 버렸다.

현 경제 위기는 중산층이 붕괴되면서, 가진 자는 더욱더 가지게 되고, 중산층이나, 가진 것이 없는 빈자들은 더욱더 어려워지고 있는 실정이다.

우리가 아무리 유엔 어젠다 2030에 대해 좋게 해석하려 해도 진행되는 일들을 보면 그렇지 못하다. 그 어떤 계획을 갖고 철저히 대중들을 농락하는 형태로 보이며, 결국 수많은 위기 속에서의 새로운 세계를 만들고자 하는 의도가 짙게 보인다.

일반 대중들은 이를 알 수도 없고, 알기도 어렵지만, 성경을 연구하고, 시대에 대한 연구를 하는 본인으로선, 현재와 같은 어려운 시기 뒤에 만들어질, 새로운 세상에 대한 그림이 선명히 그려진다.

유엔 어젠다 2030의 대변인 격인 클라우스 슈밥은 '아무것도 가지지 않으나, 모두가 행복해질 것이다'란 말을 자주하면서, 그의 그레이트 리셋에 불을 붙였다.

현 세상을 모두 리셋해 새로운 세상으로 만들어 가려는 유엔의 계획에 있어, 어젠다 2030의 대변인 격인 클라우스 슈밥의 입을 통해 나온 말들을 조심히 살펴보면, 어느 정도 리셋 된 세상의 윤곽이 드러난다. 이는 클라우스 슈밥이 이끄는 WEF가 그 역할을 충실히 진행해 가고 있기 때문이다.

인간의 정체성과 관련해, 슈밥은 '생물학적, 디지털, 물리학적 융합'이라는 표현을 함으로 휴먼 2.0 시대로 감을 알렸다. 지금 그렇게 진행되고 있으며, 신인류 시대, 다인류 시대, 휴먼 2.0의 시대, 트랜스 휴먼 시대란 말을 어렵지 않게 들을 수 있다. 여러 방송 매체노 이를 부지런히 알리고 있다. 그리고 수많은 드라마와 영화계에서도 이를 앞다퉈 전하고 있다.

디지털 사회와 관련해, 슈밥은 '앞으로 전 인류에게 디지털 아이디를 부여해 모두가 공평한 사회로 만들겠다고 하면서, 2016년 그가 10년 뒤 전 인류에게 디지털 칩이 되는 마이크로칩을 이식할 것이다'라는 말은, 이 세상을 디지털 사회로 만들겠다는 유엔의 의도를 엿볼 수 있다.

본 장의 주제가 되는 경제와 관련해 슈밥은 앞에서 말한, '아무것도 가지지 않으나, 행복한 세상'이 될 것이라는 발언은 하나의 사회주의를 연상케 한다. 아무것도 가지지 않았는데 행복하다는 것은, 정부에 의해 모든 것이 공급됨을 암시하고, 정부가 생계를 책임져 주는 사회가 되기 때문에, 모두가 행복한 사회가 될 것이라는 것이다.

만약 슈밥이 말한, 사회주의적 새로운 세상의 리셋을 꿈꾼다면, 현 자본주의적 경제 체제는 모두 해체돼야 한다. 모두에게 공평하게 이

익을 분배하기 위해선, 정부가 경제를 주도하지 않을 수 없다. 정부가 나서서 공평하게 국민의 생계를 책임지는 사회는 사회주의가 아니면 할 수 없다.

일부 극소수의 국가를 제외한 현 대부분의 나라는 자본주의 경제 체재를 갖고 있다. 일한 만큼의 대가를 받고, 얻을 수 있는 부는 노력하고 일한 만큼 축척하며, 민주주의적 가치 아래, 모든 이들이 자연스레 자본주의적 삶을 영위해 나가고 있다. 이런 세계적 자본주의의 체제를 리셋한다는 것은 거의 불가능에 가까운 일이다. 특정한 한 나라의 자본주의적 파괴는 혹 가능할 수 있겠지만, 세계적으로 돌아가는 자본주의의 체재를 무너뜨린다는 것은 상상하기가 쉽지 않다. 그러나 현재의 사태를 보면 이 불가능이 가능할 수도 있겠다는 생각이 든다.

코로나 사태에 따른 경제 위기, 그러면서 진행되는 CBDC 사회로의 전향, 이후 자연스럽게 국가가 숫자로만 주는 가상 화폐인 CBDC의 사회가 된다면, 국가 주도의 사회주의적 경제 체제도 충분히 가능할 수 있다.

현 디지털 세상은 모든 것을 하나로 묶고, 모든 사람들을 감시, 통제하는 일이 가능해진 사회다. IT를 통한 국가 간의 경제 연결은 이미 오래전부터 진행되어 왔고 현재도 진행 중이다. 한 나라의 경제는 한 나라만의 문제가 아니라 전 세계의 문제가 된지 오래다. 이런 경제 연결에 있어 여러 나라가 동시에 심각한 경제 문제를 일으킨다면 세계 경제는 무너지면서 새로운 경제 체제를 만들 수 있는 시대가 오늘 우리들의 시대다. 문어발처럼 연결된 세계 경제는 한 국가만의 자본주의를 파괴하는 것이 아니라, 전 세계적 파괴를 가져올 수 있다. 연후 새로운 사회주의적 경제 체제를 만들고자 한다면 연결된 디지털을 통해 충분히 가능하다. 현재 일어나는 세계적 경제 위기가 그런 부류에 해당된다.

만약 국가 주도의 경제 체제로 전환된다면, 국가가 마음만 먹으면 국민을 쉽게 통제, 감시할 수 있다. 가장 효율적인 방법이 경제적 통제인 것은 삼척동자도 알 수 있다. 경제 통제만 가능해진다면, 국민은 국가에 복종할 수밖에 없고, 국가가 하라는 대로 할 수밖에 없는 노예적 삶으로 전락될 수 있다.

현재의 경제 위기가 새로운 경제 체제로의 리셋을 위한 위기라면, 이 위기도 그 어떤 음모에 의해 진행되는 위기가 된다.

경제 위기는 빈국에 있어 극심한 식량 위기를 불러온다. 현 세상에는 먹을 것이 넘쳐 나지만, 경제적 빈국에 있어선 먼 이야기다. 경제적 빈국의 경제 위기는 곧바로 식량 위기로 이어져, 수많은 아사자들이 생긴다. 현재 아프리카 쪽의 빈국에서 일어나는 일들이다. 그렇지 않은 나라에 있어선, 어느 정도 어려움이 있겠지만, 죽을 정도의 어려움은 아니다.

우리나라의 예를 들면, 경제 위기란 말은 수도 없이 나오지만, 식량 위기란 말은 찾아보기 어렵다. 어느 누구도 식량 위기를 느낄 정도의 절박한 위기를 체험하지 못한다. 단지 경제적으로 예전보다 물가가 많이 오른 것은 느끼지만, 그렇다고 죽을 만큼의 위기의식은 갖고 있지 않다.

필자의 집은 바닷가와 멀지 않다. 10분 정도만 차를 타고 가면 멋진 해안 도로와 해안 도로를 따라 수많은 고급 식당과 카페들이 즐비하게 늘어서 있다. 주말이나 공휴일이 되면 대부분의 식당이나 카페들은 주차할 자리가 없을 정도로 붐빈다. 음식값이나, 찻값이 아주 고가다. 그럼에도 불구하고 사람들로 붐빈다. 경제 위기란 용어가 무색할 정도로 여가와 레저의 풍요한 삶을 즐기고 있다. 이게 경제 위기라는 현 우리나라의 현실이다.

인간 세상에 있어, 위기는 시간이 지나면서 하나하나 극복된다. 이런 위기를 통해 인류는 한 단계 더 업그레이드된다. 현 경제 위기나 식량 위기 등의 위기도, 몇 년의 시간이 지나면 모두 해결될 것이나, 이를 이용하는 자들의 의도대로 이 세상은 리셋되면서 흘러갈 것으로 보인다.

현 과학 기술의 고도화로 헤아릴 수 없는 대체 식량들이 만들어져 보급되면서, 어려운 빈국의 식량난도 자연히 사라질 것이다. 이미 대체 식량들이 만들어져 실험 중에 있으며, 일단의 대체 식량은 보급

중에 있다. 지금과 같은 정상적 과학 발전이 진행된다면, 가까운 미래는 식량으로 인한 위기는 일어나지 않을 것이다.

그러나 성경은 지금의 시대에 대해 심각한 경고를 보내고 있다. 성경에서 계시하는 하나님의 심판에 대한 징조들이 너무 분명히 나타나기 때문이다. 세상 사람들은 이에 대해 관심이 없기 때문에 그냥 흘러가는 조류에 그 몸을 맡겨 그대로 흘러간다. 또 이렇게 진행되어 온 것이 인류의 역사다. 그러나 우리 그리스도인들은 우리 삶의 중심이 되는 하나님의 말씀인 성경의 가르침을 따라간다.

성경은 세상의 시작과 진행 그리고 그 마지막까지 자세히 안내하고 있다. 수천 년 전부터 성경은 인류의 심판에 대해 알려 왔다. 그리고 그때에 대한 여러 징조들도 자세히 알리고 있다.

현 우리들의 시대는, 성경의 마지막 시대에 대한 계시에 좀 더 관심을 갖고 살펴봐야 한다.

유엔 어젠다 2030, 이의 실천 사항인 제4차 산업혁명, ID2020 프로젝트, 더 그레이트 리셋 그리고 코로나 사태와 백신, 경제와 식량 위기 등에 대한 내용들을 성경과 접목시켜 살펴보면, 하나님의 심판과 그리스도의 재림이 얼마 남지 않았음을 스스로 발견할 수 있다. 그리고 소름끼칠 정도의 그 정확성에 놀라게 될 것이다.

역사의 진행 과정에 있어 나타난 위기는 우리 인류가 슬기롭게 대처하면서 잘 이겨 왔다. 그러나 마지막 시대 하나님의 심판으로 나타나는 위기는 그 성질이 다르다.

신의 심판으로부터 피할 수 있는 인간은 없다. 신의 심판은 남녀노소, 빈부귀천을 막론하고 모두에게 벌하는 무서운 징벌이다.

성경을 잘못 이해한 일부의 그리스도인들이 코로나, 백신, 경제 위기, 식량 위기 등의 현 사태를 계시록에서 말씀하시는 하나님의 심판으로 둔갑시켜 사람들을 속이고 있다. 만약 현재 일어나는 모든 위기가 마지막 시대 진행하는 하나님의 심판으로 본다면, 이 심판은 너무 불공평한 심판이 된다. 가진 자는 심판 대상에서 제외되고, 약하고 없는 자들만 심판을 당하는 꼴이 되며, 오히려 가진 자는 더 많은 것들을 가져가는 꼴이 된다. 성경을 이렇게 해석하는 자들과 이런 유의 유튜브 채널들을 조심해야 한다.

마지막 시대를 진행하는 하나님의 심판은 다르다. 하나님께 보호받는 하나님의 백성들을 제외하곤, 한 사람도 빠짐없이 심판을 받게 된다. 이들이 아무리 도망가려 해도, 피하려 해도, 숨으려 해도, 그런 도피 장소가 일체 없다.

현 세계 갑부들은, 비상시의 위기에 대비해 지하 벙커를 만들어 수년간 살 수 있는 시설들을 갖추고 있다. 그리고 갑부들에게 그런 장소를 판매하는 회사도 있다. 착각이다. 이들이 자신들만 살기 위한 여러 시설을 만들어 도망가려 해도, 하나님의 심판으로부터 도망갈 수 없다. 만약 하나님의 심판이 아니면, 희망이 있을 것이다. 신의 심판은 인간의 능력으로 피해지는 것이 아니다.

아직 하나님의 심판이 내리는 것은 아니지만, 요 몇 년간의 중요 사건을 통해 하나님의 심판이 곧 임할 것이라는 사실을 발견할 수 있다. 현재의 사태들이, 성경에서 계시한 마지막 시대 하나님의 심판과 여러 모양으로 비슷하지만, 아직은 아니다. 비슷할 뿐이다. 흉내만 내고 있다. 사탄의 전형적인 방법이다. 그리고 이를 통해 하나님의 심판이 곧 있을 것임을 하나님이 알려 주시는 여러 방편들이기도 하다.

이 정도에서 우리 그리스도인들은 하나님의 의도를 알 수 있어야 한다. 이 만큼 보여 주고 알려 주었으면, 눈치라도 채야 한다. 그런데 아직 우리 교회는 잠잠하기만 하다. 새로운 교회성장과 교회의 갱신을 외치며 4차 산업혁명의 시대와 함께 가려 한다.

소결

　인간의 끝없는 욕심과 욕망은 사탄의 달콤한 유혹에 빠져 하나님과 같아지면서 하나님을 대적하는 생각을 갖게 하였다.

　4차 산업혁명의 결과로 유전자 인간을 만들어 생명을 주관하고, 질병을 정복해 무병장수의 시대를 만들어 가고 있다. 세계가 사물 인터넷을 통해 하나의 망으로 형성되고, 모든 인간에게 생체칩이 이식되고, 인간과 사물 간의 대화가 가능해지고, 인공 지능을 통한 새로운 휴머노이드가 만들어지는 등 수도 없이 많은 일들이 일어나고 있다. 가장 무서운 것은 4차 산업혁명으로 인간이 신의 자리에 서고, 모든 사람들의 사상을 송두리째 바꿔 버리고 있다. 그런데도 우리 그리스도인들 대부분이 이런 사실을 전혀 모르고 있다.

　2019년 12월 갑자기 코로나 전염병이 나타났고 인류는 거대한 흑암의 세력에 의해 코로나라는 사기극과 백신 접종의 사기극에 놀아났다. 아주 짧은 1, 2년 사이에 가스라이팅을 당한 인류는 mRNA의 백신을 접종했고, 그 결과 수많은 사람들이 백신으로 목숨을 잃었으며 부작용을 호소하는 사람들이 여기저기에서 나타나고 있다.

　우리 인류는 백신의 성분을 알지도 못한 채, 백신을 맞아야 생활할 수 있는 백신패스도 경험했다. 생명을 걸고 도박을 하는 것처럼 백신을 접종했고 이를 거부한 사람에게는 직장을 잃게 하고 사회생활의 제약을 주며 경제적 손실로 삶을 처참한 나락으로 떨어지게 했다.

백신이 무엇이길래?

인류를 대상으로 시험을 하고 있는 그들의 계획을 우리는 심각하게 고민해 보아야 한다. 그러나 대부분이 꼭두각시 인형이 되어 백신 접종을 자발적으로 했으며, 교회는 이에 앞장서 백신 접종을 독려했다. 너무 안타까운 현실이다.

정부는 mRNA 백신의 위험성을 묵살하고, 거짓으로 일관하며 1~3차 접종을 완료했고, 이제 4차 백신 접종을 전 국민에게 맞히고 있다. 이미 세계는 백신의 문제에 대한 난상 토론과 거짓 백신에 대한 보도가 줄을 잇고 있지만 우리 정부는 이런 사실을 숨기며 더 나아가 만능, 범용 백신들을 계속 홍보하고 있다.

비록 인간이 자유 의지를 가졌지만, 달콤한 속임수와 독이 든 사탕에 의해서 가스라이팅 당해 올바르게 사고할 수 없고, 판단할 수도 없고, 선택의 옳고 그름을 따지지 않고 다수의 군중을 쫓아가는 모습에 아연실색할 정도다.

한국교회는 지난 100여 년 동안 세계 어느 곳에서도 보지 못할 성장을 했고, 세계에서 최고의 예배당을 갖고 있으며 세계 10대 교회 중 반 이상이 우리나라에 있다.

그런데 현 우리 교회의 실상은 어떠한가. 놀라운 성장으로 거대해

진 예배당은 현재 신앙의 공동체인지, 아니면 자기감정 만족과 친목을 다지는 친목 종교 단체인지 분간하기 어려운 행동들을 하고 있다. 그러면서 자화자찬하는 우리 모습을 보며 하나님의 놀라운 복을 받은 양, 거짓 믿음의 현 주소를 바라볼 때 실로 놀라울 따름이다.

4차 산업혁명은 창조주 하나님을 잊게 하는 산업혁명이며, 바벨탑을 쌓아 하나님을 대적하고 인간이 신이 되려 하는 창조주 하나님에 대한 사단의 마지막 도전이 될 것이다.

하나님께서는 인간을 창조한 이유는 하나님을 찬양하고, 그분을 잊지 않고 기억하며, 그분이 주신 이 세상을 지키고 다스리며, 하나님의 나라를 세우도록 하기 위해서다.

우리 인간은 하나님을 알아야 자신의 정체성을 알게 되고, 자신의 존재함에 대한 분명한 이유를 깨닫는 것이다.

4차 산업혁명을 인류가 꿈에 그리던 유토피아라고 생각하는 그리스도인들은 현실의 안락함에 취하게 될 것이다. 믿음의 선조들이 지켜왔던 믿음을 잃어버리고 육신과 안목의 정욕에 취하고 이생의 자랑에 마음을 빼앗기게 되면서 자기 자신도 알지 못하는 순간 하나님을 잊거나 잃어버리게 되고, 결국 자기의 영혼도 하나님 앞에 버림을 받게 될 것이다. 무섭고도 두려운 일이다.

4차 산업혁명의 시대를 맞이한 우리 인류, 코로나 사기극과 강제 백신 접종을 경험하고 있는 우리는, 현 시대 우리에게 요청하는 주님의 뜻을 바로 알고 시대를 분별하고 지혜 있는 자가 되어야 한다. 하나님의 참 된 자녀는 하나님의 말씀을 듣게 되어 있다.

우리 주님과 가까이하면 할수록 더욱더 주님과 가까워지게 된다. 불의와 가까이하면 더욱더 불의해지고 악한 자는 더욱더 악해져, 결국 하나님의 심판을 당할 것이다.

우리는 명심해야 한다. 알파와 오메가이시며 우주를 창조하고 우리를 창조하신 하나님을 주로 섬기며 그리스도만이 우리의 유일한 구원자이심을 믿는 믿음을 굳건히 잡고 있어야 한다.

2,000여 년 전, 부활해 승천하셨던 주님께서는 현재의 우리들에게 말씀하신다. 너희들이 본 그대로 다시 오시겠다고 말이다. 그날이 오고 있다. 그날은 두렵고 경이로운 주님의 날이다. 주님의 날을 고대하고 바라고 기대하는 주의 자녀들이 되길 바란다.

제2부

디지털 아이디와 디지털 혁명

제8장 디지털 아이디
제9장 원격 의료 시대와 의료용 마이크로칩
제10장 메타버스
제11장 디지털 화폐
제12장 CBDC와 핸드폰 디지털 지갑
제13장 CBDC와 디지털 칩 그리고 디지털 아이디
제14장 디지털 사회와 IoB시대
제15장 스마트 시티
소결

제8장

디지털 아이디

▶▶▶▶   제4차 산업혁명 시대는 디지털 시대로의 전환을 가져오는 혁명이다. 디지털 시대로의 전환은 모든 것이 초연결·초지식·초융합되면서, 인류 역사를 모두 다시 써야 하는 새로운 시대로 들어가게 된다. 이 혁명의 중심 과제 가운데 하나가, 전 지구상의 인류에게 평등한 기회 제공을 위한 새로운 신원 확인 작업을 진행하고 있는데, 이 작업을 위한 계획이 2장에서 밝힌 ID2020 프로젝트다.

현재 지구상에 정상적인 신분을 갖고 있지 못한 인구가 약 15억 정도 된다. 이들 모두에게 적합한 아이디를 부여해 공정한 혜택을 받도록 하자는 데 그 목표를 둔 것으로 누가 봐도 동의할 수밖에 없는 좋은 일처럼 보인다.

이 계획을 진행하기 위해, 2016년 6월 공식적으로 ID2020 프로젝트 협회를 세워 진행하고 있으며, 2029년까지 마무리하는 것으로 되어 있다.

이 계획에 직접 뛰어들어 움직이는 단체는 전략컨설팅 회사인 액센츄어(구 앤더슨 컨설팅), 세계백신면역연합(Gavi), 마이크로소프트, 록펠러 재단, 멜린다&게이츠 재단, 유엔 난민 기구(UNHCR) 등이다.

전 인류에 대한 디지털 신원 확인에 있어 가장 적합한 신분증은 핸드폰을 거쳐 디지털 칩이 될 것은 분명해 보인다. 핸드폰의 여러 불편을 원천적으로 제거할 수 있는 다지털 칩에 개인의 모든 정보를 저장해 지구 어디를 가든 신분을 확인할 수 있고, 그에 적합한 대처를 할 수 있다.

예컨대, 세계 여행이나 업무 중 긴급 의료 사고를 당했을 때 주변의 가까운 병원에 가면, 디지털 아이디를 통해 즉각 처치가 가능해진다. 디지털로 초연결된 세상에서, 그 사람에 대한 모든 정보가 들어 있고 그의 병력 또한 들어 있기 때문이다. 그리고 의료용 나노봇이 이식되어 있다면 원격 처치나 수술 또한 가능해진다. 그러나 신원 확인이 되지 않으면, 신원 불명으로 그 어떠한 의료 혜택을 받을 수 없고, 자칫 생명의 위험을 초래할 수 있다.

세계 정부를 구성하고자 하는 여러 단체들은 현 시대 일어나는 지구적 재난이나 어려움 등을 해결하기 위해 빠른 시간 내 세계적 연합을 서둘러야 하며, 전 지구적 협조 아래 지구를 살려야 한다는 기본적 합의에 암묵적으로 동의하고 있다.

세계적 디지털 시스템이 대충 마무리되면서, 세계 정부도 가시화 될 것으로 보이는데, 이때 필요한 세계 시민으로서의 신분증명서가 디지털 아이디가 되는 디지털 칩이 될 것이다. 이미 여러 의학적 용도로 디지털 칩은 현재 활용 중에 있다. 여기에 몇 개 정도의 정보만 더 저장하거나 아니면 경제전용 디지털 칩을 만들어 이식하면 된다.

디지털 신분증명서를 통해 세계 정부는 아주 손쉽게, 개인 정보나 신원을 확인할 수 있다. 그리고 디지털 아이디가 있는 사람은 세계 어디를 가든, 세계 시민으로서의 신분증을 갖고 있기 때문에 아무런 재재를 받지 않는다. 디지털 아이디는, 정부가 신원을 보장해 주는 신원 증명서가 되고, 금융 거래 또한 디지털 아이디로 할 수 있는 금융 정보가 모두 들어가면서 경제 활동 또한 아무런 제약을 받지 않고, 자연스럽게 움직일 수 있다.

세계 시민증이 디지털 칩이 될 수밖에 없는 이유는 신분증의 교체나 분실 등의 일들이 일어나면 이 일을 처리하는데 있어 아주 불편하며, 쉽게 처리하기가 어렵다. 그러나 디지털 칩을 몸에 이식해 처리하게 되면 교체나 분실 위험이 전혀 없으며, 때가 되면 원격으로 교체가 가능하고, 정부의 중요 정보들은 모두 원격으로 제공할 수 있기 때문이다. 예를 들면 백신패스, 운전면허증, 기타 각종 면허증, 은행 계좌와 같은 일종의 증명서 등이 될 것이다.

ID2020 프로젝트는 유엔이 제시한 세계 지속 발전 목표 가운데 하

나로 진행되고 있으며, 일단 개도국을 중심으로 서서히 디지털화를 해 나갈 것으로 보인다. 디지털화된 개인의 모든 정보는 이미 만들어져 있는 블록체인을 활용해 정보가 보호되도록 한다.

개도국이나 저개발국으로 시작되는 디지털 아이디는 일단의 시험을 거쳐 본격적으로 모든 사람들에게 이식될 것으로 보이는데, 이는 세계적 합의가 없으면 이루어질 수 없는 일로서 이미 세계적 합의가 되어 있는 것으로 보이며, 유엔에서 이 일을 진행하면 유엔 산하 모든 나라들이 적극적으로 이 일에 동참케 될 것이다.

백신 사태를 보면 불과 1, 2년 사이에 백신패스가 전 세계에 보급되듯 만약 합리적 조건을 내세운 디지털 칩이 보급된다면 이 또한 아주 빠른 시간 내 전 인류에게 이식될 것이다.

유엔의 ID2020 프로젝트가 성공한다면, 이들이 계획하는 새로운 디지털 세상을 만들어 가게 될 것이다. 그렇게 되면 이 세상은 별도의 신분증 없이도 디지털 아이디를 통해 다양한 사회생활을 편리하게 할 수 있을 것이다. 어떻게 보면 아주 멋진 세상이 될 수 있을 것 같은 착각이 든다.

그러나 디지털 아이디는 동전의 양면과 같이 긍정과 부정이 동시에 들어 있다. 긍정의 힘이 강하게 작용할 수 있지만, 부정의 힘도 무시 못 한다. 만약 디지털 아이디를 마음대로 조종할 수 있는 권세자가 부정적으로 권세를 활용해 디지털 아이디를 이용한다면 모든 사람은 집단 농장의 짐승 같은 신세로 전락하게 될 것이다. 짐승 같은 자가 통치자가 되고, 그를 따르는 짐승 같은 무리들이 득세한다면 디지털 아이디는 결국 모든 사람을 구속, 감시, 통제하는 무서운 도구가 될 것이다.

아직 디지털 칩의 형태는 아니지만, 디지털 아이디 사회로의 진입 초입에 놓여 있다. 개인의 모든 정보들이 하나하나 디지털 지갑 속으로 들어가고 있으며, 사람들도 한 사람, 한 사람 이런 사회에 적응되고 있다.

디지털 아이디를 진행하기 위해선 고도의 보안 장치가 필요한데, 이를 위해 이미 글로벌 리스트들은 블록체인을 활성화시켰고, 암호화폐 거래를 할 수 있도록 했으며, 블록체인을 이용해 각종 데이터를 추적할 수 있도록 했다.

2017년 액센츄어와 마이크로소프트사는 ID2020 프로젝트의 일환으로 블록체인 기반의 '디지털 ID 네트워크'를 구축하고 있었으며, 그해 6월 19일 뉴욕 유엔 본부에서 열린 'ID2020' 2차 정상 회담에서 시제품 시연회를 가졌었다.

이제 각국은 블록체인을 이용한 디지털 아이디의 개발과 보급을 위한 시스템을 거의 완성했으며, 우리나라는 2024년부터 전 국민에게 디지털 아이디를 부여할 계획을 갖고 있다.

블룸버그 통신에 따르면, 한국 정부가 블록체인 기반의 디지털 신분증 도입으로 경제 활성화를 도모하고 있다는 보도를 2022년 10월 17일자 발로 보도했다.

블룸버그에 따르면, 한국 정부는 디지털 신분증 도입으로 10년 이내에 GDP의 3%에 해당하는 60조 원 상당의 경제 가치를 창출할 것으로 내다보고 있다면서, 한국의 디지털 아이디는 2024년 출시 예정이며, 2년 내 4,500만 명의 시민에게 서비스를 제공하는 것을 목표로 하고 있다고 설명했다.
(토큰포스트, '한국 정부, 블록체인 기반 디지털 신분증 도입으로 경제 활성화 도모', 2022.10.18. 홍광표 기자)

대한민국 정책 브리핑에 의하면, 2019년도부터 우리나라는 디지털 정부로의 전환을 위해 주민 등, 초본, 신분증 등을 스마트폰 안으로 넣으려는 계획을 갖고 있었으며, 이미 기본적인 서비스는 제공 중이다.

이는 우리나라만의 일이 아니며 이미 전 세계가 디지털 아이디 보급을 위해 전 시스템 변경 작업을 진행하고 있어 머지않아 전 세계가 모두 디지털 아이디를 통해 신분을 증명하는 시대가 될 것이다.

인도 정부는 출생 시 디지털 ID를 활성화하기로 했으며, 우리나라와 싱가포르는 파트너십 계약의 디지털 ID 상호 운용성 계약을 했다. 또한 뉴질랜드는 검역 프로그램을 디지털 ID 지갑으로 전환키로 했고, 필리핀은 디지털 ID 인쇄 버전이 200만개에 도달했으며, 벨기에는 2023년에 디지털 ID 지갑 출시를 계획하고 있으며, 스코틀랜드 역시 2023년에 디지털 ID 파일럿을 계획하고 있다.

미국은 디지털 ID 개선법에 들어갔고, 프랑스 역시 국가 디지털 ID 프로그램 협력 업체 선정 작업에 들어갔다. 말레이시아도 23년 디지털 ID 구현을 발표한 상태다. EU는 24년까지 디지털 지갑 개선을 마무리하려 하고, 스웨덴, 호주, 일본, 영국 등 대부분의 국가들이 디지털 ID 보급을 위한 법령 준비나 시스템 등을 적극 준비하고 있다. 이미 전 세계는 디지털 아이디 보급을 위한 대부분의 준비를 늦어도 24년까지는 마무리할 것으로 보인다.

현재의 세계는 디지털로 하나 된 세상이다. 그렇기 때문에 모든 정보나 문서, 자료들 또한 디지털로 만들어지며, 우리가 사용하는 핸드폰 안으로 들어오게 된다. 더 나아가 CBDC 사회와 연동되면서, 국가에서 지급하는 가상 화폐들도 모두 핸드폰 안으로 들어오게 될 것이며, 모든 계좌도 핸드폰 안으로 들어와 거래가 될 것이다.

우리 정부는 모바일 신분증 시대를 열면서, 필요한 경우 정부 24앱에 들어가 모바일 신분증 QR코드를 촬영하면 신분 증명도 할 수 있도록 했다.

현재 모바일 신분증은 편의점(CU, GS25, 세븐일레븐, 미니스톱),

CGV, 식당 등 일상생활에서 성년 여부 확인, 국내선 공항 탑승 수속 및 여객 터미널에서 선박 탑승권 구매 및 탑승 시 신분 확인에 이용, 주민 센터 등 관공서에서 민원 서류 접수 및 자격을 인정하는 증서 발급 시 신분 확인, 사인 간 계약이나 거래 시 본인 여부 확인 등에도 실물 주민 등록증과 마찬가지로 쓸 수 있도록 하고 있다.

(한국일보, "이제 신분증 없이도 신분 확인되겠네", 내 폰 안에 주민 등록증 들어 있다, 2020.11.09. 안하늘 기자)

앞으로 우리 정부는 점차 모든 행정 분야에 적용해 갈 계획이다. 자연 모든 사람들은 공히 모바일 신분증을 사용할 수밖에 없게 된다.

백신 공급이 좀 늦었지만, 단시간에 세계 탑 권의 접종률을 만들었듯이 디지털 지갑, 혹은 디지털 아이디가 시행되면, 이 또한 그렇게 될 가능성이 있다. 이미 이런 시대가 다가옴에 대한 저항력은 상실한 상태며, 자연스레 디지털 아이디의 세계로 들어가게 된다.

제9장

원격 의료 시대와 의료용 마이크로칩

▶▶▶▶   4차 산업혁명의 초연결은 시공간을 초월해 사람들에게 수많은 유익을 주고 있다. 특히 의료 분야에 있어 유익은 우리의 상상을 초월한다. 아직 대중적인 완전한 원격 진료는 이루어지지 않고 있지만, 곧 우리 대중들에게도 원격 의료 진료의 장이 열리게 될 것이다.

특히 코로나 사태를 당하면서, 대면보다 비대면을 선호하게 되고, 원격 진료는 더욱더 빠르게 보급될 전망이다. 2022년 10월 현재, 코로나 사태는 잠시 주춤해졌지만 미국 국립알레르기전염병연구소(NIAID) 소장인 파우치와 여러 전문가들은 더욱더 강력한 코로나가 나타날 것에 대해 경고했다.

(연합뉴스, 파우치 올 겨울 더 위험한 코로나19 새 변이 출현할 수도, 2022.10.09. 신재우 기자)

만약 다시 코로나 변종 혹은 다른 전염병이 유행한다면 원격 진료는 더욱더 탄력을 받게 될 것이며, 새로운 진료 방식으로 자리 잡게 될 것이다.

2022년 10월 16일부터 20일까지 미국 샌디에고에서 열렸던 미국 외과학회 연례학술대회(American College of Surgeons Clinical Congress 2022)에서 수술 환자 관리에 대한 원격진료의 효용성에 대한 연구 결과가 발표됐다.

알라바마 브링험의과대학(University of Alabama Birmingham) 코니(Shao Connie) 박사에 의해 주도된 이번 연구는 수술 후 환자 관리에 있어 원격 진료가 얼마나 도움이 되는지를 파악하기 위해 진행된 것이다. 그 결과 원격 진료로 관리한 환자가 대면 진료만 실시한 환자보다 사후 관리를 위한 병원 예약을 지킬 가능성이 훨씬 높다는 연구 결과가 나왔다고 발표했다.

(MedicalTimes, 원격 진료의 또 다른 순기능 … 환자 노쇼 발생 79% 낮춰, 2022.10.18. 이인복 기자)

원격 진료는 디지털 시대의 새로운 의료 혁명이다. 시간 지연이 거의 없어지는 새로운 통신 시대를 맞이하면서 원격 진료는 단지 비대면으로의 진료라는 차원을 넘어 비대면 처치 및 수술까지 가능한 시대로 가고 있기 때문이다.

앞으로의 의료 진료 형태는 점점 더 원격 비대면으로 갈 것으로 보인다. 이는 디지털 시대의 대세이며, 비대면 진료와 더불어 비대면 수술이 더욱더 빠르게 확산될 것이다. 왜냐하면 초를 다투는 시간과의 싸움이 필요한 진료 그리고 의료 혜택을 받기 힘든 오지에 있는 사람들에 대한 진료도 가능해지기 때문이다.

현재 수많은 사람들이 자가 진단 의료 장치를 통해 의료 혜택을 많이 받고 있다. 슈밥이 말한 3단계 의료 혁명 단계 중 이미 1, 2단계는 일반인들도 그 혜택을 보고 있는 중이다.

1단계는 스마트워치나 피빗과 같은 웨어러블 등을 통해 스스로가 건강 진단을 할 수 있는 여러 기기들이며, 2단계는 인간 몸 안에 이식해 모니터링할 수 있는 인공 심장이나 각종 인공 장기 등이 되며 마지막 3단계는 마이크로칩을 통해 인간 몸을 원격으로 진단, 처치하는 단계다. 우리는 이미 2단계에 들어서 있으며, 곧 3단계로 진행될 것으로 보인다. 그동안 슈밥이 말한 여러 내용들을 종합해 보면 2025년쯤부터 3단계가 진행될 수 있을 것으로 보인다.

원격 의료 진료에 있어 핵심이 되는 기술은 나노바이오테크놀로지 의료 기술이다. 말 그대로 나노를 이용해 의료에 접목시켜 환자를 치료하는 행위를 말한다. 현재 나노기술을 이용한 의료용 나노봇과 나노칩 대한 연구는 광범위하게 이루어지고 있으며, 그 외 나노물질로 된 나노그래핀의 의학적 사용과 나노백신에 대해서도 폭넓게 연구가 이루어지고 있다.

우리나라 연세대-서울대 공동 연구팀은 알츠하이머 치료용 나노

백신을 개발했다. 김영수 연세대 약대 교수, 김병수 서울대 공대 교수 등이 최근 알츠하이머병을 치료하는 새로운 치료백신을 개발했다고 2022년 11월 28일 밝혔다. 이 연구 결과는 나노분야 학술지인 '어드밴스드 머티리얼스(Advanced Materials, IF 32)'에 지난 11월 17일 게재됐다. 영어 제목은 'A therapeutic nanovaccine that generates anti-amyloid antibodies and amyloid-specific regulatory T cells for Alzheimer's disease'이다.

(아시아 경제, 알츠하이머병 치료용 나노 백신 개발, 2022.11.28. 김봉수 기자)

머지않아 나노를 이용한 여러 종류의 백신들이 나올 것으로 보인다.

나노봇 치료는 나노의 전자적 성질을 이용해 원격 진료와 처치가 가능해질 수 있는 의료용 로봇이나 칩을 나노로 만들어 사람들에게 주입해 환자를 치료한다는 개념이다. 본인의 두뇌론 아직까지 이해되지 않지만, 현재 이 기술이 미래 의료의 핵심으로 자리 잡을 것이라는 데 의심의 여지가 없다.

본인의 머리로 이해가 어려운 것은 나노입자로 로봇, 컴퓨터를 만들고, 또 각종 분야에 필요한 수많은 칩을 만들 수 있다는 것이다. 나노는 10억분의 1의 크기다. 우리 머리카락 굵기의 10만분의 1에 불과하다. 이런 눈에 보이지 않는 미세한 입자를 이용해 로봇, 컴퓨터, 다양한 칩들을 만들 수 있는 기술들을 이해하기 힘들다는 것이다. 더 나아가 이런 나노들이 우리 몸 안에서 자체 조립이 가능하고, 변신이 가능하다는 사실은 더욱더 놀라게 한다. 그러나 이런 나의 생각은 현

과학 기술 앞에 여지없이 무너지고, 무지한 나를 다시 일깨우는 계기가 되었다.

우리나라 미래 연구가인 유엔미래포럼 대표인 박영숙 교수는 이미 2013년부터 이런 사실을 알리며 미래에 일어날 4차 산업혁명의 혁신에 대한 여러 책들을 집필해 시중에 공급하고 있다. 인간의 삶에 직접적 영향을 미치게 될 칩은 2025년경이면 가능해지고, 2030년이 넘어가면 IoB 시대가 되면서 수많은 지식을 업, 다운로드할 수 있다는 예측을 했다.[25]

나노칩이 나오기 전부터 의료용은 아니지만, 브레인칩에 대한 연구는 폭넓게 이루어지고 있었다. 이 일을 주도하는 단체는 미국의 DARPA다. 군인들의 능력을 극대화하기 위해 브레인칩을 군인들의 뇌에 이식하고 그 능력을 극대화시켰으며 심지어 비행기를 조종하는 조종사는 생각만으로 비행기를 작동할 수 있도록 했다.

달파는 자신들이 직접 이런 연구를 수행하진 않지만, 대학교나 여러 민간 업체에 이들의 연구를 위해 천문학적인 자금을 지원하고 있다. 현재 미 국방부에서는 뇌에서 정보를 읽고 기록하는 일이 모두 가능한 것으로 보고되고 있으며, 뇌와 컴퓨터 간의 인터페이스가 이루어지고 있는 것으로 파악된다. 뇌와 컴퓨터 간의 소통 기술을 BCI

---

[25] 현재 박영숙 교수는 사단 법인 유엔미래포럼 대표이며, 미래에 관련한 여러 책들을 시리즈로 출간하고 있다.

기술이라 한다.

BCI 기술을 이용해 군인들이 효과적으로 전투를 수행할 수 있고, 클라우드를 기반으로 AI의 활용, 드론, 탱크, 로봇 등과 실시간 소통하면서 최적의 전투를 수행할 수 있다. 이미 군인들의 전투능력을 극대화하는 스마트 헬멧과 스마트 안경 등은 현재 활용되고 있는 중이다.

우리나라 KAIST 정재승 뇌인지과학과 교수 연구팀은 BCI 기술을 통해, 머릿속 상상만으로 작동하는 로봇 팔을 개발해 국제학술지 '저널오브뉴럴엔지니어링'에 지난 22년 9월 발표했다.
(동아사이언스, 머릿속 상상으로 작동하는 로봇팔 나왔다, 2022.10.24. 고재원 기자)

이런 BCI 기술을 이용해 사지가 마비된 마비 환자나 치매, 파킨슨병 등의 치료에 응용해 본 결과 사지 마비 환자가 생각만으로 키보드를 연주할 수 있고, 생각만으로 컴퓨터를 끄고 켜는 일들이 가능해졌다. 모두 브레인칩 덕분이다.

2020년 일론 머스크는 원숭이의 뇌에 브레인칩을 이식해, 탁구를 치는 내용을 공개했고, 2021년에는 돼지의 뇌에 브레인칩을 이식해 동작하는 실험에서 성공했다.

일론 머스크는 2025년경에 인간의 뇌에 브레인칩을 이식해 다양한 질병뿐만 아니라 고도의 기술로 뇌와 컴퓨터 간의 인터페이스가 가능해질 수 있도록 그의 회사인 뉴럴링크사를 통해 연구 중에 있다.

세계적 천재 공학자이며 미래 예측학자인 레이 커즈와일은 박영숙 대표와 마찬가지로 2030년경엔 인간의 뇌와 컴퓨터 간의 인터페이스가 가능할 것이란 예측을 하고 있다.

1959년 천재적 물리학자인 리처드 파인만(Richard P. Feynman, 1918~1988)의 〈There's Plenty of Room at the Bottom〉이란 강연을 통해 수많은 양의 정보들이 아주 작은 공간에 축척될 수 있을 것이라는 나노로봇에 대한 예측의 강연이 있었다.

이후 나노물질이 발견되고, 10억분의 1의 작은 크기인 나노만큼 아주 작은 공간에도 수많은 양의 정보를 담을 수 있는 나나이트라는 나노봇이 개발되어 활용 중이다.

2017년 7월 우리나라 현택환 교수가 이끄는 IBS 나노입자 연구단은 이승훈 서울대병원 신경과 교수팀과 공동으로 패혈증을 치료할 수 있는 나노입자를 개발해 연구 중에 있으며, 2018년 서울대 현택환 교수와 IBS 나노입자 연구단은 인체 구성 성분인 철을 이용해 지름 2nm의 '산화철 나노입자'를 만들었다. 이 연구단은 산화철 나노입자로 기존의 자기 공명 영상(MRI) 장치보다 훨씬 세밀하게 혈관을 관찰해 조기에 암세포를 찾아낼 수 있는 조영제를 개발했다.

(동아사이언스, 요즘 뜨는 나노 기술 3가지, 2018.04.30.)

2018년 영국과 인도의 공동 연구진이 찻잎에서 추출한 물질로 만든 나노입자로 폐암 세포의 약 80%를 파괴할 수 있는 나노입자를 개발했다. 찻잎 추출물에는 폴리페놀이나 비타민, 아미노산 등의 다양한 황산화제 물질이 포함되어 있다는 점을 착안하여 찻잎 추출물과 황산카드뮴, 황산나트륨을 혼합한 용액을 배양하면 양자점[26]이 생긴다는 사실을 알아내 찻잎 추출물로 만든 양자점을 폐암 세포에 적용한 결과 양자점이 암세포의 나노구멍으로 침투해 암세포의 80%까지 파괴한다는 사실을 밝힌 것이다. 앞으로 폐암뿐만 아니라 수많은 암 치료에도 나노입자로 만든 치료제들이 나올 것이다.

중국 푸단대학 연구진은 나노와이어에 금 나노입자를 코팅해 만든 새로운 광수용체를 통해 시력 상실 위기에 처한 환자들의 눈에 삽입하는 인공 보조 장치 개발에 큰 도움을 줄 수 있는 신 나노기술을 선보였다.

미국 캘리포니아대학 연구진은 혈액 속을 돌아다니며 독소와 해로운 박테리아를 제거할 수 있는 나노로봇을 개발했다. 이 로봇을 통해 우리 혈액 속을 돌아다니며, 우리 몸에 해를 주는 박테리아를 제거하는 역할이다.

현재 나노봇의 발전은 사람의 뇌 속으로 약물 전달이 가능해졌으

---

[26] 양자점이란 화학적 합성 공정을 통해 만드는 나노미터 크기의 반도체 결정체를 말한다.

며, 우리 몸을 스캔하면서 질병 유무를 판단해 질병을 치료할 수 있는 수준까지 와 있다. 소위 브레인칩이라는 칩이다.

아직 수많은 의료 분야에서 나노기술이 연구 중이지만 머지않아 우리 몸의 치료 대부분은 나노에 의해 치료될 것은 틀림없다.

처음엔 일부의 능력 있는 사람들을 중심으로 이루어지겠지만, 점차적으로 대중 앞에 선보일 것이다.

2019년 3월 29일 코스모스지에 의하면, DNA 나노봇을 이용한 항암 치료가 진행되고 있음을 발표하면서 종양만 공격할 수 있는 나노봇을 개발해 표적 치료가 가능함을 밝혔다.

이미 미국 캘리포니아대학 룰루 치엔 교수 연구팀은 '짐을 분류하는 DNA 로봇(A cargo-sorting DNA robot)'이라 이름 붙여진 'DNA 나노로봇'을 개발하는데 성공했으며, 우리 몸에 불필요한 미세한 바이러스나 세균, 짐들을 이동시키는데 사용될 것으로 보고 있다.

(코스모스, 항암 치료, 이제 나노 로봇에게 맡기세요, 2019.03.29.)

우리나라 최은표 한국마이크로의료로봇연구원 연구부장(전남대 기계공학부 교수)이 이끄는 공동 연구진은 몸속 암세포만 골라 선택적으로 파괴할 수 있는 직경 100㎚(나노미터·1㎚는 10억분의 1m)의 다기능성 의료용 나노로봇을 개발했다.

이 나노로봇은 고형암 진단과 치료를 동시에 수행할 수 있다는 보도를 했다. 그리고 나봇의 자성 성질을 이용해 컴퓨터단층촬영(CT), 자기공명영상(MRI) 등 장비로 위치나 상태를 파악할 수 있을 뿐만 아니라 외부에서 자기장을 가해 암 조직까지 원격으로 정확하게 나노로봇을 이동시킬 수 있다는 장점이 있다고 한다.

최 교수는 "이번 기술은 현재까지 나온 나노로봇의 한계를 극복한 다기능 모델을 제시했다는 데 의미가 크다"며 "실제 의료 현장에서 쓰이게 된다면 주변 정상 조직은 손상시키지 않고 암세포만 원점 타격함으로써 치료 효과를 극대화할 수 있을 것으로 기대한다"고 말했다.

(매일경제, 암세포만 골라 파괴하는 나노 로봇⋯항암 치료 부작용 줄인다.
2020.01.08. 송경은 기자)

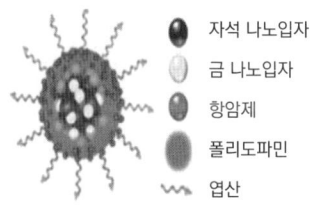
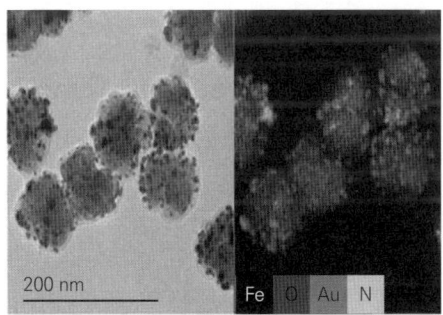

출처: 매일경제 제공

'ZME 사이언스(ZME Science)'에 따르면 최근 실제로 등장하고 있는 나노로봇이 사람의 머리카락 너비의 10만분의 1 수준에 도달하고 있다고 밝혔다.

(The Science Times, 나노로봇 기술, 어디까지 왔나?,
2021.02.13. 이강봉 객원 기자)

앞으로 원격 의료 진료와 더불어 원격 처치 및 수술 대부분이 나노 로봇에 의해 처리될 것을 자명한 일이다. 고도화된 통신 발달로 인해 쌍방 간의 소통에 있어 지연 없이 일 처리가 진행된다면 나노봇과 외부와의 소통을 통해 인간이 하기 힘든 수많은 질병들을 쉽게 처치하거나, 수술할 수 있을 것이다. 2030년경엔 나노봇이 뇌 수술도 가능함을 알리고 있다.

나노봇이 고도화되고, 정보 처리양도 많아진다면, 우리 몸을 돌아다니는 나노봇 스스로가 우리 몸을 진단해 간단한 처치가 가능해질 것이며, 어려운 수술은 외부 통신을 통해 진행될 것이다. 이미 이런 시대가 열리고 있다.

딥스의 전략은 정반합의 원리를 충실히 따른다. 오래전부터 딥스는 세계 정복을 위한 그들의 계획을 진행함에 있어 정반합의 원리를 적용함으로써 정과 반의 혼란을 사람들에게 던져 서로 싸우도록 하고 합을 이루면서 그들의 계획을 성취해 갔다.

의료칩은 모든 사람들을 통제, 감시하며 조종하기 위해 던져지는 하나의 정과 같은 미끼다.

모든 사람들은 자신의 건강 그리고 가족, 가까운 사람들의 건강에 대해 관심이 많다. 건강하게 살고자 하는 것은 사람의 본능이기 때문에 이를 제어할 수 없다. 그러다 보니 건강에 유익이 된다면 어떤 방

법을 사용하더라도 자신의 건강을 지키려고 노력한다.

공급 과잉인 수많은 영양제, 건강 보조 식품 등 이루 말할 수 없을 정도로 우리 주변엔 건강 보조물로 가득 차 있다.

그런데 우리의 건강에 혁신적인 도움을 줄 수 있고, 여러 질병들을 예방 혹은 치료, 더 나아가 수술까지 가능한 나노칩이 되는 나노로봇이 나온다면 사람들은 어떻게 할까. 고가의 치료비 등을 지불할 수 있는 사람들을 우선으로 치료해 그 가치를 인정받으면서 조금씩 일반 대중들에게 보급하면 과연 이를 거부할 사람이 얼마나 있을까. 대부분의 사람들은 이런 놀라운 혜택을 거부할 이유가 없다.

의료 나노칩이 활성화되기 시작하면서 사람들은 자연스레 나노칩 이식에 쉽게 길들여지고, 별다른 생각 없이 나노칩 치료받기를 선호하게 될 것이다. 멋진 당근이 된다.

이후 딥스는 반이 될 수 있는 새로운 칩을 공급할 것이다. 의료 나노칩과 더불어 우리 경제 활동을 가능케 하는 새로운 칩을 선보일 수 있다. 새로운 신기술의 놀라운 효과를 보여 주며 당근을 던지듯 대중들을 강력하게 설득해 갈 것이다. 그리고 이미 의료용으로 나온 나노칩 이식에 길들여지게 되면 경제생활을 가능케 하는 새로운 칩을 마다할 리 없다. 삶에 너무 편리함을 제공하는 칩이 되기 때문에, 그리고 수많은 혜택을 동시에 줄 수 있는 칩으로 나오기 때문에, 이 또한 일반 대중들 대부분은 별 저항 없이 받을 것이나 이에 대해 철저히 거부하는 사람들이 나오게 된다. 그리스도인들이다.

정부는 이를 의식해 먼저 교단 총회를 설득할 것이고, 대형 교회들 중심으로 설득할 것이며, 교단이나 대형 교회들 대부분이 정부의 설득을 받아들여 경제 활동을 가능케 하는 칩이 짐승의 표가 아니라, 하나님께서 주신 과학적 선물이라고 성도들을 속일 것이다. 거짓 교회나 성도들 대부분은 이 칩을 주저 없이 받겠지만 하나님의 백성은 이 표를 절대 받지 않을 것이다. 그리고 받아선 안 된다. 심판이다.

그리고 이때쯤이면 현금이 들어가고 모든 시스템이 칩을 통해 이루어지는 시스템으로 전환되면서 칩을 이식하지 않으면 생활에 절대적 영향을 받게 되고, 생계의 위협을 느끼게 될 것이다.

현재 교회와 우리 그리스도인들은 바로 이때를 준비해야 한다. 정부는 정부 시책에 반대하는 교회와 그리스도인들에게 지속적인 설득과 회유 그리고 당근을 던져 정부 정책에 따를 것을 종용하겠지만, 하나님의 참 백성들은 목숨 걸고 이에 대해 싸우며, 하나님의 심판을 외치게 될 것이다.

회유와 설득에 실패한 정부는 본격적인 채찍으로 교회와 성도들을 박해하면서 딥스들이 원하는 합의 단계로 끌어갈 것이다.

하나님의 참 된 건물 교회는 모두 사라지고, 거짓 교회들이 참인 양 활동할 것이며, 참 된 성도들은 그들만의 모임을 가지면서 환난을 대비하고, 주님 오심을 준비해 갈 것이다.

수백 년 전부터 딥스들은 단일 세계 정부와 모든 대중을 통치하기 위한 그들 나름대로의 전략을 짜 오면서 세밀한 전술을 통해 이제 그 일을 완성하려 한다. 사람들이 그들의 전술을 따를 수밖에 없도록 설득, 세뇌, 회유, 협박 등의 일들로 대중들을 요리해 왔다.

현재의 추세로 나노봇이 개발된다면 인류의 미래는 예측할 수 없는 상황에 도달할 수 있다는 전망도 나오고 있다. 전개했듯이 저명한 미래학자 레이 커즈와일(Ray Kurzweil)은 이미 2005년 나노과학이 오는 2040년대가 되면 인간을 불멸의 초인적 능력을 선물하리라 예측한바 있다. 그리고 인공 지능과 뇌를 연결하는 나노봇이 우리의 뇌와 연결되어 앞으로의 공부는 정보를 빨리 찾아내는 일이 될 것 이라면서 2030년쯤 이런 일이 가능해질 것이라는 예측을 했다.

현재 나노연구에 있어 DARPA는 혈액·뇌 장벽을 투과하고 개별 뉴런의 신호를 군사용 뇌·컴퓨터 인터페이스로 전송할 수 있는 나노 입자를 개발하는 중이며 이미 완성의 단계에 온 것으로 보인다.

'ZME 사이언스'는 현재 양자 나노로보틱스에 대한 탐색적 단계가 끝나고 다음 단계로 진입하고 있다고 밝혔다. 그러나 새로운 과정에 들어가기에 앞서 많은 윤리적 질문에 답변해야 하는 상황에 직면하고 있다는 것도 덧붙였다.

(The Science Times, 나노로봇 기술 어디까지 왔나, 2021.05.13. 이강봉 기자)

원격 의료의 놀라운 당근과 더불어 모든 인간을 통제, 감시하는 채찍을 동시에 갖고 있으면서 이들은 곧 모든 사람들에게 마이크로칩을 이식하려는 그들의 어젠다를 실행해 갈 것이다.

제10장

메타버스

▶▶▶▶   1992년 출간된 닐 스티븐슨의 소설《스노 크래시》에서 메타버스란 용어가 처음 나온다. 오늘날 메타버스는 새로 등용된 신조어지만, 광범위하게 그 용어가 사용되고 있으며 4차 산업혁명의 주요 동력으로 자리 잡아 가고 있다.

meta란 현실 세계 위의 세상, 혹은 현실을 뛰어넘는 초월된 세상으로 확장, 가상이란 의미를 가진다. universe란 세계, 우주란 의미를 갖고 있는 단어로 이 두 단어가 합쳐진 용어가 메타버스(metaverse)다. 처음엔 가상 우주란 번역을 하다, 현재는 가상, 증강현실의 상위 개념으로 디지털 기반으로 만들어진 가상 세계로 불려지는데, 만들어진 메타버스 안에서 구체적인 업무나 생활을 이루어가는, 현실과 비현실이 조화된 세상으로 통용되고 있다.

현실과 가상의 혼합 공간인 메타버스의 새로운 세상은 아직 초보 단계지만, 여러 업무들과 매매가 실제로 이루어지고 있다. 메타 안에서의 새로운 공연은 거대한 부의 원천으로 자리매김하고 있다.

이미 세계적 IT나 반도체 등의 기업들이 앞다퉈 메타버스 선점을 위해 뛰어들었고, 의료계 쪽도 이미 메타버스 공간 안에서의 다양한 치료가 이루어지고 있다.

우리 일상 대부분의 산업들이 메타버스 안에서 기초적인 교육과 업무가 그대로 이루어지고 있으며, 언택트 문화의 대명사로 자리 잡고 있다. 우리 일상생활 가운데 메타버스가 도전 못할 곳은 없다. 모든 생활 그대로가 메타버스 안에서 재현, 혹은 구현될 수 있다. 그리고 더 나은 세상을 만들어 사람들을 메타버스 안으로 끄집어 넣을 수도 있다.

이미 수많은 산업 분야, 교육, 국방, 종교, 문화, 예술 등의 일들이 메타버스 안에서 이루어지고 있으며, 이제 메타는 가상 속의 현실이 아니라 거의 현실처럼 우리 삶의 일부가 되고 있다. 메타 안에서의 국가, 기업들도 만들어지고 있다.

일론 머스크, 스콧 애덤스, 닉 보스트롬과 같은 세계적 인물들은 우리들이 사는 현실은 실제가 아니라 가상일 가능성이 크다는 주장을 한다. 그것은 일정 기간이 되면 이 지구가 리셋되듯이 정확하게 모든 것이 맞추어 돌아가고 있다는 사실을 예로 제시한다.

만약 우리 인간이 메타버스의 새로운 세상을 만들어 새로운 인류들로 살게 만들 수 있다면, 메타 안의 사람들이 자신들의 세계를 가상으로 인식하지 못하고 현실로 인식한다면, 일론이나, 스콧 혹은 닉의 말이 어느 정도 공감이 간다.

아직은 메타버스 초기기 때문에 현실과 가상 간의 경계 구분이 명확하지만 곧이어 나올 6G 시대로 들어가면 문제가 달라진다. 현재 6G의 시작은 2026년경으로 보고 상용화는 2028년쯤으로 예측하고 있다. 이때쯤 되면 메타버스도 초기의 상태에서 벗어나 서서히 전성기로 들어설 수 있다. 현재 6G에 있어 선두 주자는 중국으로 떠오르고 있다.

메타버스의 전성기는 메타버스와 현실 간의 구분이 거의 없는, 그러면서도 인간의 모든 감각을 느낄 수 있는 놀라운 세상이 될 것이다. 말 그대로 현실의 모든 삶, 아니면 현실보다 더 나은 삶, 그리고 자신이 원하는 그런 삶을 살 수 있는 메타버스 안으로 들어가 자유롭게 살아가는 가상이면서도 실제와 같은 세상이 될 것이다.

〈써로게이트〉란 영화가 스쳐 지나간다. 대리인이란 의미를 가진 써로게이트는 현실의 자신은 보잘 것 없는 인간에 불과하지만, 가상 세계 안의 자신은 원하는 모습으로 바꾸어 살 수 있는 세상이 된다. 그러면서 현실과 가상을 느끼지 못하고, 가상이 실제처럼 느껴지는 세계다.

메타버스 안에서의 수십 년, 수백 년의 시간이 현실에서는 하루나 이틀 정도밖에 되지 않을 정도로 짧은 시간이 될 수 있다.

현재 다양한 스마트 안경이 출시되고 있다. 앞으로 이 안경 안으로 다양한 메타버스의 세계도 넣을 수도 있을 것이다. 그러면 약간의 조작을 거쳐 본인이 원하는 메타버스의 세계로 들어가 그 안에서의 새로운 생활을 할 수 있는 놀라운 스마트 안경도 출시될 것이다.

메타버스의 세계는 마약의 세계와도 같다. 한번 이 속에 빠지게 되면 나오기 싫을 정도로 중독성이 강해질 것은 불 보듯이 뻔하다. 더군다나 현실과 가상의 구분마저 사라질 정도로 현실감이 있다면, 인간 대부분의 삶은 메타버스 안에서의 삶을 살아가게 될 것이다. 자신이 원하는 메타버스 안으로 들어가 그 안에서 자신이 원하는 삶을 마음껏 살다, 싫증 나면 다른 메타버스 안으로 들어가 살면 된다. 결국 인간의 인간다움이 완전히 사라지고 중독된 세상, 마귀의 세상에서의 삶을 살아가게 될 것이다.

교회는 메타버스의 실체를 알긴하나 본질을 전혀 모르고 있다. 메타버스의 새로운 세상은 하나님의 흉내를 내려는 마귀가 만드는 세상이다. 메타버스 안에서의 새로운 신, 새로운 인간, 새로운 세상을 만들어 살아 계신 하나님을 잊고, 가상의 하나님, 가상의 믿음, 가상의 신앙을 갖도록 하기 위해 만든 거짓된 사탄의 세상이다.

교회는 이런 거짓된 세상을 시대의 대세라 하며 교회 내 메타버스를 도입하고 있다. 메타 안에서의 예배, 찬양, 각종 신앙 모임, 성경 공부, 친교 등의 활동을 하는 교회들이 하나하나 생기고 있다. 그럴듯해 보인다. 성도들에게 시대에 뒤지지 않고, 시대를 앞서가는 교회란 인상을 주면서 뭔가 있어 보이는 교회로 자부심을 갖게 할 수 있다.

나란 인간은 스마트 안경이나 AR, VR 같은 안경을 끼고 밖에 있으면서 나의 아바타 즉 가상인 나는 메타버스 안에서 하나님을 찬양하고, 경배한다. 그리고 각종 종교 행사를 한다. 내가 아바타며, 아바타는 곧 나다. 나란 존재는 실제면서 가상이란 이야기다. 실제와 거짓이 혼용되면서 새로운 나란 존재가 만들어진다. 이는 인간의 원 정체성을 완전히 잃어버리는 행위다. 하나님께서 주신 인간의 인간됨, 인간의 본 존재함을 잊어버리고, 가상의 내가 나의 자아가 되며, 현실의 나도 나의 자아가 된다. 메타 안에서의 하는 모든 신앙 행위는 모두 가짜다. 그러면서 진짜로 착각케 한다. 거짓이 진이 되며, 진이 거짓이 된다.

메타 안의 세상은 프로그램을 하는 사람의 마음먹기에 따라 수많은 우주와 세상을 만들어 낼 수 있으며 천국과 지옥, 각종 피조물, 각종 신들을 마음껏 만들어 활동할 수 있도록 한다. 심지어 이미 고인이 된 수많은 추억의 목회자들을 만들어 내어 그들도 활동 가능하게 할 수 있는 공간이 된다.

메타 안에는 아바타인 나도 있지만, AI의 가상 인간들도 충분히 만들어 활동하게 할 수 있기 때문이다.

만약 우리 세상이 하나의 시뮬레이션의 가상 현실이라면 평행 우주론, 다중 우주론이 설득력을 얻는다. 메타 안에 트윈 혹은 다중 우주 즉 여러 세계를 만들어, 나란 존재를 여러 세계에서 활동하도록 하되 각각의 세상은 분리된 세상으로 시차도 다르게 하고 삶의 방식도 다르게 해 살도록 하면 나란 존재의 실제는 하나지만, 가상의 나는 여러 명이 될 수 있다. 여러 세상에서 동시에 살아가는 존재지만 자신은 한 세상에서만 살고 있다는 착각을 실제처럼 받아들여 살아가는 것이다. 하나의 추론이지만, 메타버스 안에서는 충분히 가능한 일이 된다. 한 인간의 실제가 동시에 여러 메타 속으로 들어갈 수 있도록 다중 메타 접속을 가능케 하면 될 것이다.

현시대 엑사급 슈퍼컴퓨터 출현, 노코딩 AI, 디지털 휴먼, 6G 그리고 7G 시대, XR 글래스의 대중화가 이루어지고 있고, 이 모든 방향은 현실과 동일한 가상 세계로의 연결과 확장이다. 그리고 이 모든 일에 사람과 사람의 대면 연결에 경제 개념이 도입되고, 실시간으로 현실과 동일한 가상 환경을 만들어 연구 개발을 수행하는 일도 가능해졌다. 다중적 메타버스 시대가 대중화되고 있는 시대가 오고 있는 것이다. 이런 시대에 있어 경제적 부의 창출은 상상을 초월하고 있다.

이미 메타버스는 수많은 기업뿐만 아니라, 국가적 차원에서도 활

용되고 있으며 아랍에미리트는 메타버스 내 정부를 만들어 활용하고 있다.

(토큰포스트, 아랍에미리트 메타버스 정부 부처 개설, 2022.09.29. 변세현 기자)

우리 교회가 시대에 뒤지지 않기 위해 이런 메타버스를 활용하고, 이를 통해 예배와 신앙 활동, 성도들의 교제를 꿈꾼다면 당장에 버려야 한다. 이런 세상은 하나님이 원하는 세상도, 하나님이 인정할 수도 없는 세상이다.

곧 브레인칩이나 여러 마이크로칩들이 인간의 뇌나 신체에 이식되고, 모든 컴퓨터와 연결된다면 인간은 각종 메타버스의 세상 안을 마음대로 돌아다닐 수 있게 된다. 모두 연결되어 있기 때문이다. 만약 이런 세상이 실제 우리 삶에 그대로 적용되고 살아가는 세상이 된다면 하나님에 대한 신앙을 가질 사람은 모두 사라진다. 성경도 고전이 되며, 신화 속의 거짓이야기로 남게 된다.

지금 이 시대는 기독교의 생존이 결정되는 시대로 들어가고 있다. 이건 극단적 종말론자들이 하는 말이 아니다. 음모론도 아니며, 실제며 팩트다.

제11장

디지털 화폐

▶▶▶▶ 디지털 화폐란 가상 화폐의 최상위 개념 화폐로 전자상으로만 거래되는 모든 가상 화폐를 총칭하는 개념이다. 종류로는 비트코인, 이더리움과 같은 암호화 화폐, 네이버페이, 카카오페이, 삼성페이 등과 같은 전자 화폐, 게임 머니나 도토리 같은 가상 화폐 그리고 중앙은행서 발행하는 디지털 달러나 위안화와 같은 CBDC가 있다.

이런 디지털 화폐는 금전적 가치를 전자적 형태로 저장해 거래할 수 있는 통화로, 실물로 존재하는 것이 아니라 전자적 형태로 거래하는 화폐다. 디지털 화폐는 실제 공간에서는 사용되지 않지만 가상 공간에서 가치를 가지고 사용되는 화폐를 말한다고 볼 수 있다.

2008년 10월 사토시 나카모토라는 가명을 쓰는 프로그래머가 블록체인을 이용해 2009년 1월 일단의 프로그램 소스를 배포한다. 디지털 정보량 기본 단위인 비트(bit)와 동전을 의미하는 코인(coin)이

합쳐져 탄생한 소위 '비트코인'이라 불리는 새로운 화폐였다.

이 화폐는 우리가 일반적으로 사용하던 실물 화폐가 아니라 온라인상에서만 존재하는 가상 화폐로 새로운 화폐 탄생의 신호탄을 쏜 화폐였다. 화폐 단위가 BTC로 표시되며 중앙은행의 통제나 관리 없이 전 세계적 범위에서 P2P 방식으로 개인들 간에 자유롭게 송금 등의 금융거래를 할 수 있게 설계된 화폐다.

2009년 비트코인의 소스 코드가 공개되면서 이더리움, 이더리움 클래식, 리플, 라이트코인, 에이코인, 대시, 모네로, 제트캐시, 퀀텀 등 다양한 디지털 화폐인 알트코인들이 생겨났다. 알트코인은 비트코인 이후에 등장한 암호 화폐를 의미하며, 현재 비트코인은 여러 알트코인들 사이에서 일종의 기축 통화 역할을 하고 있다.

2022년 10월 현재, 전 세계적으로 통용되는 암호화 화폐는 약 10,000종 이상 넘어가고 있으나 정식적으로 거래되는 화폐는 얼마 되지 않고, 명목상 가상 화폐 이름만 가지고 있는 화폐들이 대부분이다.

놀라운 사실은 1988년 1월 영국의 경제지인 이코노미스트지에서 이미 디지털 화폐인 가상 화폐에 대한 예견을 했다는 사실이다. 이후 약 30년 뒤 비트코인을 필두로 수많은 가상 화폐들이 나오기 시작했다.

  그림의 내용을 잘 보면 세계 화폐를 준비하라는 글이 선명하며, 실물 화폐는 모두 불태워지고 비트코인과 같은 디지털 화폐가 새로운 화폐가 될 것임을 알리는 듯한 표지다.

  약 20년 뒤인 2007년, 다시 이코노미스트 표지는 현금 시대의 종말이란 표지를 내면서 가상 화폐 등장에 대한 암시를 주고 있다.

 이후 2008년 블록체인이 완성되고 디지털 화폐인 비트코인이 2009년도에 나왔다. 이상의 사실들로 미루어 보면 가상 화폐가 나오기 오래전부터 가상 화폐에 대한 계획이 있었음을 충분히 알 수 있는 대목이다.

 2010년대는 가히 가상 화폐의 열풍 시대라 볼 수 있다. 가상 화폐의 열풍은 처음엔 미미하게 시작되었으나 시간이 가면서 수많은 사람들이 불나방처럼 붙기 시작했다. 주변에서 가상 화폐에 투자해 갑부가 되었다는 이야기들, 컴퓨터를 잘 다루는 젊은이들이 가상 화폐를 잘 활용해 수천억의 재산가가 되었다는 이런 이야기들이 수도 없이 들리면서 수많은 사람들을 가상 화폐 속으로 밀어 넣어 버렸고, 가상 화폐에 투자하면 일확천금을 벌 수 있는 착각을 주곤 했다.

약 10여 년의 짧은 시간이지만, 이제 가상 화폐는 특별한 화폐가 아니라 일반인들 사이에도 보편적으로 통용되는 화폐로 자리 잡았고, 특별한 재화 수단으로 인정하고 있다.

가상으로 만들어진 가상 화폐들이 실제 화폐처럼 통용되면서, 우리 사회는 더욱더 디지털 사회로 자리 잡아 가고 있다.

딥스들은 자신들이 이루려는 세상을 위해 치밀하고도 빈틈없는 계획을 세우며 진행한다. 사람들의 심리를 적절히 이용하기도 하면서 당근, 때론 채찍을 사용하며 사람들을 자신들의 계획 안으로 밀어 넣고 있다. 그러나 일반 대중들은 이런 딥스의 전략을 전혀 알지 못한다. 혹 일부가 이들의 정체를 알고 대중들에게 알린다 한들, 대부분의 대중들은 음모론 정도로만 생각하거나 아예 관심조차 가지지 않는다. 이미 딥스들은 오래전부터 대중들을 우매화시켰고, 그들의 방향에 따라오도록 세뇌시켜 버렸기 때문이다.

디지털 화폐가 우리 사회에 점차적으로 자리 잡으면서 대부분이 이런 사회에 길들여지고 있으나, 디지털 화폐의 무서움과 그 이면에

숨겨진 의도를 전혀 알지 못하고 있다.

사람들은 자연스럽게 디지털 사회에 순응되고 있고, 우리 경제를 움직이는 디지털 화폐의 등장에 능동적으로 대처하고 있다. 그리고 이런 사회에 따라가지 못하면 시대에 뒤쳐지는 듯한 느낌을 받으면서 서둘러 이 사회 안으로 들어가 새로운 디지털 사회에 적응하며 살아간다.

아직은 디지털 화폐가 개인 대 개인으로 이루어지는 P2P 형식으로 존재하지만, 머지않아 디지털 화폐는 중앙은행 즉 국가가 주도하는 화폐로 만들어질 것이다. 이 화폐를 CBDC라 한다.

P2P 형식으로 거래되는 가상 화폐는 개인에 대한 통제나 감시 그리고 조작 등을 할 수 없다. 그러나 이런 디지털 화폐를 국가가 주도해 진행한다면 문제는 달라진다.

국가가 개인의 생존권을 쥐게 되고, 개인은 국가가 주도하고 의도하는 대로 따를 수밖에 없게 된다. 경제라는 생존권을 국가가 쥐고 있기 때문이다.

글로벌 리스트 세력들이 디지털 화폐를 미리 만들어 뿌리면서 사람들을 세뇌시키고 디지털 화폐에 대한 부정적 사고를 없앤 것은 결국 전 세계를 CBDC 사회로 만들어 모든 사람들의 생존권을 좌지우지하고, 이들을 화폐라는 수단을 통해 감시 통제할 뿐만 아니라 결국 자신들이 주도하는 세상을 만들기 위해서다. 이런 이들의 전략은 보란 듯이 성공했으며, 이젠 대부분의 사람들이 CBDC 사회로 진행되는 것에 대해 지극히 당연한 시대의 발전 수순으로 보고 있다. 그런데 아직도 교회는 이를 보지 못하고 있다.

지난 2022년 11월 7일 한국은행은 지난해 8월부터 10개월간 수행한 중앙은행 디지털 화폐(CBDC) 모의실험 연구 사업 결과를 최종 공개했다. 2021년 8월부터 12월까지 진행된 1단계 모의실험에서의 분산원장 기반 CBDC 모의 시스템의 기본 기능인 제조, 발행, 유통 등을 실험했다. 그리고 2단계인 2021년 12월 23일부터 6월 22일까지 진행된 이 실험에서는 확장 기능인 오프라인 거래, 디지털 자산 거래, 정책 지원 업무 등에 대한 구현 가능성을 점검했다.

(ZDNETKorea, 'CBDC' 모의실험 완료 … 오프라인 결제·평균 사용량 처리 가능, 2022.11.08. 김윤희 기자)

CBDC 모의실험 연구 추진 범위

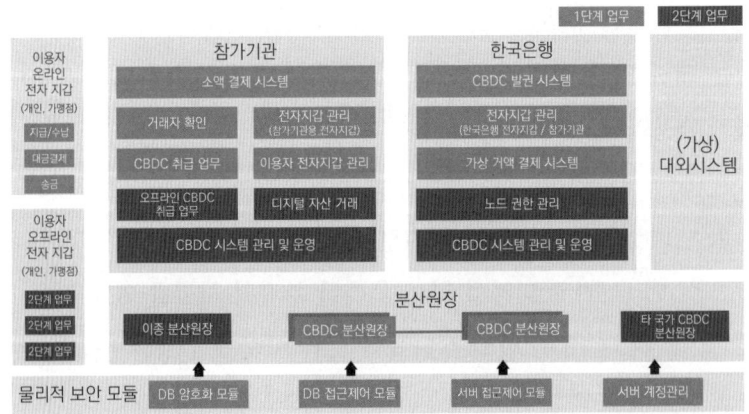

결과는 아직 부족한 부분이 더러 있지만, 이를 보완해 서서히 전 은행과 연결되는 CBDC 시스템 구축과 더불어 전 세계로 사용할 수 있는 여러 실험들을 마무리하면서 곧 우리 앞으로 다가올 것으로 전망했다. 디지털 아이디가 보급되는 2024년도부터 점차적으로 나오지 않을까 생각해 본다.

많은 그리스도인들이 디지털 화폐를 거래하면서 부를 획득하려 한다. 오래전부터 필자는 경고해 왔다. 가상 화폐의 대부분이 사라지고 새로운 정부 주도 화폐인 CBDC가 그 자리를 차지하게 될 것이며, 가상 화폐 투자는 아주 위험하다고 했다. 그리고 우리 그리스도인들은 이 세상의 부와 명예와 세속적 욕망을 하나하나 정리해 가야 한다. 주님 오심이 가까워졌기 때문이다.

제12장

CBDC와 핸드폰 디지털 지갑

▶▶▶▶ 디지털 시대로의 전환은 이에 걸맞은 새로운 화폐의 등장을 예고한다. 이를 위해 이미 가상 화폐 시대를 만들고, 대부분의 사람들이 가상 화폐에 대한 부정적 이미지나 부정적 사고를 제거시켰다. 그리고 자연스런 화폐 체인지의 일환으로 받아들이면서 디지털 화폐에 대한 기대를 더해 가고 있다.

특히 지금과 같은 세계적 경제 위기의 어려움이 가중될 때 각국은 CBDC의 필요성을 더욱더 가속화시키며, 이를 통한 경제적 위기를 탈피하는 대안으로 모색되기도 한다. 그렇기 때문에 CBDC 사회로의 전환은 더욱더 빠르게 진행될 것이다.

국가가 개입하지 않고 법적 안전장치가 없는 디지털 화폐는 개인 간의 거래를 통해 어느 정도 화폐로서의 기능을 할 수 있지만, 여기에는 불안정이라는 수식어가 항상 따라붙으며 뭔가 모를 위험성이 존재함을 모두 알고 있다. 한때 가상 화폐 3위까지 했던 대장주격인 비트코인 테라 루나가, 일주일 사이에 10만 원 이상 하던 가치가 1원 이하로 추락한 일,[27] 그로 인해 약 77조 원 규모의 피해가 발생한 것이 그러한 예 중의 하나다. 여기에 투자한 수많은 투자자들이 손실을 봤지만, 이에 대해 국가가 전혀 보상해 주지 않는다. 국가가 지불 보증을 하지 않은 모든 가상 화폐들은 항상 이런 위험을 안고 있다.

그러나 국가가 개입해 국가 주도의 새로운 디지털 화폐를 만들어 통용시킨다면 이런 문제들은 미연에 방지할 수 있다. 그리고 CBDC가 본격화되기 시작하면 현존하는 대부분의 가상 화폐는 사라질 것이다. 사람들은 자연, 법적 안전장치가 마련되어 있는 국가 주도의 화폐로 움직일 것이기 때문이다. 그리고 국가는 법적 화폐로 CBDC를 통용시켜 모든 거래에 활용하기 때문에 자연 사람들은 CBDC로 옮겨 갈 수밖에 없게 된다.

이런 CBDC의 발행에 있어 이미 전 세계 90% 이상의 국가들이 CBDC 발행을 적극 검토하고 있으며 100개국 이상의 국가들이 CBDC 발행에 대한 준비를 마무리해 가고 있다.

대부분의 국가들이 CBDC 발행을 서두르고 있는 것은 CBDC가 가져오는 이점이 너무 많기 때문이다.

---

27) 22년 5월 6일 약 10만 2천 원 하던 가상 화폐 테라루나가 약 일주일 뒤인 5월 12일 사실상의 가치가 0원까지 떨어진 사건이다.

CBDC 발행은 그 편리함이나 시대적 대세 외에도 다음과 같은 10가지 면에서의 이점이 있다.

우선, 자국의 심각한 경제난을 빠른 속도로 안정시킬 수 있다. 화폐가 안정되면, 경제도 자연히 안정된다. 그리고 새로운 경제 성장의 동력으로 만들어 갈 수 있다.

둘째, 원천적 세금 포탈을 막고, 개인이나 기업 등 모든 국민은 국가에 내야 할 세금을 속일 수 없다. 모든 화폐들이 전자상으로만 움직이기 때문에 국가는 개인의 거래 현황까지도 모두 파악할 수 있으며, 원천 세금 징수가 가능해진다.

셋째, 국가가 원하는 대로 통화 조종을 할 수 있다. 여러 경제적 문제가 발생할 기미가 보일 경우 국가는 임의적으로 화폐에 대한 조종을 쉽게 할 수 있으며 효과적으로 화폐를 조종해 갈 수 있다.

넷째, 음지의 화폐를 모두 없애고, 음지에 있는 천문학적인 화폐를 모두 양지로 끌어낼 수 있으며, 여기에 대한 과세도 모두 가능해진다.

다섯째, 잘못 지급되는 국가지원금을 막을 수 있으며, 거짓 수령자들을 쉽게 파악 가능해진다.

여섯째, 국가는 필요 시 적절하게 복지 정책의 한 과정으로 CBDC

를 무상으로 제공해 일정 기간, 일정 지역 등에 사용토록 하여 국민들의 지지를 끌어낼 수 있다.

일곱째, 통화를 발행하는 데 들어가는 비용이 일체 없다. 모든 화폐가 숫자로 움직이기 때문에 화폐를 발행하는 데 있어 들어가는 막대한 비용을 절감할 수 있다.

여덟째, 다양한 거래 수수료를 절감할 수 있다.

아홉째, 데이터 및 개인 정보 보호가 훨씬 강해짐으로 스미싱이나, 피싱 등의 피해를 막을 수 있다.

그리고 마지막으로 CBDC 발행의 최고 이점은 국가가 국민의 모든 생존권을 쥘 수 있다는 데 있다.

국가는 CBDC를 발행하면서 다양한 조건을 걸어 국민에게 신용 등급을 부여하고 신용 등급별로 차등 혜택 정책을 마련할 수 있으며 이런 정책을 법으로 제도화할 수 있다. 이렇게 되면 국민은 자연스레 국가 정책에 따라갈 수밖에 없고, 국가는 국민들을 아주 쉽게 통제할 수 있게 된다.

이상의 이유들로 인해 대부분의 국가들은 CBDC를 활용할 수 있는 국가 간의 스위프트[28]가 마무리되고 디지털 사회로서의 시스템이 완성된다면, 결국 CBDC 발행을 안 할 리 없다. CBDC 발행에 아주 소극적이고 부정적이었던 미국마저도 CBDC 발행에 속도를 내고 있으며 2, 3년 안에 이를 통용 할 것이라는 계획을 갖고 있다. 이미 바이든은 행정 명령에 서명을 한 상태다. 이는 언제든지 CBDC 사용이 가능하다는 것을 의미한다. 지켜볼 일이다.

리플 서베이에 의하면 금융업계 리더들 85%가 4년 내 CBDC 상용화를 예견했다. 블록체인 해외 송금 프로젝트 리플(Ripple)이 지난 7월 15일 발표한 '리플 뉴 밸류 리포트'에 따르면 글로벌 주요 금융업계 리더 중 70%가 'CBDC는 법정 화폐의 미래가 될 것'이라고 전망했다.

세계 5개국 금융 기관 리더 1,600명을 대상으로 진행한 설문 조사에서 응답자의 85%는 향후 4년 내 자국 CBDC가 상용화될 것이라고 답했다. 또 44%는 CBDC가 국가 경쟁력을 높일 것이라고 진단했으며, 43%는 지불 시스템을 개선할 것, 42%는 금융 혁신 촉진 효과를 가져올 것이라고 전망했다.
(COIN READERS, '글로벌 금융업계 리더 70%, CBDC는 법정화폐의 미래', 2022.07.25. 이선영 기자)

우리나라도 이미 CBDC 2차 모의시험까지 마무리한 상태다. 디지털 국가로서의 선진국인 우리나라도 빠른 속도로 CBDC 사회로 진

---

28) 이미 BIS는 국가 간의 스위프트 구축을 진행 중이며, CBDC가 국가 간 거래에 있어 더욱더 효율적임을 발표했다.

입할 것으로 보인다. 2024년부터 디지털 아이디를 공급하려는 계획에 맞추어 그 시기를 저울질할 것 같다.

세계적인 빅테크 그룹들도 이미 디지털 화폐 시장에 뛰어 들었다. 2022년 10월 30일(현지 시간) 미국 경제 매체 배런스는 빅테크와 이보다 규모가 작은 기술 기업들이 글로벌 CBDC 시장에서 경쟁하고 있다고 밝혔다.

(글로벌 이코노믹, 아마존, 알파벳, MS, 디지털 화폐 시장에 뛰어들었다, 2022.10.31. 국기연 기자)

미국 최대 전자 상거래업체 아마존과 디지털 테크놀로지 운영 서비스 컨설팅업체 액센추어(Accenture) 등은 디지털 화폐 발행을 준비하는 여러 국가 중앙은행과 연구 및 용역 계약을 체결했다.

핀테크 기업인 비트(Bitt)는 나이지리아, 이스턴 캐리비안 중앙은행과 CBDC 발행 계약을 체결했다.

MS는 세계 여러 나라와 CBDC 시스템 운영 방안을 협의하고 있다고 밝혔다. 그리고 아마존은 지난 9월 유럽중앙은행(ECB)이 선정한 디지털 유로화 발행에 대비하여 사용자 인터페이스 연구업체 5개 중 하나로 선정된 기업이다.

미국 디지털 달러화 사진

사진 출처: 컴퓨터월드

디지털 화폐를 사용하기 위해선, 디지털 지갑이 반드시 필요하다. 눈에 보이는 지갑이 아니라 전자상으로만 존재하는 지갑이 된다. 현재 개인의 핸드폰은 여러 디지털 지갑들을 활용해 사용하는 중인데, 현금을 저장해 사용하는 디지털 지갑으로 네이버페이, 카카오페이, 삼성페이 등과 같은 디지털 지갑, 비트코인, 이더리움과 같은 암호화 화폐를 저장하는 디지털 지갑, 게임 머니나 도토리 같은 가상 화폐를 저장하는 디지털 지갑 그리고 중앙은행에서 발행하는 디지털 달러나 위안화와 같은 CBDC를 저장해야 하는 디지털 지갑이 필요하다.

디지털 화폐는 결국 디지털 지갑이 필요하며, 디지털 지갑은 현재로선 핸드폰을 사용하는 것이 최선의 방법이 된다. 만약 국가에서 발행하는 CBDC가 공급된다면 국가는 당연히 CBDC 사용이 가능한 새로운 디지털 지갑을 앱으로 제공할 것이며 국민들은 국가가 제공하는 앱을 통해 디지털 지갑을 사용해 경제 활동을 하게 될 것이다.

핸드폰 내의 디지털 지갑은 그 사용에 있어 비효율적이며, 여러 가지 위험에 그대로 노출된다. 해킹, 분실, 교체 등의 불편과 여러 위험이 항상 존재하기 때문에 결국 핸드폰 내의 디지털 지갑은 점차 마이크로칩으로 발전되면서 우리 몸에 임플란트 될 수밖에 없다. 이 계획에 대해선 이미 2016년 다보스 포럼 회장인 클라우스 슈밥이 그의 인터뷰에서 밝혔으며 그의 수석 보좌관인 유발 하라리의 입을 통해서도 나온 내용이다.

2016년 클라우스 슈밥은 10년 내 모든 사람들에게 마이크로칩 이식에 대한 계획을 말했고, 유발 하라리는 이에 더해 앞으로 모든 사람들의 생각을 해킹하는 것이 가능해질 것이라는 무서운 발언을 했다. 이는 인간의 뇌에 그 어떤 칩을 임플란트할 수 있는 신체인터넷 시대에 대한 발언으로 보인다.

이제 CBDC에 대한 주사위는 이미 던져졌으며 이를 위한 모든 작업들도 마무리되어 간다. 그리고 대부분의 사람들 또한 이런 시대가 다가옴에 대해 아무런 저항 없이 자연스럽게 받아들일 준비가 되어 있다. 너무 순조롭게 진행되는 것이 무섭다. 그리고 점차적으로 디지털 아이디와 디지털 지갑이 하나로 통합될 것이다. 그 통합의 중심에 디지털 칩이 들어가게 될 것이다.

교회는 이렇게 현재 진행되고 있는 일련의 사실을 이야기하면, 말도 안 되는 소리, 음모론, 어떻게 화폐가 사라지느냐는 냉담한 반응을 보이고 있다. 기적과 같은 일이다. 예수님 초림 때, 눈앞에 그리스도가 있어도 인정하지 않았던 기적이 지금도 똑같이 일어나고 있다.

제13장

CBDC와 디지털 칩 그리고 디지털 아이디

▶▶▶▶ CBDC 발행은 디지털 시대의 시대적 대세다. 모든 업무나 시스템들이 디지털로 전환되고, 디지털로 운영되는 마당에 화폐만이 예전의 아날로그를 고집하긴 어렵다. 그리고 아주 편리하고, 운영하기 쉽고, 활용하기 쉬운 디지털 화폐를 만들 수 있고, 이를 위한 모든 시스템이 완성된다면 당연히 각국이나 세계는 CBDC를 발행해 사용할 것이다.

일부의 반대론자들이 있겠지만 이들의 주장이나 이야기들은 모두 폐기 처분되고, 모든 사람들이 CBDC 사회를 적극 환영하고 받아들일 것이다. 이런 시대를 위한 준비를 오래전부터 딥스들이 해 왔다. 그렇기 때문에 CBDC 사회가 어떤 사회로 갈 것인지에 대한 모든 부정적 이미지는 그들의 보이지 않는 도구를 통해 사람들의 생각이나 생활 속에서 거의 다 제거해 버렸다.

이제 CBDC 사회로 가는 것을 막을 수 있는 세력은 이 지구상엔 존재하지 않는다. 모든 것이 초연결된 현 사회는 CBDC란 화폐를 통해 결국 단일 세계 CBDC를 만들어 갈 것이고, 화폐가 단일화되면서 본격적으로 세계 경제가 하나로 통합될 것이다.

CBDC 사회는 반드시 디지털 지갑을 필요로 한다. 디지털 지갑이 없으면 CBDC를 사용할 수 없기 때문에 모든 사람이 디지털 지갑을 이용하게 되며, 디지털 지갑은 국가에서 앱으로 제공할 것이다.

국가에서 제공되는 디지털 앱을 핸드폰에 넣어 앞으론 현금 없이 핸드폰만으로 모든 경제 활동을 할 수밖에 없는, 또 그렇게 해야만 하는 시대로 들어간다. 대부분의 사람들은 CBDC의 편리함을 맘껏 누리게 될 것이며, 가끔씩 국가는 CBDC를 지원금 형태로 국민들에게 무료로 제공하기도 할 것이다. 사람들은 이런 국가에 조금씩, 아주 조금씩 예속되어 간다. 그럼에도 불구하고 사람들은 전혀 눈치 채지 못한다. 한 순간에 알게 될 것이다. 이런 사회가 얼마나 무서운 사회인지를….

디지털 지갑은 디지털 시대에 있어서의 모든 것과 연결되는 지갑으로 업그레이드될 것이다. 디지털 지갑은 개인의 아이디와 정보를 모두 보관, 관리할 수 있도록 만들어 디지털 지갑만 있으면 세계 여행, 사회 활동이나 신원 확인 그리고 경제 활동 등 모든 일이 가능하도록 업그레이드될 것이며, 디지털 지갑 없인 아무 일도 할 수 없는 사회가 될 것이다.

현재 유엔에서 진행하는 디지털 아이디 어젠다는 2029년까지 전 세계 모든 사람들에게 디지털 아이디를 부여하는 일을 추진하고 있으며, 우리나라는 2026년까지 마무리할 계획을 갖고 있다.

핸드폰으로 들어가는 디지털 아이디나 CBDC는 디지털 시대의 좋은 대안이 될 수 있지만, 핸드폰 교체나 분실, 해킹 그리고 불의의 사고 등의 이유로 좀 더 강력한 보안이나 편리한 디지털 시대의 새로운 지갑으로 대체될 것이다. 현재 가능한 대안으로는 홍체 인식이나 지문 등의 생체 인식 시스템들이 거론되고 있다. 이러한 시스템을 제대로 활용하기 위해 생체칩이 거론될 것이며, 이 생체칩이 새로운 디지털 시대, 새로운 지갑으로 대체될 것이다.

우리나라는 2023년 3월부터 모든 은행은 생체인증을 의무적으로 시행해야 한다는 법안을 통과했다. 보이스 피싱을 막기 위한 일이라는 그럴듯한 명분이지만, 결국 생체인증은 국가의 통제와 예속을 가져오며, 더 나아가 디지털 생체칩의 인증 시대로 가게 만들 것이다.

새로운 지갑인 생체칩은 컴퓨터를 내장한 칩으로 개인에 관련한 모든 정보들을 그대로 저장해 활용할 수 있으며, 핸드폰이 갖고 있는 수많은 불편함을 모두 제거할 수 있다. 특히 불의의 사고를 당해도 위치 추적이 가능하며, 어디서든 연결될 수 있기 때문에 고립이나 천연 재해, 실종 등의 사건에도 모두 추적 가능해 찾을 수 있으며 신원 확인을 정확히 할 수 있다. 그렇기 때문에 자연스레 디지털 지갑

은 생체칩이 되는 디지털 칩으로 가게 될 것이며, 이를 위한 준비도 2016년 클라우스 슈밥의 말을 기억해 보면 이미 마무리된 것으로 보인다.

우리 성경은 이미 디지털 시대에 대한 예언을 하고 있다. 마 24장 6절, 단 12장 4절, 계시록 13장 16~18절을 살펴보면 디지털이란 말은 없으나 이런 시대가 올 것임에 대해 짐작 가능케 한다.

마 24장 6절의 소문은 디지털 통신의 발달, 단 12장 4절의 왕래가 빨라짐은 초고속 교통수단, 지식의 급증은 BCI 기술, 계시록 13장 16~18절의 짐승의 표는 디지털 칩에 대한 놀라운 통찰력을 제공한다. 이런 예언은 시대적 상황이 따라와야 해석 가능한 예언인데, 현 우리들의 시대가 이 모두를 이루고 있다.

디지털 지갑이 디지털 칩이 되는 생체칩으로 대체 된다면 이는 성경에서 계시한 짐승의 표가 틀림없다. 성경의 예언을 빌리자면, 짐승의 표는 제거가 안 되며 경제 활동의 주동력이 되고, 짐승이란 우상에게 경배할 수밖에 없음을 볼 때 사람의 생각을 마음대로 조종 가능한 그 어떤 기술이 들어감을 짐작케 한다. 그리고 이 표를 받는 자는 하나님의 자비가 없으며, 심판에 들어감을 알리고 있다.

이미 브레인칩을 비롯한 다양한 디지털 생체칩은 의료 분야에서 광범위하게 활용되고 있음을 밝혔다. 이는 사람 몸에 디지털 칩 이식이 충분히 가능하다는 사실을 알 수 있으며, 외부와의 원격 소통이 가능함도 알 수 있다.

짐승의 표가 되는 디지털 생체칩은 전반기 환난 전부터 사람들에게 조금씩 이식되기 시작하다, 전반기 환난 초반부에 본격 이식될 것으로 보인다. 한 왕이 등장하면서 평화와 안정의 시기를 선포하고, 각국과의 평화 조약을 체결, 공히 평화로운 시대로 왔음을 착각하게 될 때, 대부분의 사람들에게 짐승의 표가 되는 생체칩이 광범위하게 이식될 것으로 보이는데, 지켜봐야 할 일이다. 어쩌면 전반기 환난 전에 디지털 지갑이 되는 생체칩 보급이 전 세계적으로 일어날 수도 있음도 예의 주시해야 한다. 2022년 6월 다보스 포럼 때 당시 노키아 사장 페카 룬드마크는 다음과 같이 말했다.

"The era of smartphones will come to an end in 2030."

스마트폰 시대가 2030년에 끝난다는 내용이다.
(https://menworld.pl/era-smartfonow, 2022.05.31. Karol Snopek).

우리나라 K-NEWS는 페카 룬드마크의 말을 다음과 같이 보도했다. 노키아 사장 "스마트폰 시대 2030년에 끝난다. 6G 네트워크 개발로 피부 아래 이식된 스마트 워치 또는 칩 시대가 도래"될 것이라 했다.
(한국 외신 뉴스, 노키아 사장 "스마트폰 시대 2030년에 끝난다" … 6G 네트워크 개발로 피부 아래 이식된 스마트 워치 또는 칩 시대 도래 외', 2022.06.01.)

만약 노키아 사장의 말대로 된다면, 2029년까지 우리에게 디지털 칩이 되는 생체칩 이식이 완료된다는 의미가 된다. 물론 전 세계인이 아니더라도 상당수의 인류가 생체칩을 받게 될 것으로 보인다.

핸드폰이 우리 몸에 저장되는 생체칩으로 업그레이드된다면 디지털 지갑 또한 당연히 우리 몸 안으로 들어오게 되며, 이를 통해 모든 경제 활동이 이루어질 것이다.

CBDC 그리고 디지털 아이디, 디지털 지갑은 서로 분리해 생각할 수 없다. 모두 하나로 연결된 디지털 시대의 디지털 작품이며, 디지털 시대를 이끌 핵심 요소가 된다. 이 모두가 유엔 어젠다 2030에 따라 2029년까지 마무리될 것임을 알리고 있다.

성경은 이런 시대에 대한 경고를 주고 있다. 이런 시대, 사람들의 죄악이 관영하며 교회는 배도하고, 하나님을 대적하는 시대라 경고하면서 심판을 선고한다.

현재 우리는 곧 일어날 수 있는 하나님 심판의 시대에 들어와 있다. 현재 일어나는 모든 일들이 주님의 재림과 심판의 시대로 향하고 있다.

참고로 쉽게 이해가 되도록 CBDC 진행도 및 짐승의 표 그리고 우리의 대안에 대한 내용을 도표로 만들어 보았다.

CBDC 진행도 및 짐승의 표 그리고 우리의 대안

진행 과정	대략적 연도	진행될 일	우리의 준비
CBDC 완성	≒ 2023	• CBDC 적극 홍보	• 믿음 • 자급자족 땅 조사 및 구입 가능하면 구입해서 준비(현 사는 곳은 그대로 둠)
CBDC 시범 현금>CBDC	≒ 2024~2025	• 디지털 지갑 • 디지털 아이디 시작	• 믿음 • 전파(성도 깨움의 일) 전단지 등 • 자급자족할 땅 계속 조사 및 준비(현 사는 곳은 그대로 둠)
CBDC 진행 현금>CBDC	≒ 2025~2026	• 마이크로칩 홍보 • 우리나라 디지털 아이디 완성 • 현금의 CBDC 교환	• 믿음 • 적극적 전파, 전단지 등 • 교회 결정 • 교회의 갱신 및 성도의 깸 • 교회의 이탈 • 자급자족할 땅 구입
CBDC의 점진적 정착 현금=CBDC	≒ 2026~2027	• 우리나라 디지털 아이디 완성 • 부분적 마이크로칩 (짐승의 표) 이식 • 현금 없는 사회 • 6G의 등장	• 우리나라 디지털 아이디 완성 • 부분적 마이크로칩(짐승의 표) 이식 • 현금 없는 사회 • 6G의 등장
CBDC의 안정화 현금<CBDC	≒ 2027	• 세계적 안정과 평화 무드 돌입 • 마이크로칩의 보편화	• 칩의 사회로 전환 • 핸드폰과 칩의 사회 혼용 • 핸드폰>마이크로칩 • 자급자족 및 증인의 사역

CBDC 정착	≑ 2027~2028	• 한 왕 등장의 가시화 • 6G 시대로의 진입	• 칩의 사회 가속화 • 칩)핸드폰 • 자급자족 및 증인의 사역
CBDC 사회	≑ 2029	• 유엔 어젠다 2030 완성 • 6G의 대중화 • 세계적 디지털 아이디 완성	• 완전한 칩의 사회 • 자급자족 • 증인의 사역 계속 진행

2030년대 새로운 시대로의 전환
제5차 산업혁명의 시대, 다종류 인간의 시대

우리가 시대의 흐름에 대해 완벽히 예단할 순 없지만, 2020년대 중반부터 2030년대 초반 사이 놀라운 디지털 시대의 변화를 느낄 수 있을 것으로 보이며, 조금이라도 깨어 있는 성도라면 성경에서 계시한 하나님 심판과 재림에 대한 뚜렷한 징조들이 나타나고 있음을 알게 될 것으로 보인다.

제14장

디지털 사회와 IoB 시대

▶▶▶▶　　　　4차 산업혁명은 물리적, 생물학적, 디지털의 결합이 되는 새로운 디지털 사회로의 진입이라는 데 있어 이제 대부분이 동의한다. 4차 산업혁명 시대는 현 인류가 살아온 모든 역사를 새롭게 써 가는 역사가 된다. 인류의 전 역사가 완전히 새로워지는 새 역사를 만들어 가기 때문이다.

이제 우리 인류는 뒤로 갈 수 없는 초연결의 시대로 들어왔고, 이 연결 중 하나만 문제가 생겨도 전 인류적 문제로 번질 수 있는 세상으로 들어서고 있다. 20년대 말쯤이면 IoT의 시대를 넘어 IoB 즉 신체인터넷 시대로의 진입을 가시화할 것이다.

사물 인터넷이 되는 IoT 시대는 인간의 손에 의해 모든 사물들이 연결되며 조종되어 왔지만, 사물을 조종하고 조절하는 인간들마저 컴퓨터에 연결 가능한 새로운 시대로의 진입에 들어서고 있다. IoB, Internet of Body란 신체인터넷 시대를 말한다.

인터넷이 개발되기 전뿐만 아니라, 인터넷이 개발되고 난 뒤에도 인간이 인터넷에 연결될 것이라곤 어느 누구도 생각지 못했다. 그러나 미국 달파에서 군인들의 최적화를 위한 BCI 기술을 연구하면서 신체인터넷의 개념이 점점 더 구체화되기 시작했고, 인간의 뇌가 전기 신호로 움직인다는 사실을 알고 있는 인간은 이 신호를 분석하면서 컴퓨터와의 연결이 가능함을 알게 된다.

2007년 세계적인 과학자인 레이 커즈와일은 《기술이 인간을 초월하는 순간 특이점이 온다》라는 책을 쓰게 된다. 참 어려운 책이다. 여기서 그는 인간은 기계가 되고, 기계는 인간이 된다는, 당시로선 일반인이 이해하기 힘든 표현을 사용하면서 2045년이 넘어가면 인간은 트랜스 휴먼이 되어 영생을 소유할 수 있는 특이점의 시대가 온다는 말도 안 되는 듯한 주장을 펼쳤다.

그러나 그의 주장을 무시할 수 없는 것은 그가 세계적인 IT 과학자며 그의 모든 주장이 여러 과학적 데이터에 의해 나온 것이라는 사실이다. 그리고 미래에 대한 그의 예측에 있어 현재까지 약 86%의 정확성을 보이고 있으며, 아직 이루어지지 않은 미래 예측 중 하나가 그가 특이점으로 잡은 2045년이다. 근데 놀라운 사실은 많은 예측가들이 레이 커즈와일이 말한 특이점의 시기를 앞당기고 있다는 사실이다.

BCI 기술에 대한 개념은 달파에 의해 일찍 나타났지만, 신체인터넷에 대한 개념은 2014년 World Wide Web의 25주년 기념에서 How the Web Needs to Change in the Next 25 Years이란 기고를 통해 "다음 웹의 미래를 예측하는 보고서는 미래엔 웹이 없을 수도 있다"고 지적하면서 "적어도 우리가 지금 알고 있는 것처럼 '가거나', '방문하는' 장소는 아니다. 왜냐하면 차세대 인터넷은 사람 자체가 될 수 있기 때문이다"라는 보고를 하면서 신체인터넷을 언급하며 이미 우리 인간은 초기의 신체인터넷 시대에 들어섰다고 알리고 있다.

(https://www.vice.com/en/article)

이 보고서대로 현재 인류는 아주 기초적인 신체인터넷이 되고 있다. 슈밥의 3단계 신체인터넷 단계 중 이미 2단계에 인간은 도달해 있다. 우리의 건강을 체크할 수 있는 스마트 워치, 웨어러블 그리고 인공 심장과 장기 등이 모두 인터넷과 연결된다. 슈밥은 25년경 신체인터넷 3단계인 인간 몸에 마이크로칩 이식이 가능해질 것을 말한 자다.

2014년 World Wide Web의 25주년 기념 기고에서 말한 신체인터넷에 대한 개념은 사물 인터넷인 IoT에 의해 일반 사람들의 반향을 얻지 못하고 있었으나 이에 대한 준비를 차근차근 진행해 왔고, 2016년 다보스 포럼에서 클라우스 슈밥이 4차 산업혁명의 정의를 묘하게 하면서 신체인터넷 시대의 포를 쏘아 올렸다. 인간과 기계가 하나로 연결될 수 있는 생물학적, 물리적, 디지털학적 융합이란 묘한 말로 신체인터넷에 대한 간접 표현을 사용했다.

2020년 코로나 사태가 기승이던 그해 7월 WEF는 놀라운 보고서를 채택하며 보급했다. 그 보고서에서 신체인터넷에 대한 브리핑 자료를 공개했다. 보고서 전면엔 다음과 같은 표지 설명이 주제로 나와 있다.

Shaping the Future of internet of Bodies: New challenge of technology governance(신체인터넷 미래를 세이핑하는 것: 기술 거버넌스의 새로운 과제)

신체인터넷 WEF 보고서 표지

IoB 개념이 나오기 전, IoT 혹은 IoA, IoE(만물 인터넷) 등의 개념들이 폭넓게 쓰였지만, 2020년 다보스 포럼에서 IoB에 대한 보고서를 내면서 이 개념이 대중들에게 인지되기 시작했다.

원문 제목은 "The Internet of Bodies Is Here: Tackling new

challenges of technology governance"로 되어 있는데, "신체인터넷이 여기 있다. 기술 거버넌스의 새로운 과제를 해결하는 것"이라는 의미다. 중심 내용은 다음과 같이 발표했다.

- 신체인터넷(IoB)은 신체에 부착되거나, 주입되거나, 삼켜진 센서를 통해 인간의 신체와 행동을 측정, 분석, 변화시키는 기술로 최근 의학과 운동 부문에서 빠르게 도입되고 있다.

- 현재 이 일은 아주 빠른 속도로 우리 일상생활에 접목되고 있다. 이미 스마트 워치, 웨어러블 그리고 인공 심장 등이 우리에게 활용 중이며 머지않아 나노칩이 들어 있는 알약들이 나와 우리에게 선 보일 것이다.

- 신체인터넷(IoB)은 다양한 사회적 혜택을 제공하지만, 다른 한편으로는 윤리적, 법적 과제를 안겨 주기도 하다.

- 신체인터넷은 인간 자체를 바꿀 수 있는 기술이 되기 때문에 윤리적 문제를 무시할 수 없으며, 여러 법적 문제 또한 내포하고 있다. 그러나 과학의 발전 앞엔 인간의 윤리나 도덕은 언제나 그 시대에 맞게 바뀌어 온 게 인류의 역사다.

- 신체인터넷(IoB) 기술은 원격 환자 추적을 가능하게 하고, 교차 감염의 위험성을 줄이며, 건강을 유지하고 질병과 사고를 예방하

는데 큰 도움을 줄 수 있다.

- 신체인터넷 기술은 쌍방 교신이 가능하기 때문에 환자에 대한 다양한 양질의 혜택을 줄 수 있으며, 응급 시 즉시 처치가 가능한 기술이 된다. 그리고 여러 질병 또한 미연에 발견, 예방하거나 처치할 수 있으며 여러 예기치 못한 사고로부터 몸을 보호할 수 있도록 한다.

- 반면 다양한 센서와 데이터의 사용으로 인한 상호 운용성 문제, 데이터 정확도의 문제, 사이버 보안과 프라이버시, 데이터 분석 과정에서의 차별과 공정성에 대한 리스크 등 다양한 기술적 과제 또한 안고 있다.

- 기술상의 여러 문제들은 점차적으로 해결될 것이며, 인류의 건강 증진이란 미명하에 다양한 법적 제도들이 마련될 것이다. 그리고 6G로 가면서 여러 데이터들의 정확도도 해결될 것이다.

- 본 보고서는 미국과 유럽 연합(EU)에서 시행 중인 신체인터넷(IoB) 관련 규제를 살펴보고, 이 기술을 관리할 프레임워크를 마련하고 관련 규제를 업데이트하는 것이 시급하다고 결론 내리다.

- WEF의 신체인터넷 보고서는 결국 빠른 시간 내 신체인터넷을 구축할 수 있는 시스템을 마련해야 할 것을 주문하고 있으며, 이런

시대로 감을 안내하고 있다. 각국은 이런 시대를 대비한 관련 규제들을 정비할 것을 주문한다.

• 신체인터넷(IoB) 기술의 발전과 보급을 위해서는 의료 및 비의료 부문에서의 강력하고 일관된 정책 프레임워크가 필요하다.

• 현재의 법제가 신체인터넷(IoB) 기술이 야기하는 다양한 기술적 문제를 충분히 다루지 못하고 있다는 측면에서 법제의 업데이트가 시급하게 요구된다.

순전한 경제적 목적을 위해 유럽에서 1971년 출발한 WEF는 이제 범세계적 기구로 경제 분야 외 정치, 사회, 문화, 국방 등의 모든 분야에 직접 관련하고 있으며, 유엔 대변인으로서의 위상을 굳혀 유엔 어젠다 2030 실현을 위한 선두 주자로 나서고 있다.

WEF의 IoB(신체인터넷) 보고서는 곧바로 채택되면서 2015년 발표한 유엔 어젠다 2030, 2016년도의 ID2020 프로젝트 그리고 더 그레이트 리셋 등과 맞물리면서 디지털 사회의 완성을 위한 신체인터넷 시대로의 진입을 서두르고 있다.

WEF의 수장인 클라우스 슈밥이 말한 4차 산업혁명의 디지털 시대에 대한 최종 목표가 결국 신체인터넷 시대를 열어 인간과 기계간의 소통이 완벽히 이루어질 수 있는 트랜스 휴먼 즉 휴먼 2.0의 시대를 만드는 계획이라는 사실을 이제 우리는 충분히 이해할 수 있다.

우리 그리스도인들은 이 시대가 짐승 정부의 시대가 됨을 절대 잊어선 안 된다. 디지털 시대는 곧바로 CBDC 시대가 되고, CBDC 시대는 신체인터넷 시대가 된다. 이 시대는 결국 인체에 이식되는 마이크로칩 즉 짐승의 표가 자신의 신원을 증명하고, 모든 경제 활동을 가능케 하는 신분증이 되는 시대다.

아직도 짐승의 표를 상징으로만 생각하는 성도들은 이 문제에 대해 좀 더 깊이 있는 공부와, 현재 인간에게 이식 가능한 디지털 칩이 되는 마이크로칩에 대한 연구가 좀 있었으면 한다. 결국 칩을 통해 모든 것이 연결되는 초연결의 시대가 우리 사회의 핵심 동력이 될 것이다. 칩을 이식하지 않으면 아무 것도 할 수 없는 시대가 바로 디지털 사회가 될 것이다. 멀지 않은 시대, 우리의 몸이 인터넷이 되어야 살 수 있는 세상으로 들어간다.

우리나라 BCI 기술 10년 안에 기술 확보를 서두른다.

일반적으로 최첨단 기술은 군에서 먼저 나온다. 현재 위치 추적용으로 사용되는 GPS 기술도 군에서 먼저 시작된 기술이다. 그리고 군인들의 전투력을 최적화하기 위해 달파에서 만든 기술 중 하나가 BCI 기술이며, 이 기술이 민간에 넘어오면서 전문대학이나, 전문 기업체에서 이 기술 개발에 집중하고 있다. 레이 커즈와일의 싱귤레리티대학이나 일론 머스크의 뉴럴링크 사가 여기에 해당된다.

BCI 기술의 최종 역은 인간의 영생에 있으며, 인간의 기억을 컴퓨터의 클라우드로 저장해 기억이 영원히 살 수 있도록 하고, 발전되는 합성생물학의 도움을 얻어 다양한 형체로 모양을 바꾸어 살아갈 수 있도록 하는 기술이다. 이미 이 기술은 불가능의 기술이 아니라 가능의 기술로 받아들여지고 있으며 언제 우리 앞에 등장하느냐의 시간 싸움에 달려 있다.

대부분의 예측학자들은 2045년 안에는 이 일이 가능함을 예측하고 있으나 그 시기는 계속 당겨지고 있다. 여러 차례 알려 드렸듯이 많은 미래 예측학자들은 인간 컴퓨터 시대가 되는 IoB 시대는 2030년대쯤이면 가능해져 일단의 기억들 전송이 가능해질 것으로 본다.

결국 우리나라도 BCI 기술에 도전장을 내밀고, 본격 연구에 들어가기로 했으며 당장 2023년부터 약 4,000억 원으로 시작해 지원을 본격화하기로 했다. 우리 정부는 디지털 바이오 융합 기술을 적극 육성해 2030년, 바이오 선도국이 되겠다는 발표를 했는데 제목만 봐도 뭔가 섬뜩하다. 백신의 위험성을 너무 잘 알고 있기 때문이다.

출처: 연합뉴스

바이오 선도국 안에 유전 공학, 생명 공학, 오가노이드 그리고 뇌와 기계간의 인터페이스 등의 기술들이 들어 있다. 바이오 선도국은 결국 백신 선도국이 되겠다는 것이며 더 나아가 BCI 기술 또한 선도국의 위치로 끌어올려 보겠다는 놀라운 계획이지만, 이런 정부의 바이오 선도국에 대한 결과가 예측되는 본인으로서는 이 내용을 보는 순간 온몸에 전율 같은 것을 느꼈다. 지금도 그렇다.

주님 오심에 대한 확증을 더욱더 강하게 심어 주는 놀라운 기사다.

우리나라는 바이오 대전환 시대를 맞이해 디지털 바이오로 2030 바이오 선도국에 진입하겠다는 것이며, 모든 기술을 디지털로 완전히 바꾸겠다는 것이다.

아래 보도 자료를 보면 첨단 뇌 과학, 디지털 치료제, 전자약, 유전자 편집, 휴먼 디지털 트윈, DNA 바코드 화합물 은행 등 4차 산업혁명의 첨단 기술들이 모두 들어가는 사업이다.

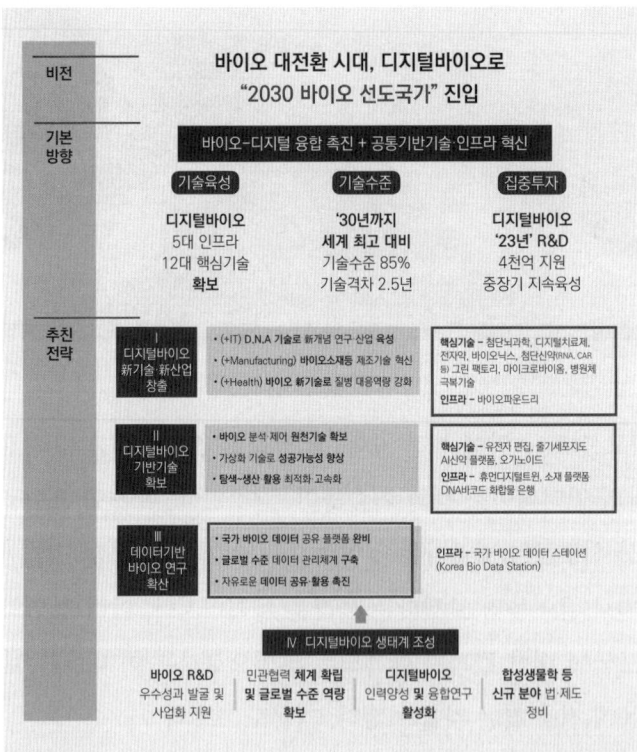

출처: 과기정통부 제공

이 중 BCI 기술은 첨단 뇌 과학 기술로 우리 인간을 트랜스 휴먼화 시키는 놀라운 기술이지만 성경적으론 하나님을 대적하는 무서운 기술이다. 이미 이 기술에 대해 여러 차례 말씀드렸기 때문에 이제 어느 정도 지식은 있을 것이다.

지금까지 우리나라에서는 첨단 BCI 기술에 대한 안내가 거의 없어 외국의 사례를 많이 설명했는데, 지난 12월 정부의 디지털 전략에 대한 일환으로 첨단 뇌 사업인 BCI 기술에 대한 내용을 전격 발표하면서 우리나라도 BCI 기술 개발에 시동이 걸렸다는 사실을 직접 접하게 되니, 상당히 묘한 감정이 교차한다. 인간을 위한다는 명분 아래 신이 되고자 하는 인간의 악한 욕망이 끝없이 질주하고 있다.

제15장

스마트 시티

▶▶▶▶   월드 시티, 사이버 시티 혹은 테크노피아라고 불리는 스마트 시티는 디지털 사회의 새로운 도시를 말한다. 모든 것이 초연결된 도시로 중앙 관제 센터를 중심으로 돌아가는 디지털 시대의 새로운 혁신 도시를 의미한다.

매경 시사 용어 사전에 따르면 미래학자들이 예측한 21세기의 새로운 도시 유형으로서 컴퓨터 기술의 발달로 도시 구성원들 간 네트워크가 완벽하게 갖춰져 있고, 교통망이 거미줄처럼 효율적으로 짜인 도시라 규정한다. 그리고 텔레커뮤니케이션(telecommunication)을 위한 기반 시설이 인간의 신경망처럼 도시 구석구석까지 연결돼 있어, 사무실에 나가지 않고도 집에서 모든 업무를 처리할 수 있는 텔레워킹(teleworking)이 일반화된 도시로 보고 있다.

스마트 도시법 제2조에선 "도시의 경쟁력과 삶의 질 향상을 위해 건설·정보통신기술을 융·복합하여 건설된 도시 기반 시설을 바탕으로 다양한 도시 서비스를 제공하는 지속 가능한 도시"로 정의하고 있다.

(www.korea.kr)

디지털 시대의 3대 혁신은 초연결, 초지능 그리고 초융합이다. 이 3가지가 하나처럼 돌아가는 시대가 디지털 시대다. 이런 기능을 갖추고 새롭게 만들어지는 도시가 스마트 도시라 볼 수 있다.

이미 세계는 스마트 시티에 대한 계획을 진행하면서 한 국가를 중심으로 각 지역 간의 스마트 시티로 전부 연결하며 스마트 시티는 스마트 국가가 되고, 스마트 국가는 국가 간의 연결을 통해 세계를 하나로 묶게 된다. 공히 디지털 세계 정부로서의 정부가 만들어질 수 있다.

스마트 세계 정부 밑에 스마트 국가들 그리고 스마트 도시들이 거미줄처럼 연결되면서 디지털 사회 초연결의 백미를 만들어 가게 될 것이다. 여기에다 인간마저 연결된 신체인터넷이 연동된다면 세계와 각각의 국가 그리고 각각의 도시들 나아가 인간이 모두 연결되면서 전 세계는 공히 초연결된 새로운 세계가 만들어지게 된다. 이를 삼각형 형태로 보면 맨 아랫 사람들의 연결, 그 위엔 도시들 그리고 국가들이 상위 그룹에 포진하며, 맨 위엔 세계 정부가 서게 되면서 좌우와 상하로 초연결된 디지털 시대의 새로운 세계가 만들어지게 된다.

NEW WORLD ORDER

```
           세계
       국가1 국가2 국가3…
     도시1 도시2 도시3 도시4 도시5…
   가정1 가정2 가정3 가정4 가정5 가정6…
 인간1 인간2 인간3 인간4 인간5 인간6 인간7…
```

　현재 WEF에서 15분 도시, 혹은 10분 도시에 대한 토론이 진행 중이다. 이 의미는 우리가 사는 도시를 15분 안에 모든 일이 처리되도록 하며, 15분 이상의 밖을 나가지 않아도 된다는 의미로, 겉모습만 보면 아주 좋은 유토피아적 도시로 비춰진다. 모든 사람의 생활권을 15분 안에 가능하겠다는 내용이다.

　우리나라의 부산, 서울, 그리고 제주도가 이 일에 앞장서고, 스마트 도시로 만드려는 일에 전력을 다하고 있다.

　그러나 모든 것이 초연결된 15분 도시는 그야말로 모든 사람을 통제하기에 아주 적합한 도시가 되며, 가두리 안에 사람을 가두어 통제하기에 너무 쉽다. 초연결된 도시는 모든 사람의 행동 일거수일투족이 그대로 드러나고, 모든 것이 감시되는 그런 도시가 될 수 있음을 알아야 한다. 2030년까지 진행하겠다고 하나, 쉽지 않다는 판단이 든다.

우리 인류는 새로운 변화의 시대를 맞이하면서 스마트 시티가 우리에게 가져오는 득이 실보다 훨씬 많기 때문에 저항보다는 이에 순응해 맞이할 것이고, 앞으로 지어지는 대부분의 대형 건물이나, 도시 형태는 모두 스마트형으로 만들어질 것이다.

스마트형 도시 시대는 대다수의 범죄 예방이 신속히 이루어질 것이며, 아동 유괴 등의 범죄는 아예 자취를 감추게 될 것이다. 의료 혜택 역시 바로 이루어지며, 각 가정마다 건강을 전담하는 스마트 시스템이 모두 갖추어지게 될 것이다. 대부분의 업무들도 특정 인원 외 출근할 필요가 거의 없어지며, 재택근무로 대체될 것이다.

우리나라 정책 브리핑에서 발표한 스마트 시티 3대 전략을 보면 새로운 신규 스마트 시티 건설과 노후되고 낙후된 도시의 스마트화 추진을 서두르고 있다.

우리 정부는 2018년 1월 「스마트 시티 추진 전략」과 함께 '세계 스마트 시티' 선도 모델로 국가시범도시 두 곳을 발표해(세종 5-1생활권, 부산 에코델타시티) 추진 중이다. 그리고 이미 전국별로 스마트 시티 조성에 대한 로드맵이 만들어져 진행 중이다.

서울, 인천, 경기가 21지역, 강원이 3지역, 대전, 세종, 충주가 8지역, 부산, 울산, 경남이 12지역, 광주, 전남이 7지역, 전북이 3지역, 충북이 5지역, 대구, 경북이 12지역 그리고 제주가 전체 스마트 도시 종합 계획에 들어 있다.

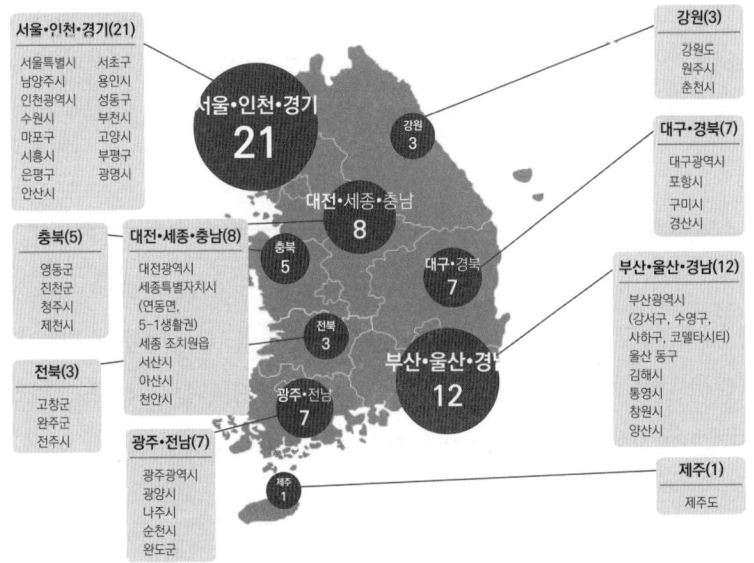

자료 출처: 제3차 스마트 도시 종합 계획

앞으로 우리나라 전 지역이 스마트 도시로 전환되면서 초연결된 국가의 지배를 받게 될 것이다.

스마트 도시는 디지털 시대에 걸맞은 도시 형태며, 현재 세계가 이런 도시를 추진하고 있다. 디지털이 발달된 우리나라는 정부가 추진에 대한 강력한 의지를 갖고 있다면 아주 빠른 속도록 진행될 것으로 보인다.

앞에서 언급한바 성경엔 디지털 시대에 대한 직접적 언급은 없지만, 자세히 읽어 보면 디지털 시대에 대한 간접적 암시 발견이 가능하다. 대표적인 구절이 마 24장 6절과 단 12장 4절 그리고 계 13장 13~16절의 말씀임을 밝혔다. 재론하면 마 24장 6절의 소문은 통신 기술 즉 IT 기술의 발전과 연결이 가능하며, 단 12장 4절의 인간 지식의 증가와 사람의 왕래가 빨라짐은 BCI 기술과 교통의 발전에 대한 안내를, 그리고 계 13장 16~18절은 칩(표)을 통한 매매 기능을 설명하는 부분에 있어, 디지털 시대에 대한 간접적 계시를 얻을 수 있다. 이런 모든 일들이 가능한 도시가 스마트 도시며 국가가 스마트 국가 그리고 국가가 연결된 스마트 세계가 된다.

스마트 도시는 결국 디지털 사회의 핵심 도시로, 인간과 기계 즉 인간과 사물 간의 연결이 가능해지는 초연결된 사회로, 인간들에게 이식되는 마이크로칩과 연동된 도시가 될 것이다. 결국 디지털의 모든 핵심은 디지털 시대의 초연결을 가능케 하는 디지털 칩에 의해 결정된다.

나노칩과 같은 초소형 소재에 컴퓨터 기능이 가능하도록 해 이식되면 우리 몸은 밖의 세상과 자연스럽게 연결되고 발전된 BCI 기술의 혜택으로 초지식을 얻게 되며, 내 몸 안의 컴퓨터와 바깥 세상의 컴퓨터 간의 연결이 쉽게 이루어지면서 스마트 도시나 스마트 국가에서 살아갈 수 있는 적절한 신체 구조를 갖게 되는 것이다.

현재 우리 몸의 DNA에 컴퓨터 기능을 넣을 수 있는 기술이 나와 있다.[29] 인간의 DNA를 이용해 컴퓨터를 만드는 기술이다. DNA 컴퓨팅은 1994년 Leonard Adleman에 의해 처음 시연되었다. 이 기술이 발전되면서 2015년 "Organic 'Computers' Made Of DNA Could Process Data Inside Our Bodies" 즉 "DNA로 만들어진 유기 '컴퓨터'는 우리 몸 안에서 데이터를 처리할 수 있다"란 의미로 이미 인간의 DNA를 컴퓨터화할 수 있음을 발표했다.

(https://www.iflscience.com)

2015년도에 이런 기술이 이미 나왔는데, 현재의 기술이면 아무리 작은 나노라도 컴퓨터 기능을 탑재한 나노컴퓨터를 만들 수 있으며, 나노형태의 초소형 로봇 즉 나나이트가 이미 우리 몸에 돌아다니면서 의료용으로서의 활용이 가능한 시대가 된다는 것은 거짓이 아니다.

하나님께서는 이미 이런 시대에 대한 심판 선고를 하셨고, 인간의 죄악이 관영한 노아 시대를 용서치 않은 것처럼 현 시대 관영된 인간의 죄악도 그냥 넘어가지 않으실 것이라는 계시가 나와 있다.

---

29) DNA 컴퓨터는 기존 2진법 컴퓨터를 구성하는 연산 방식인 0과 1의 조합이 아닌 DNA를 구성하는 A, C, G, T라는 4가지 요소를 사용해서 만든 컴퓨터를 의미한다. 컴퓨터는 전류의 안정성을 고려해서 0과 1의 2진법을 사용한다. 그러나 DNA 컴퓨터는 DNA의 이중나선 구조를 통해 A, C, G, T의 명확한 구분선을 가지고 있기 때문에 4진법을 안정적으로 사용할 수 있다. DNA를 이루는 염기인 아데닌은 티민과, 구아닌은 시토신과 만나면 결합하는데, 이 분자들의 자기 조립 능력을 이용한 컴퓨터가 DNA 컴퓨터이다.(나무위키)

마지막 시대에 대한 대부분의 성경 계시가 현 4차 산업혁명 시대에 집중적으로 이루어지고 있으며, 유엔 어젠다의 계획에 따라 이 모든 계획들의 대략적 완성을 2029년으로 보고 있는데, 지켜볼 일이다.

하나님의 심판은 결국 하나님의 형상대로 지음받은 사람들이 자연인이기를 거부하여 생겨난 새로운 인류에 대한 심판으로, 칩에 의해 조종당하는 이와 이를 조종하는 인간들에 대한 심판이다. 칩이 이식되면서 칩에 의해 살아가는 새로운 인간을 우리는 트랜스 휴먼 혹은 휴머노이드라 부르며, 이는 하나님께서 주신 원 형상을 바꾸어 버린 인간에 대한 하나님의 최후 심판이라 볼 수 있다.

2022년 11월 17일 사우디아라비아의 왕세자 빈 살만이 방한하면서 사우디아라비아 2030의 일환으로 건축되는 스마트 도시에 대한 MOU 체결을 했다. 약 40조 원에 가까운 액수다.

(YTN, '40조+α' 돈 보따리 푼 빈 살만 … 방한이 남긴 것?, 2022.11.19. 이인철 기자)

사우디는 2030 비전의 일환으로 2016년 우리나라 서울의 45배 크기인 네옴에 거대한 스마트 시티를 건설할 계획을 발표했다. 그러나 세인들의 관심 밖의 일이었다. 그러던 중 2019년 본격 수주가 시작되면서 다시 세간의 이목을 집중시켰고, 급기야 지난 11월 17일 빈 살만 사우디아라비아 왕세자가 우리나라를 방한하면서 300억 달러, 약 40조 원 규모의 수주를 주고, 떠나며 이 일은 더욱더 구체화되기 시작했다.

규모는 벨기에 국토 면적의 크기며, 우리나라 서울의 약 45배에 달하는 크기다. 일부 회의론자들은 모래사막 위에 이런 건설을 한다는 것은 하나의 신기루에 불과하다는 회의론을 갖고 있지만, 이미 2029년 네옴 시티에서 동계 올림픽이 확정되었고, 이 일에 대한 수주들이 이루어지면서 신기루가 아니라 실제가 될 가능성이 거의 확실해졌다. 네옴 시티는 첨단 4차 산업혁명의 최신 기술이 다 들어가 건설되는 스마트 도시다.

앞으로 우리나라를 비롯한 세계의 도시는 모두 스마트 도시로 탈바꿈할 것이며, 그렇지 못한 도시들은 도태될 것이다. 스마트 도시는 스마트 국가로, 스마트 국가는 스마트 세계로 하나 되는 새로운 스마트 세계 정부가 탄생될 것으로 보인다. 이 정부는 성경이 계시하는 짐승 정부가 된다.

소결

　제4차 산업혁명의 시대는 현금이 사라지고 아날로그 방식이 디지털화되는 세상, 사람이 인터넷과 연결되는 세상, 꿈만 같은 세상이 펼쳐질 것이라고 세상 사람들은 생각할 것이다.

　현재 핸드폰 안으로 들어가는 카드와 신분증은 자연스럽게 사람 몸으로 이식되어질 것이다. 이 칩은 더 나아가 우리의 뇌와 연결 되고, 생각의 전송과 기억이 업, 다운로드되어 수많은 지식의 저장과 지식의 폭증을 가져다 줄 것이다. 우리 몸에 이식된 칩은 우리 생활 전반을 움직이는 역할과 함께 모든 경제 활동을 하며 생활의 편리함과 동시에 사람과 사물의 결합으로 신체인터넷 시대를 열어 갈 것이다.

　현재 사람의 손이나 팔에 생체칩을 이식하는 일은 아주 쉽게 진행된다. 이식된 칩은 단순히 신분 증명이나 물건을 결제하는 등의 역할만 하지만, 앞으로 이 칩은 더욱더 발전되면서 우리 뇌와 연결되고, 우리 생활 전반을 움직이는 역할을 하게 될 것이다.

　이 칩은 신분 증명이나 단순한 물건의 결제를 넘어 모든 경제 활동, 의료 혜택, 범죄 예방 심지어는 생각의 전송, 기억의 업, 다운로드, 수많은 지식의 저장 등 인간이 상상하는 그 이상의 역할을 할 것이다. 그리고 사람의 마음을 조종할 수 있는 마인드 컨트롤 역할을 할 것으로 보인다.

이 칩의 역할은 단순히 사람들에게 수많은 편리한 혜택이나 도움을 주기 위한 것으로 보여지겠지만, 결국 모든 사람들을 통제하고 감시하는 역할의 칩으로 사용될 것이다. 수많은 사람들을 통제하고 지배하는 데 있어, 이 이상 좋은 방법이 없기 때문이다. 성경은 이런 칩을 절대로 받아선 안 된다고 경고한다. 왜 그럴까. 왜 우리 인간의 삶에 이렇게 편리한 생활을 하도록 하는 칩을 받아선 안 된다고 할까. 우리는 다른 이유를 찾아볼 필요도 없다. 이 칩을 받게 되면 하나님께 대적이 되고 자신의 생각과 마음이 조종당해 짐승의 정부를 섬기게 된다. 그럴 경우 성경에선 구원이 없음을 알리고 있기 때문이다.

하나님의 자녀가 이 땅에서 살아가는 방식은 하나님께서 원하는 삶의 방식을 따라야 하고, 하나님과 친밀한 교제를 하며 삶을 살아가는 것이다. 하나님과 동행하는 하나님의 자녀는 하나님께서 원하시는 음성을 듣게 될 것이고, 짐승 정부와의 싸움에서도 승리의 순교를 영광 중에 당할 것이다. 죽음이 끝이 아닌 영원한 승리로 우리는 주의 순결한 백성되어 하나님이 다스리는 나라에서 영원히 살게 될 것이다.

항상 깨어 믿음의 준비를 하라는 주님의 말씀을 생각하며, 세상의 안일함에 취한 성도가 아닌 시대를 극복하고 주어진 시간에 주께서 주신 귀한 사명에 최선을 다하는 성도가 되길 기도한다.

제3부

모든 것이 추적되는 세상

제16장 대 혼란, 난리와 난리의 소문
제17장 디지털 칩과 짐승의 표 그리고 짐승 정부
제18장 한 왕의 등장과 평화의 도래
제19장 예루살렘 성전 회복과 종교 통합
제20장 모든 것이 가능하나 모든 것이 추적, 감시되는 세상
소결

제16장

대 혼란, 난리와 난리의 소문

▶▶▶▶ 예수님께서는 종말에 대한 강화를 하시면서 마태복음 24장 6절부터 9절 사이에 다음과 같은 말씀을 하셨다.

24:6 난리와 난리 소문을 듣겠으나 너희는 삼가 두려워 말라 이런 일이 있어야 하되 끝은 아직 아니니라
24:7 민족이 민족을, 나라가 나라를 대적하여 일어나겠고 처처에 기근과 지진이 있으리니
24:8 이 모든 것이 재난의 시작 이니라
24:9 그 때에 사람들이 너희를 환난에 넘겨주겠으며 너희를 죽이리니 너희가 내 이름을 위하여 모든 민족에게 미움을 받으리라

주님 오시기 전 이 지구상엔 대혼란과 더불어 각종 난리와 난리의 소문을 듣게 될 것이며, 민족이 민족을, 나라가 나라를 대적해 일어날 것을 알리면서 이 모든 것이 재난의 시작으로 그리스도인들에 대한 핍박이 있을 것임을 알리셨다.

지금 우리는 우리나라만이 아닌, 세계적으로 전례 없는 대혼란의

소용돌이 속에 들어왔으며, 난리와 난리 그리고 우리나라를 포함한 나라와 나라 간의 대적 등의 일들로 연일연야 세계의 혼란스러움을 우리에게 알리고 있다. 2000여 년 전, 예수님께서 마지막 시대를 향해 말씀하신 내용이 그대로 이루어지고 있는 시대다. 현시대 믿음이 아니면 제정신으론 살기 어려운 시대로 들어섰다.

코로나 사태로 인해 수많은 사람들이 목숨을 잃고, 직장을 잃고, 백신으로 인해 생명을 잃거나 그 후유증으로 인해 육체적, 정신적 고통을 당하는 사람들이 헤아릴 수 없을 정도로 많이 있다.

경제적 위기는 이제 한 나라의 문제를 넘어 전 세계적 문제로 번지면서 위기를 더욱더 고조시키고 있다. 개도국 등 경제적 약소국들은 경제 위기의 중심에 서면서 각국의 디폴트가 줄을 잇고 있으며, 먹을 것이 없는 지역에선 아사자들이 늘어나고 있다. 수많은 기업들이 풍전등화의 위기 속에 놓여 있다.

교회 또한 갈등과 분열의 이념적 대결로 하나가 되지 못한 채 시대의 도전을 전혀 보지 못하고 있다.

교회가 성경을 믿지 못하면, 교회로서의 기능을 제대로 할 수 없다. 교회가 시대에 대해 침묵하면 올바른 시대적 안내와 대안을 줄 수 없다. 교회가 고전적 교리의 가르침을 시대와 접목시키지 못하면 죽은 교리가 되어 버린다.

이미 딥스와 시대적 이데올로기에 의해 가스라이팅된 교회의 모습에서 주님 오심에 대한 준비의 모습은 전혀 찾아볼 수 없고, 오히려 찾아볼 수 있다는 것이 이상할 정도다.

시대에 대해 안내하는 교회는 10%도 채 안 된다. 1차를 합쳐 백신을 맞은 교회의 수는 약 96%에 해당한다. 이를 기준으로 참고해 보면 시대에 대해 안내하는 교회는 4%도 안 된다는 사실을 쉬이 짐작할 수 있다. 그것도 아주 조그마한 교회들이며 아무 힘도 없고, 영향력도 줄 수 없는 교회들이 대부분이다. 그러다 보니 유튜브를 통해 수많은 시대의 메시지를 알리는 채널들이 많이 있지만, 대부분이 너무 위험하며 성경적 지지를 하기 어려운 내용들이다. 그리고 종말을 안내하는 채널들 중 이단들이 너무 많다.

교회에서 시대에 대한 말씀을 듣지 못해 갈급해 하는 성도들 중 다수가 이단적 잘못된 가르침에 미혹되어 있다. 그리고 너무 쉽게 미혹된다. 자신들의 시간, 물질, 능력을 마귀에게 갖다 바치고 있다. 이게 현 우리 교회들의 현실이며 잘못들이다.

시대만 대혼란에 빠진 것이 아니라, 교회도 대혼란에 빠져 있다. 대다수의 목회자와 성도들이 방향을 제대로 잡지 못하고, 현 시대가 어떤 시대인지 분별 못 하며, 아직도 교회 성장이나 부흥, 갱신, 세상적 성공을 외치며 성도들을 미혹하고 있다. 마귀의 세상이 되는 메타버스 내에서의 다양한 신앙 행사 등을 하고 있다.

여러 전화를 받는다. 목회자들 중 CBDC가 무엇인지를 묻는 자들이 꽤 있다. 유엔 어젠다 2030이 무엇이며, ID2020 프로젝트가 무엇인지를 묻는다. THE GREAT RESET이 무엇인지를 묻는다. 어떤 휴거가 바른 휴거인지를 묻는다.

WCC와 WEA 그리고 NCCK(The National Council of Churches in Korea, 한국기독교교회협의회)에 대해서도 묻는다. 같이 대화를 하다 보면 시대와 배도에 대한 무지함이 경악스러울 정도다.

이미 오래전부터 현시대에 대한 안내가 매스컴을 통해 수도 없이 나왔고, 지금도 나오고 있다. 그럼에도 대부분의 목회자와 성도들에겐 이런 내용들이 보이지 않는다. 마귀가 교회를 잠재우고 있기 때문이다. 눈과 귀를 멀게 만들고, 보이지 않고, 들리지 않도록 해 버렸다.

현재 딥스들은 자신들의 일을 숨기지 않는다. 당당히 드러내 놓고 일을 한다. 그럼에도 불구하고 이직도 딥스란 음모론이고, 프리메이슨, 일루미나티 같은 단체는 존재하지 않은, 혹은 하나의 친목 단체로 본다. 기가 찬다. 전 세계 모든 이들이 알고 있고, 지천에 이들의 증거로 넘쳐 나고 있는데도 음모론이라 한다.

이미 2017년 영국 런던에 있는 알버트 홀에서 프리메이슨 300주년 기념 대행사를 개최했고, 미 상원 의원이 딥스에 대해 언급을 하면서 현시대를 위해 좋은 일들을 하고 있다는 발언까지 했다.

사방팔방이 딥스의 전시물로 가득 차 있고, 세상 사람들도 다 알고, 수도 없이 방송에 나오고 있지만, 이미 세뇌된 교회는 이를 전혀 보지 못하고, 아직도 음모론이라 지나쳐 버린다.

지금 일어나고 있는 세계적인 혼란이나 난리와 난리의 소문들이 지금껏 인류 역사가 진행되면서 일어났던 보편적 일로 자연스레 넘어갈 것이라는 희망 고문을 하고 있다. 대부분의 교회도 이런 희망 회로를 돌리면서 성도들이 시대적 분별을 제대로 하지 못하도록 마귀의 역할을 하고 있다. 마 23장 13절의 말씀이다.

23:13 화 있을 진저 외식하는 서기관들과 바리새인들이여 너희는 천국 문을 사람들 앞에서 닫고 너희도 들어가지 않고 들어가려 하는 자도 들어가지 못하게 하는 도다

현 나의 모습과 우리 교회의 모습이 아닌지 돌아봐야 한다.

마 23장, 24장, 25장은 모두 연결된 내용들이다. 마지막 시대에 대한 주님의 경고다. 주님께서 십자가 지시기 며칠 전, 종말에 대한 중요한 교훈을 주시면서, 마 23장에선 마지막 시대에 나타날 바리새인과 사두개인에 대한 내용, 즉 신앙의 지도자에 대한 외식적 모습에 대해 책망하시면서 그들을 향해 독사의 자식 즉 마귀의 자식이라는 무서운 말씀을 하신다.

그리고 24장엔 종말에 대한 여러 징조들 그리고 25장에선 일반 성

도들의 모습을 말씀하시면서 기름과 등을 준비하지 못한 자, 주님 앞에 거짓 충성한 자 그리고 양과 비슷한 염소 성도들에 대한 비유를 하신다.

정리해 보면 거짓과 외식으로 가득 찬 종교적 지도자, 종말의 징조, 깨어 준비하지 못하는 성도들 순으로 안내를 하시면서 주님 오심에 대한 깨어 있음과 믿음의 준비를 당부하고 계신다.

현시대에 일어나는 세계적 대혼란 그리고 난리와 난리의 소문들을 지금까지의 역사가 그랬던 것처럼 당연히 일어나는 세계 역사의 한 과정으로 봐선 안 된다. 현재 일어나는 이 모든 일들은 전혀 그 성격이 다르다. 비록 세계 역사 속에 수많은 혼란과 혼란, 난리와 난리들이 있어 왔지만, 모두 다 국지적으로밖에 알 수 없는 일들이었다. 통신 기술이 없었기 때문에 소문이 나더라도 그 지역에 국한된다. 그러나 지금의 모든 일은 빠르면 몇 분 안에, 늦어도 하루가 지나기 전, 세계적으로 모두 소문이 나고, 언론과 방송 매체에서 난리를 친다. 디지털 시대의 통신 문화가 발전했기 때문이다. 이 또한 마지막 시대의 중요한 주님의 가르침이다.

믿을 만한 내용은 아니지만, 여러 영적 계시를 받으시는 분들 가운데 현 한국교회나 성도들이 시대를 알지 못하는 것은 악한 마귀의 역사로 성도들이 잠에서 깨어나지 못하도록 수면제를 먹여 성도들을 재우고 있다는 것이다. 이 말이 꼭 맞는 것은 아니지만 어느 정도는 신뢰가 가는 것은 왜일까.

 시대의 급박함에 대해 주님은 코로나 사태 이후 하루가 멀다시피 시대에 대한 계시를 보여 주고 계신다. 그럼에도 불구하고 우리 교회와 성도들은 이런 사실을 보지 못하고 있다. 애써 외면하는 걸까. 정말 수면제에 취한 것일까.

 현재 일어나고 있는 세계적 혼란 그리고 난리와 난리의 소문 등은 모두 주님이 주시는 마지막 계시임을 잊어선 안 된다. 평안하다, 안전하다 할 때, 즉 세상 물에 깊이 빠져 있을 때 주님은 밤의 도적처럼 오신다 했다. 준비해야 한다.

제17장

디지털 칩과 짐승의 표 그리고 짐승 정부

▶▶▶▶ 　　　　요한 계시록 13장 16~18절

13:16 저가 모든 자 곧 작은 자나 큰 자나 부자나 빈궁한 자나 자유한 자나 종들로 그 오른손에나 이마에 표를 받게 하고
13:17 누구든지 이 표를 가진 자 외에는 매매를 못하게 하니 이 표는 곧 짐승의 이름이나 그 이름의 수라
13:18 지혜가 여기 있으니 총명 있는 자는 그 짐승의 수를 세어 보라 그 수는 사람의 수니 육백육십육이니라

　디지털 칩, 마이크로칩, 나노칩 이 모두를 동의어로 생각하고 사용하도록 하자. 결국 같은 성질의 것이기 때문이다.

　마지막 시대를 논함에 있어 디지털 칩과 짐승의 표는 절대 뺄 수 없는 내용이다. 성경에서 정확히 계시하고 있기 때문이다. 그러다 보니 필자는 앞의 장들에서 여러 차례 디지털 사회와 칩에 대한 이야기를 했었다. 이유는 현 4차 산업혁명 시대 그리고 디지털 시대, 스마트 시대 등 앞으로 만날 세계의 모든 중심엔 이 칩이 있기 때문이다. 이

제 이 문제에 있어 조금 더 구체적으로 살펴보자.

4차 산업혁명이 초연결, 초지식, 초융합의 시대라 하면 성경적으로 디지털 시대라 예측 가능한 것은 소문(마 24:6), 지식의 급증(단 12:4), 교통의 발전(단 12:4) 그리고 디지털 시대의 꽃이라 할 수 있는 마이크로칩 즉 짐승의 표(계 13:16~18)라 할 수 있다고 몇 번 알려 드렸다.

요한 계시록 2장 8절부터 11절 사이에 나타나는 서머나 교회에 대한 이야기부터 시작해 보자.

요한 계시록 2~3장 사이엔 전 시대를 걸쳐 나타나는 일곱 종류의 교회들에 대한 주님의 친절한 설명이 나온다. 그중 네 교회는 칭찬과 책망이 같이 나온다. 에베소, 버가모, 두아디라, 사데와 같은 교회들이다. 그리고 한 교회는 책망만 나온다. 라오디게아 교회다. 그러나 칭찬만 받은 두 교회가 있다. 서머나 교회와 빌라델비아 교회다. 이 두 교회는 주님의 책망이 전혀 없으며 오직 칭찬만 있는 교회로서 모든 교회의 모범이 된다.

규모도 작았으며, 어디 내세울 만한 외적 교회로서의 모습은 없었지만, 속해 있는 성도들의 믿음은 아주 출중한 교회였다. 이 두 교회 중 짐승의 표와 직접적 연관이 있는 교회는 계 2장 8~11절에 나오는 서머나 교회다.

2:8 서머나 교회의 사자에게 편지하기를 처음이요 나중이요 죽었다가 살아나신 이가 가라사대

2:9 내가 네 환난과 궁핍을 아노니 실상은 네가 부요한 자니라 자칭 유대인이라 하는 자들의 훼방도 아노니 실상은 유대인이 아니요 사단의 회라

2:10 네가 장차 받을 고난을 두려워 말라 볼지어다 마귀가 장차 너희 가운데서 몇 사람을 옥에 던져 시험을 받게 하리니 너희가 십 일 동안 환난을 받으리라 네가 죽도록 충성하라 그리하면 내가 생명의 면류관을 네게 주리라

2:11 귀 있는 자는 성령이 교회들에게 하시는 말씀을 들을지어다 이기는 자는 둘째 사망의 해를 받지 아니하리라

서머나 지역은 로마에 절대 충성하는 지역이었다. 다른 여러 지역보다 더욱더 로마에 대해 충성한 지역으로 로마로부터 경제 외에도 수많은 혜택을 받았던 지역이다. 그러다 보니 이 지역은 아주 많은 부를 누리고 있었다. 서머나 지역은 로마에 충성하는 도시로서 이방 지역으론 최초로 황제 숭배를 했으며 이를 강요했고, 더 나아가 황제 숭배를 위한 신전까지 만들어 로마에 대한 충성을 보여 주게 된다. 황제 숭배의 절정을 이루었던 지역이었다.

황제 숭배는 곧바로 교회에 대한 탄압으로 이어지고, 성도들의 생계를 위협하는 무서운 제도가 시행된다. 모든 교회들도 황제 숭배에 동참하라는 명령이 떨어지고, 황제 숭배를 하지 않는 자들에 대한 경제적 불이익과 박해를 동시에 진행했다.

성경은 이에 대해 다음과 같이 증명한다. 9절을 보라. 주님이 너의 환난과 궁핍을 안다고 했다.

2:9 내가 네 환난과 궁핍을 아노니 실상은 네가 부요한 자니라 자칭 유대인이라 하는 자들의 훼방도 아노니 실상은 유대인이 아니요 사단의 회라

여기서 환난이란 단어는 들립시스란 단어를 사용하는데, 이는 아주 큰 바위로 짓누르는 것을 말한다. 사람의 능력으로 이기기 힘든 환난을 의미한다. 그리고 궁핍이란 단어는 프토코스란 단어를 사용했는데 생존적 위기의 궁핍을 의미한다. 즉 생존의 위협을 받을 정도로 궁핍했다는 것이다.

궁핍, 가난이란 단어는 프토코스와 페니아라는 단어가 동시에 사용되지만, 페니아는 단순이 가난하다란 의미로 생계적 위협이 없을 때 사용하는 단어며, 프토코스는 당장 굶어 죽을 정도의 생계적 위협을 받을 때 사용하는 단어다. 서머나 교회는 이런 프토코스의 상황에 직면한 것임을 알 수 있다.

이 내용을 통해 우리가 알 수 있는 것은 서머나 교회는 황제 숭배를 하지 않았고 주님에 대한 믿음을 철저히 지켰음을 알 수 있다.

서머나 지역에서는 황제 숭배를 하지 않는 그리스도인들에 대한 무서운 박해와 아울러 황제 숭배를 할 수밖에 없는 제도를 시행했다.

그게 짐승의 표라는 표의 시행이다. 서머나에서는 교회가 황제 숭배를 거절하자 황제 숭배를 했다는 표의 시행을 통해 그들의 생계를 막아 버린다.

서머나 지역은 협동조합을 통해야만 경제나 상업적 활동이 가능한 지역이었다. 그래서 대부분이 협동조합에 가입해 경제 활동을 했다. 그런데 황제 숭배의 표를 받지 않은 자들은 모두 협동조합에서 추방했고, 경제 활동을 원천적으로 차단해 버렸다.

놀라운 사실은 서머나 교회의 성도들 중 누구도 황제 숭배를 하지 않았고, 비록 생존의 위협이 오더라도 끝까지 믿음을 지켜 갔다. 짐승의 표를 거부한 것이었다.

사도 요한은 서머나 지역의 이런 사실을 너무 잘 알고 있었다. 그리고 우리 주님도 알고 계셨다. 이런 배경하에 주님은 환난(들립시스)과 궁핍(프토코스)이란 단어를 사용하시며 이들을 격려하신 것이다.

짐승의 표가 계시록 2장의 서머나 교회에 대한 설명에선 나타나지 않지만, 이런 형태가 마지막 시대의 계시를 받고 미래를 본 요한이 계 13장에서 표에 대한 내용을 구체적으로 설명한다.

한 왕이 등장해 모든 사람들에게 짐승의 표를 강제했고, 이 표는 사람의 이마나 손에 이식되었으며 이 표가 없이는 매매를 할 수 없다는 아주 구체적 사실을 기록하고 있다.

> 13:16 저가 모든 자 곧 작은 자나 큰 자나 부자나 빈궁한 자나 자유한 자나 종들로 그 오른손에나 이마에 표를 받게 하고
> 13:17 누구든지 이 표를 가진 자 외에는 매매를 못하게 하니 이 표는 곧 짐승의 이름이니 그 이름의 수라
> 13:18 지혜가 여기 있으니 총명 있는 자는 그 짐승의 수를 세어 보라 그 수는 사람의 수니 육백육십육이니라

사도 요한이 이 표를 짐승의 표라 한 것은 성도들에게 당시 로마가 짐승의 나라로 인식되고 있었으며, 이 짐승의 나라에서 발행한 표였기 때문에 짐승의 표라 했다. 이 표를 666이란 부른 것은 사탄의 완전수로 완벽한 짐승 정부의 모습을 표현한 말이다.

당시 서머나 지역에서 이 표의 용도는 경제적 용도가 주였지만, 자신의 신분을 증명하는 귀한 증명서가 되기도 했다. 이 내용은 계시록 13장에서 말하는 짐승의 표와 동일한 성격이다.

성경이 짐승의 표를 매매 용도로 설명한 것은 가장 일반적이며 흔하게 볼 수 있는 내용이고, 누구나 알 수 있는 내용이기 때문이다. 사도 요한이 하늘에서 지상에 일어나는 실제상황을 봤을 때, 당연히 서머나 지역이 오버랩되었을 것이며 서머나 지역의 실제와 연결시켜 짐승의 표에 대한 설명을 알린 것이다.

요한이 본 실제 상황은 사람들의 일상생활에 짐승의 표가 사용되고 또 이 표가 없으면 매매 자체가 안 됨을 보고 그 사실을 그대로 기록한 것이다.

요한은 이 짐승의 표가 사람들의 손이나 이마에 이식된다고 설명했는데 이는 우리 몸 전체를 의미한다. 뭔가 손이나 이마를 통해 매매가 이루어짐을 보았고, 이 표를 받지 않으면 경제 활동 자체가 안 됨을 본 것이다. 그리고 이 표는 한 왕에 의해 강제로 이식됨을 알리면서 계시록 14장을 통해 성도의 인내를 촉구하고 있다.

짐승의 표에 대한 해석은 사람의 몸에 그 어떤 물체가 직접 이식되는 기술이 나오기 전에는 누구도 풀 수 없는 비밀이었다. 그러나 현시대는 아주 쉽게 사람의 몸에 다양한 물체를 이식하거나 제거할 수 있는 시대다. 특히 짐승의 표가 될 가능성이 아주 높은 마이크로칩은 우리 몸 안에서 수많은 역할을 수행할 수 있다.

앞장에서 이런 마이크로칩들이 의료용으로 광범위하게 사용되고 있으며, 더욱더 발전되고 있음을 알렸다. 그리고 이 칩 안엔 컴퓨터 기능이 첨가된 나나이트라는 나노봇이 우리 몸에 이식되면서 현재도 여러 의료 역할을 수행하고 있다고 알려 드렸다.

이미 10억분의 1미터도 안 되는 나노가 컴퓨터화되었다면 우리 몸에 이식하는 것은 아주 손쉬운 일이 된다. 그리고 컴퓨터화된 나노칩엔 개인의 신원을 확인하는 각종 정보와 면허증 등을 저장하며, CBDC 사회에선 은행 계좌를 연동시켜 디지털화된 화폐와 연결하는 것은 별로 어려운 일이 아니다. 이런 시대를 대비해 우주에 통신 위성을 설치하고 있으며 하늘, 산, 바다 할 것 없이 우리 주변도 각종 통신 시설로 들어서고 있다. 현재는 5G 안테나지만 머지않아 6G 안테나가 들어설 것이다.

우리 정부는 투자를 소홀히 한 KT와 LG유플러스의 5G 주파수 28㎓(기가헤르츠) 대역을 회수해 신규 사업자에게 할당하겠다고 발표했다. 이런 와중에 지난 2022년 11월 26일 윤석열 대통령은 미국 민간 우주 항공 기업인 스페이스X CEO의 일론 머스크에게 협력을 제안했다. 이에 일론 머스크는 흔쾌히 협조할 뜻을 비쳤고, 우리나라도 일론의 스페이스X 프로젝트에 동참하는 국가가 될 수 있다는 기대감을 주고 있지만, 동시에 불안감도 감출 수 없다.

(뉴시스, 일론 머스크의 '스타링크', 한 제4이통 진입할까, 2022.11.26.)

일론 머스크는 약 3만 대의 위성을 우주에 쏘아 올려 전 세계를 완전 디지털 통신이 가능한 세상으로 만들고 지상, 지하, 공중, 바다 등 그 어떠한 지역이라도 통신이 가능하도록 추진 중에 있는 선두 주자다. 스타링크 프로젝트라는 계획을 통해, 현재 수천 대의 위성이 이 일을 진행하고 있다. 러시아와 우크라이나 전쟁 중에 스타링크의 활약이 대단했다고 보도되고 있다.

스타링크는 고도 약 550㎞에서 종전보다 저궤도상에 쏘아 올린 다수의 인공위성을 사용해 대용량·저지연의 통신을 할 수 있는 서비스로, 지상에 설치하는 안테나를 경유해 휴대 전화나 PC 등으로 무선 랜처럼 통신할 수 있다.

만약 스타링크 프로젝트에 우리나라가 앞서가게 된다면 우리나라도 28㎓ 대역을 사용하게 된다. 현재 우리나라도 28㎓ 대역을 승인해 5G 이동 통신으로 사용하도록 했지만, 제대로 활용이 안 되고 있었다. 현 이동 통신 주파수 분배는 26.5~29.5㎓ 대역이다.

필자의 판단으로, 우리 정부는 현 5G 시대에 스타 링크 프로젝트를 활용하기보다 다음 6G 시대를 대비한 포석일 것으로 보인다. 6G는 초고주파를 활용해야 하며 이를 위해선 28㎓ 대역을 활성화해야 하기 때문이다.

우리나라에 이런 계획이 빠르게 진행된다면 이와 더불어 디지털 사회도 빠른 속도로 정착되면서 짐승의 표가 될 수 있는 디지털 칩 활성이 빨리 올 수 있기 때문이다. 주님을 알지 못하는 일반인들에게는 별 문제가 안 될 수 있지만, 우리 그리스도인들에겐 아주 민감한 사안이다. 그리고 자칫 전자파로 인한 피해도 많이 일어날 수 있음도 생각해야 한다.

이런 사실로 미루어 머지않아 우리 앞에 마이크로칩의 등장이 예상되며, 만약 그렇게 된다면 칩이 짐승의 표 역할을 할 것은 당연하다. 그리고 정부도 얻을 수 있는 이익이 너무 크기 때문에 이를 마다 할 이유가 전혀 없다.

현시대 우리 기술은 이미 마이크로칩의 컴퓨터화나 우리 몸에 이식하는 일은 아주 쉬운 기술이 되었으며, 2016년 WEF의 수장 클라우스 슈밥의 말을 생각해 보면 이미 이런 종류의 칩이 나와 있는 것처럼 보인다. 그는 2016년도에 앞으로 10년 내 전 인류에게 마이크로칩을 이식하게 될 것이라는 말을 한 사람이다.

우리 주변의 모든 시스템이 디지털화되고, 마이크로칩과 연동될 수 있는 조건이 갖추어지면 서서히 우리 앞에 개인의 신원 및 각종 정보를 포함하면서 경제 및 사회 활동 전반을 아우를 수 있는 놀라운 디지털 칩이 등장할 것으로 보인다.

현시대 교회는 곧 서머나 교회 시대의 때로 들어설 것이다. 대부분의 교회들이 서머나 지역의 부요와 풍요처럼 한껏 시대의 혜택을 보면서 풍요와 부요를 누리며 여전히 교회가 건재할 것 같은 착각을 하고 있지만, 곧이어 무서운 하나님의 심판이 진행될 것이다.

부요와 풍요에 익숙해져 시대를 보지 못하고 그 속에 빠져 나오기를 거부하는 자들은 짐승의 표를 거부하기 어렵다. 이 표를 받으면 안 된다는 것을 내심 알면서도 중세의 잘못된 교리적 가르침에 충실하게 '짐승의 표는 상징일 뿐이야, 상징이란 말이야'라고 스스로 세뇌 시키고, 상징이란 말을 되새기면서 이 표를 받을 것이다. 수많은 거짓 목자들도 짐승의 표가 등장했음에도 상징이라 할 것이다. 그래서 성경은 지혜와 총명이 없으면 이를 알지 못한다 했다. 이 지혜와 총명은 주의 성령이 주시는 것이다. 주의 영에 이끌림을 받지 않으면 영적 지혜와 총명이 닫혀 이 실체를 보지 못할 것이다.

곧 우리 눈앞에 짐승 정부의 위용을 드러낼 것이다. 보기엔 평화와 모두의 행복 그리고 아무것도 가지지지 않았으나 행복한 사회라는 멋진 구호 아래 대부분의 사람들이 짐승 정부를 환영하며 새로운 시대, 새로운 세계로의 벅찬 감동에 휩싸이게 될 것이다. 다시 전쟁이 없고, 슬픔이나 아픔이 없는 새로운 신세계 같은 세상의 전개가 펼쳐질 것으로 착각할 것이다. 교회는 어쩜 천년 왕국의 놀라운 시대가 왔다는 내용으로 성도들을 미혹해 갈지 모르겠다.

'NEW AGE, NEW WORLD ORDER'란 말들이 오래전부터 등장했었고, 이제 모든 것이 서서히 리셋되면서 이런 시대가 만들어지고 있다.

이미 유엔은 2015년도에 계획한 유엔 어젠다 2030이 아니라, 오래전부터 단일 세계화를 위해 노력해 왔다. 그 배후엔 세계를 자신들의 손 아래서 마음대로 움직이려는 무서운 어둠의 세력이 존재한다. 유엔은 단지 이들의 행동 부대에 불과하다.

2015년도에 유엔이 어젠다 2030을 발표한 것은 이때쯤이면 그들의 모든 계획 실현이 가능함을 나름 예견한 것이고, 이를 맞추기 위한 행보가 가속화되고 있으며, 수많은 혼란을 틈타 전 세계를 짐승 정부로 만들기 위한 세계적 디지털 시스템으로 만들어 가고 있다. 시대에 대한 약간의 관심이 있으면 이런 실제가 눈에 보이고 하루가 멀다시피 이런 내용들이 나옴을 발견할 것이다.

이미 짐승 정부가 될 디지털 시대가 거의 마무리되고, 짐승의 표가 될 마이크로칩이 실재하며, 그 기술 또한 완벽히 갖추어져 있다. 대부분의 국가와 우리 사회가 CBDC 사회로 전환되고 있음에도, 여전히 교회는 고집과 아집에 빠져 서로 싸우느라 정신없다. 철저히 딥스의 정반합과 마귀의 놀음에 장단을 맞추고 있다.

하나님께서 사도 요한을 통해 계시록을 기록케 하시며 서머나 교회와 이와 연결된 짐승의 표를 알려 주신 것은 단순히 상징으로 성도의 고난이나 박해를 알리려 한 것이 아니다. 고난과 박해는 그리스도인들에게 있어선 처음부터 있어 온 일들이다.

계시록 2장에 등장하는 서머나 교회 그리고 13장에 등장하는 짐승의 표는 마지막 시대 짐승 정부 시대가 다가옴을 알리고 있으며, 이 시대에 짐승을 경배하도록 하는 일이 진행되고, 짐승을 숭배하도록 하기 위해 서머나 교회 시대처럼 강제적으로 현시대에 걸맞은 짐승의 표가 될 칩을 강제하게 될 것이다.

하나님은 특정한 시대, 특정한 지역, 특정한 교회를 선정해 그 시대의 환경에 맞게 짐승의 표에 대한 내용을 안내하셨지만, 마지막 시대이 짐승의 표는 전 세계에 모두에게 활용될 표임을 알리고 있다. 이런 일은 디지털 시대가 되어야만 가능한 일이 되는데, 현재 우리들의 시대가 바로 그 시대임을 알 수 있다. 상황이 이렇게 진행되고 있는데 아직도 짐승의 표가 상징인 줄 알고 있으며, 사람의 몸에 이식될 칩에 대해 이야기하면 음모론이라 몰아세운다.

제18장

한 왕의 등장과 평화의 도래

▶▶▶▶ 성경은 인간 정부 역사의 종말이 되는 마지막 시대, 즉 70이레 중 마지막 한 이레의 시작점을 정확히 안내하고 있다. 단 9장 26~27절이다.

> 9:26 육십이 이레 후에 기름 부음을 받은 자가 끊어져 없어질 것이며 장차 한 왕의 백성이 와서 그 성읍과 성소를 훼파하려니와 그의 종말은 홍수에 엄몰됨 같을 것이며 또 끝까지 전쟁이 있으리니 황폐할 것이 작정되었느니라
> 9:27 그가 장차 많은 사람으로 더불어 한 이레 동안의 언약을 굳게 정하겠고 그가 그 이레의 절반에 제사와 예물을 금지할 것이며 또 잔포하여 미운 물건이 날개를 의지하여 설 것이며 또 이미 정한 종말까지 진노가 황폐케 하는 자에게 쏟아지리라 하였느니라

한 왕의 등장 그리고 이 왕이 여러 사람 즉 여러 민족들과 조약을 굳게 맺는 순간이 하나님의 인이 떨어지는 심판의 시작점이 된다.

그리스도가 부활과 승천하심으로 69이레가 마무리된다. 그리고 이

방인들의 추수를 위한 교회 시대가 오랜 시간 지속되다, 다시 하나님의 마지막 한 이레의 타임이 돌아간다.

한 왕의 등장에 대한 내용은 다니엘의 70이레에 대한 이해가 필요해, 다니엘서에 계시한 70이레에 대해 살펴본다.

종말의 열쇠 다니엘의 70이레

내용이 다소 길지만, 꼭 정독해 70이레에 대한 성경적 내용을 잘 이해했으면 한다.

성경은 '태초에 하나님이 천지를 창조하시니라'(창 1:1)라는 말씀으로부터 그 문을 연다. 여기서 태초란 말을 통해 종말에 대한 암시를 얻을 수 있지만, 구약 성경에 나타난 종말에 대한 기록은 구약의 계시록이라 불리는 다니엘서에 가장 정확히 나타난다.

다니엘서 전체가 다니엘이 살던 바벨론 시대 이후, 세계 역사에 대한 안내를 하는 계시의 책으로 그리스도의 재림까지 그 내용을 언급하고 있다.

그중 9장에 나타나는 70이레에 대한 내용은 종말론 해석에 있어 결정적 역할을 하는 내용이다. 그렇기 때문에 종말에 대한 올바른 이해를 하려면 70이레에 대한 내용을 정확히 알고 있어야 한다. 70이레는 단 9장 24~27절에 나타나고 있다.

9:24 네 백성과 네 거룩한 성을 위하여 칠십 이레로 기한을 정하였나니 허물이 마치며 죄가 끝나며 죄악이 영속되며 영원한 의가 드러나며 이상과 예언이 응하며 또 지극히 거룩한 자가 기름 부음을 받으리라

9:25 그러므로 너는 깨달아 알지니라 예루살렘을 중건하라는 영이 날 때부터 기름 부음을 받은 자 곧 왕이 일어나기까지 일곱 이레와 육십이 이레가 지날 것이요 그 때 곤란한 동안에 성이 중건되어 거리와 해자가 이룰 것이며

9:26 육십이 이레 후에 기름 부음을 받은 자가 끊어져 없어질 것이며 장차 한 왕의 백성이 와서 그 성읍과 성소를 훼파하려니와 그의 종말은 홍수에 엄몰됨 같을 것이며 또 끝까지 전쟁이 있으리니 황폐할 것이 작정되었느니라

9:27 그가 장차 많은 사람으로 더불어 한 이레 동안의 언약을 굳게 정하겠고 그가 그 이레의 절반에 제사와 예물을 금지할 것이며 또 잔포하여 미운 물건이 날개를 의지하여 설 것이며 또 이미 정한 종말까지 진노가 황폐케 하는 자에게 쏟아지리라 하였느니라

위의 70이레에 대한 내용이 나오게 된 배경은 다니엘이 민족의 장래 운명에 대한 문제를 놓고 기도할 때(단 9:3~19) 천사 가브리엘이 내려와 다니엘에게 유대 민족의 운명에 이어 전 세계의 운명에 대해 알려 주는 내용이다.

9장 24절에 하나님께서는 가브리엘을 통해 허물이 마치고 죄가 끝나고, 죄악이 영속되며 영원한 의가 드러나 이상과 예언이 응해 지극히 거룩한 자가 기름 부음을 받으리라고 말하면서, 그리스도의 재림과 천년 왕국에 대한 암시를 주고 있다. 허물과 죄가 끝나고, 영원한 의가 드러나는 시대는 그리스도가 통치하는 천년 왕국 시대이며, 이

왕국 시대에 나타난 지극히 거룩한 기름 부음을 받는 자는 예수 그리스도임을 쉽게 알 수 있다.

이어 25절부터 70이레에 대한 안내를 하는데, 우선 70이레의 적용 대상은 유대인임을 고려해야 하며, 이는 유대인의 성경적 시간법을 따라야 한다는 것으로 성경에 나타난 유대인의 시간법으로 따르면 한 이레는 7년을 말한다. 그렇기 때문에 70이레는 490년을 말한다.

그렇기 때문에 유대인의 완전한 회복은 70이레인 490년 뒤에 일어나며, 490년 뒤 유대인들의 모든 죄가 사해지고 회복된다는 말씀이다. 그런데 유대인들은 아직도 이들의 허물과 죄가 사해지지 않았고, 영원한 의가 드러나지 않고 있다. 성경이 잘못된 것인가. 우리가 잘못 알고 있는가. 성경에서 계시한 70이레에 대한 부분을 검토해보자.

70이레의 시작은 단 9장 25절의 말씀에 의해 **예루살렘을 중건**하라는 영이 날 때이다. 여기서 기억해야 할 단언은 성전의 중건이 아니라 성의 중건이다.

> 9:25 그러므로 너는 깨달아 알지니라 예루살렘을 중건하라는 영이 날 때부터 기름 부음을 받은 자 곧 왕이 일어나기까지 일곱 이레와 예순두 이레가 지날 것이요 그 곤란한 동안에 성이 중건되어 광장과 거리가 세워질 것이며

포로 시대 이후 귀환령과 예루살렘 건축에 대한 기록은 3번 나타나고 있는데, 그 중 70이레의 시작을 알려 주는 중건의 영은 마지막 세 번째의 영이 유력하다. 그리고 중건의 영이 나서 69이레가 지나면 기름 부음받은 자가 일어나서 끊어진다고 했는데 이는 그리스도의 초림과 아울러 그리스도의 십자가상에서 죽음까지의 전체를 망라한다.

1. 첫 번째 칙령(스 1:1~3): B.C. 536년 고레스왕의 칙령(중건의 명령 없음)

> 1:1 바사 왕 고레스 원년에 여호와께서 예레미야의 입을 통하여 하신 말씀을 이루게 하시려고 바사 왕 고레스의 마음을 감동시키시매 그가 온 나라에 공포도 하고 조서도 내려 이르되
> 1:2 바사 왕 고레스는 말하노니 하늘의 하나님 여호와께서 세상 모든 나라를 내게 주셨고 나에게 명령하사 유다 예루살렘에 성전을 건축하라 하셨나니
> 1:3 이스라엘의 하나님은 참 신이시라 너희 중에 그의 백성 된 자는 다 유다 예루살렘으로 올라가서 이스라엘의 하나님 여호와의 성전을 건축하라 그는 예루살렘에 계신 하나님이시라

바벨론의 느부갓네살왕에 의해 포로로 잡혀간 유대인들은 바벨론을 멸망시킨 바사왕 고레스에 의해 귀환 명령을 받게 되고, 성전 건축에 대한 허락을 받아 성전을 건축하게 되는 내용이다. 그러나 이렇게 시작된 성전 건축은 사마리아인들의 방해로 그 건축이 중단된다.

2. 두 번째 칙령(스 6:1~12): B.C. 519년 다리오왕의 칙령(중건의 명령 없음)

6:1 이에 다리오 왕이 조서를 내려 문서창고 곧 바벨론의 보물을 쌓아둔 보물전각에서 조사하게 하여
6:2 메대도 악메다 궁성에서 한 두루마리를 찾았으니 거기에 기록 하였으되
6:3 고레스 왕 원년에 조서를 내려 이르기를 예루살렘에 있는 하나님의 성전에 대하여 이르노니 이 성전 곧 제사 드리는 처소를 건축하되 지대를 견고히 쌓고 그 성전의 높이는 육십 규빗으로, 너비도 육십 규빗으로 하고
6:4 큰 돌 세 켜에 새 나무 한 켜를 놓으라 그 경비는 다 왕실에서 내리라
6:5 또 느부갓네살이 예루살렘 성전에서 탈취하여 바벨론으로 옮겼던 하나님의 성전 금, 은 그릇들을 돌려보내어 예루살렘 성전에 가져다가 하나님의 성전 안 각기 제자리에 둘지니라 하였더라
6:6 이제 유브라데 강 건너편 총독 닷드내와 스달보스내와 너희 동관 유브라데 강 건너편 아바삭 사람들은 그 곳을 멀리하여
6:7 하나님의 성전 공사를 막지 말고 유다 총독과 장로들이 하나님의 이 성전을 제자리에 건축하게 하라
6:8 내가 또 조서를 내려서 하나님의 이 성전을 건축함에 대하여 너희가 유다 사람의 장로들에게 행할 것을 알리노니 왕의 재산 곧 유브라데 강 건너편에서 거둔 세금 중에서 그 경비를 이 사람들에게 끊임없이 주어 그들로 멈추지 않게 하라

이상의 내용은 고레스왕의 칙령에 의해 멸망당했던 성전 건축이 다시 시작 되었으나, 사마리아인들의 방해로 성전 건축이 중단되었다. 이렇게 중단되었던 성전 건축은 다리오왕이 고레스 원년의 기록을 찾아 성전 건축은 선왕의 유지였음을 알게 되어 건축을 재개하도

록 허락한 내용으로 B.C. 516~15년경 완공된다.

3. 세 번째 칙령(느 2:1~8): B.C. 445년 아닥사스다왕의 칙령

> 2:1 아닥사스다 왕 이십년 니산월에 왕의 앞에 술이 있기로 내가 들어 왕에게 드렸는데 이전에는 내가 왕의 앞에서 수색이 없었더니
> 2:2 왕이 내게 이르시되 네가 병이 없거늘 어찌하여 얼굴에 수색이 있느냐 이는 필연 네 마음에 근심이 있음이로다 그 때에 내가 크게 두려워하여
> 2:3 왕께 대답하되 왕은 만세수를 하옵소서 나의 열조의 묘실 있는 성읍이 이제까지 황무하고 성문이 소화되었사오니 내가 어찌 얼굴에 수색이 없사오리이까
> 2:4 왕이 내게 이르시되 그러면 네가 무엇을 원하느냐 하시기로 내가 곧 하늘의 하나님께 묵도하고
> 2:5 왕에게 고하되 왕이 만일 즐겨하시고 종이 왕의 목전에서 은혜를 얻었사오면 나를 유다 땅 나의 열조의 묘실 있는 성읍에 보내어 그 성을 중건하게 하옵소서 하였는데

이 내용은 바사의 아닥사스다왕 20년, B.C. 약 445년경[30]에 일어난 사건으로, 다시 재건된 성전을 유다에 남아 있는 백성들이 살펴보지 않아 성이 엉망으로 훼파되게 되었다. 당시 아닥사스다왕을 섬기던 느헤미야가 이 사실 알고 왕에게 고국 예루살렘으로 돌아가 훼파된 성을 중건할 수 있도록 허락을 구하는 내용이다.

실제로 성경에 나오는 건축이라는 단어와 중건이라는 단어는 '바

---

30) 이 해에 대한 여러 의견들이 있는데, B.C. 445년으로 보는 것이 가장 정확하다.

나'라는 같은 단어를 사용하고 있다. 그런데 앞의 두 칙령에서는 건축이라 번역했고, 세 번째 칙령인 느헤미야서에서는 중건으로 번역을 했는데, 아주 좋은 번역으로 보여진다. 건축을 뜻하는 바나는 '짓다', '만들다', '건축하다', '수선하다' 등의 여러 의미를 갖고 있는 단어다.

에스라 1장과 6장에 나오는 건축이라는 단어인 바나는 '건축' 혹은 '재건'으로 번역하는 것이 옳다. 왜냐하면 느부갓네살왕에 의해 완전히 파괴된 성전을 다시 지었기 때문이다.

바벨론을 무너뜨린 고레스왕의 칙령으로 다시 성전을 건축하게 되나 사마리아인의 방해로 다 완공하지 못하다, 다리오왕에 의해 다시 건축이 시작되었으니 건축이라는 단어가 어울린다.

그러나 느헤미야 2장에 기록된 바나는 이미 건축된 성전이 아니라 성의 보수가 필요했기 때문에 이는 '건축'이 아니라 수선의 의미인 '중건'이라는 번역이 더 어울린다. 이때가 B.C. 445년경으로 영국의 그리니지 천문대에서 확인된 정확한 연도이다.

그리고 보다 더 정확히 알 수 있는 내용은 단 9장 25절에 나타난 70이레의 시작은 예루살렘 성전이 아니라, 예루살렘 성을 중건하라는 영이다. 그렇기 때문에 1, 2차 귀환의 성전 재건 내용은 70이레의 시작과 맞지 않는다. 모두 성전에 대한 내용이기 때문이다. 마지막 3차 귀환령인 아닥사스다왕의 귀환령에는 정확히 성전이 아니라, 예루살렘 성임을 알리고 있다.

그렇기 때문에 정확히 70이레의 시작은 3차 귀환인 느헤미야 때, 그리고 바사 왕 아닥사스다 20년경인 B.C. 445년경이 된다.

그리고 성경은 70이레를 세부분으로 나누고 있다. 7이레(49년), 62이레(434년), 한 이레(7년) 이렇게 구분하고 있다. 왜 이렇게 구분하였는지는 성경의 기록에 없기 때문에 정확히 알 수 없으나 7이레 즉 49년 뒤인 B.C. 396년경은 말라기 선지자의 사역이 마무리되고, 구약 성경이 끝이 나는 해와 비슷한 해가 된다. 우리가 말라기 선지자의 사역 기간에 대해 성경의 기록이 없기 때문에 정확히 단언하기 어려운 것은 사실이다. 그러나 B.C. 5세기부터 B.C. 4세기 말에 걸쳐 말라기 선지자가 활동한 것은 말라기의 기록을 통해보면 분명하다. 그렇기 때문에 7이레로 나눈 것은 선지자의 마지막과 구약 성경의 마무리와 관계가 있지 않나 감히 추측해 본다.

70이레의 시작을 B.C. 445년경으로 잡으면, 7이레 뒤에 나타나는 62이레는 62×7로 해서 434년이 나오는데, 7이레의 끝인 B.C. 396년에다 434년을 더하게 되면 A.D. 38년이 된다.

단9장 26절에 7이레 후 62이레가 지나면 기름 부음받은 자가 끊어져 없어진다고 말씀하고 있다. 7이레와 62이레를 합치면 69이레 후이다.

9:26 육십이 이레 후에 기름 부음을 받은 자가 끊어져 없어질 것이며 장차 한 왕의 백성이 와서 그 성읍과 성소를 훼파하려니와 그의 종말은 홍수에 엄몰됨 같을 것이며 또 끝까지 전쟁이 있으리니 황폐할 것이 작정되었느니라

여기서 기름 부음받은 자는 예수 그리스도를 말하며, 기름 부음받은 자가 끊어진다는 것은 예수 그리스도의 죽음을 말하는 것으로 7이레와 62이레 즉 69이레가 끝나는 해는 대략 A.D. 38년이 되는데, 그리스도의 죽음이 이 해에 일어났다는 계산이 나온다. 그러나 대부분의 성경학자들은 그리스도의 죽음이 A.D. 31~32년경에 일어난 것으로 보고 있다. 그렇다면 약 6년 이상의 차이가 발생하게 된다.

이런 오차가 생기는 이유는 성경의 1년은 오늘날 우리가 계산하는 1년과 다르기 때문이다. 오늘날 우리가 사용하는 태양력의 1년은 365일이지만, 성경의 1년은 360일로 계산하고 있다. 노아 홍수 사건이나 에스더에서의 아하수에르의 축제에 6개월을 180일로 계산한 내용(에 1:4), 계시록 11장 3절, 12장 6절 그리고 단 7장 5절에서 적그리스도의 통치 기간을 3년 반으로 묘사하면서 전체 일수를 1,260일로 계산하고 있다. 그렇기 때문에 성경의 1년과 오늘날 우리가 사용하는 1년간의 날수를 동일시 계산하면 안 된다.

70이레 계시의 당시로 돌아가 1년의 날수를 계산하려면 5일의 날을 빼야 정확한 계산이 나오게 된다.

이렇게 해서 69이레 끝인 483년에서 매년 5일씩 빼게 되면 360×483=173,880일이 나온다. 현재의 태양력대로 하면 483×365=176,295일이 나온다. 여기서 성경적 연수를 알려면 태양력의 일수 - 성경의 일수 에다 360으로 나누면 대략적인 연수가 나온다. 계산해 보면 176,295일-173,880일=2,415일이다. 2,415일을 다시 성경의 1년인 360으로 나누면 6.7083333… 으로서 약 6년 7개월이라는 오차가 발생하게 된다. 그렇기 때문에 성경적 연대로 계산하여 69이레의 끝은 A.D. 38년 - 6년 7개월을 하면 A.D. 31년 5개월 정도 된다.

이상의 내용을 다시 계산해 보면 69이레의 연수는 483년이다. 이 483년은 1년을 360일로 계산한 것이다. 그렇기 때문에 현 태양력대로 하면 5일씩 증가된 것이 된다. 고로 483×5에다 360일을 나누면 오차 기간이 나오게 되는데 483×5는 2,415일이며 여기다 360을 나누면 6.70833… 으로 같은 연수가 나오게 된다.(483×5÷360=6.70833…)

이상의 계산을 통해 69이레 후 기름 부음받은 자가 끊겨지는 해, 즉 그리스도가 십자가 위에서 죽은 해는 A.D. 31년에서 32년 사이가 되는데, 성경 연구가들이 추측한 연대와 일치하고 있다. 어떤 연구가에 의하면, 그리스도의 죽음을 A.D. 32년 4월 6일로 보고 있다.

많은 분들이 종말에 대한 연구를 하면서 연대와 일자를 오늘날 우리들의 계산법으로 계산해 그 일자를 맞추려는 시도를 하고 있는데, 이는 실로 어리석은 일이다. 성경에서 말하는 일자와 우리들의 일자는 차이가 있기 때문에 결코 종말에 대한 일자는 주님 외 누구도 알 수 없다. 단지 성경에서 계시한 징조를 통해 시대적 상황만 감히 예견해 볼 뿐이다.

마지막 한 이레

70이레를 정상대로 계산하면 예수 그리스도가 십자가 위에 돌아가신 후(기름 부음받은 자가 끊긴 후) 바로 이어 한 이레가 시작되어야 하는데 마지막 한 이레는 어떤 이유에서인지 아직 진행되지 않고 있다. 그 이유는 70이레 후 유대인들의 완전한 회복과 지극히 거룩한 자 즉 예수 그리스도가 와야 하는데 아직 이 일이 이루어지지 않았기 때문이다.

그러나 천년 왕국에 있어 무천년설을 지지하는 자들은 69이레 후 한 이레가 바로 이어 끝났다고 본다. 그 이유는 한 이레 즉 7년을 상징으로 보기 때문이다. 이 마지막 한 이레는 전 교회 시대를 포괄하는 것으로 7년 환난이란 그 자체가 존재하지 않는다고 주장하고 있다. 이러한 주장은 다음과 같은 사실에서 그 설득력을 잃어버린다.

1. 가장 중요한 것은 단 9장 24절의 내용을 하나도 충족시키지 못하고 있다. 여섯 가지가 나온다.

9:24 네 백성과 네 거룩한 성을 위하여 칠십 이레로 기한을 정하였나니 허물이 마치며 죄가 끝나며 죄악이 영속되며 영원한 의가 드러나며 이상과 예언이 응하며 또 지극히 거룩한 자가 기름 부음을 받으리라

1) 허물이 마친다. - 이루어지지 않았다.
2) 죄악이 마친다. - 이루어지지 않았다.
3) 죄악이 영원히 속해진다. - 이루어지지 않았다.
4) 영원한 의가 드러난다. - 이루어지지 않았다.
5) 이상과 예언이 응한다. - 이루어지지 않았다.
6) 거룩한 자가 기름 부음을 받는다. - 이루어지지 않았다.

2. 마지막 한 이레를 상징으로 보면 앞에 나오는 69이레도 상징으로 보아야 한다.

그런데 69이레는 정확히 이루어진 사건으로 보고 있다. 그리고 69이레에 대한 예언은 성경적으로 정확히 이루진 사건이다. 그러면서 한 이레를 상징으로 본다는 것은 옳지 않다.

3. 한 이레를 상징으로 보면 다니엘과 계시록에 다음과 같이 나타나는 7년 환난에 대한 설명을 할 수 없게 된다.

1) 계 11:3 1,260일간 (두 증인의 예언 기간)
2) 계 11:2 마흔 두 달 (짐승이 거룩한 성을 짓밟는 기간)
3) 계 12:6 1,260일간 (해 입은 여자를 양육하는 기간)

4) 계 12:14 한 때, 두 때, 반 때 (남자를 낳은 여자의 양육 기간)
5) 계 13:5 마흔 두 달간 일할 기간 (적그리스도가 용의 권세로)
6) 단 9:27 한 이레의 절반 (제사와 예물을 금지 당하는 기간)
7) 단 7:25 한 때와 두 때와 반 때를 지내리라 (짐승이 예루살렘에서 지낼 기간)
8) 단 12:7 반드시 한 때 두 때 반 때를 지나서 (짐승의 통치 기간이 끝난 후)

이상과 같은 환난에 대한 구체적 설명을 전혀 할 수 없다. 이들은 단 9장 26절에 나타나는 예루살렘 성의 파괴는 B.C. 167년에 일어난 안티오쿠스 에피파네스 4세의 성전 모독이나 A.D. 70년에 로마 장군 디도의 공격에 의해 예루살렘 성이 무너진 사건으로 본다. 그러나 이런 내용은 뒤의 26절 하반절과 27절에 나타나는 내용과 문맥상 맞지 않게 된다. 26절 하반절 부분과 27절은 명확히 마지막 때에 관한 내용이기 때문이다. 그렇기 때문에 26절에 등장하는 한 왕은 마지막 한 이레 때 나타날 적그리스도로 보아야 할 것이다.

그리고 다른 한 견해는 한 이레가 상징이 아니라 69이레 후 잠시 중단되었고, 문자 그대로 마지막 한 이레는 미래의 어느 시기에 반드시 시작된다는 견해다. 이때 시작되는 한 이레는 하나님께서 지구상에 내리는 심판의 한 이레로 즉 7년 동안 이 지구상에 하나님의 심판이 진행되며, 이 7년은 전 3년 반의 환난과 후 3년 반의 환난으로 이루어진다고 한다. 보수라 자칭하며 성경을 연구하는 많은 분들이 이런 해석을 세대주의적 해석이라 하여 일고의 가치도 없는 것으로 보는 경우도 많이 있으나, 사실 이 해석은 세대주의적 해석이 아니라 올바른 성경 연구의 결과에서 나온 것으로 세대주의에서 가르치는 내용과 전적으로 다르다. 본인도 이 견해를 따른다. 실제로 7년 환난에 대한 견해가 세대주의자들의 해석과 부분 일치하는 면도 있으나 세대주의자들이 주장하는 다른 여러 종말론적 해석들은 거의 성경적으로 옳지 않다. 특히 휴거 문제는 더욱더 그렇다.

마지막 한 이레가 하나님의 이 땅 심판의 7년 환난으로 보는 이유는 다음과 같다.

1. 69이레 후 어느 정도의 기간이 있음을 성경은 증거하고 있다.

단 9장 26절과 이어 나타나는 27절에서 그 사실을 발견할 수 있다.

9:26 육십이 이레 후에 기름 부음을 받은 자가 끊어져 없어질 것이며 장차 한 왕의 백성이 와서 그 성읍과 성소를 훼파하려니와 그의 종말은 홍수에 엄몰됨 같을 것이며 또 끝까지 전쟁이 있으리니 황폐할 것이 작정 되었느니라
9:27 그가 장차 많은 사람으로 더불어 한 이레 동안의 언약을 굳게 정하겠고 그가 그 이레의 절반에 제사와 예물을 금지할 것이며 또 잔포하여 미운 물건이 날개를 의지하여 설 것이며 또 이미 정한 종말까지 진노가 황폐케 하는 자에게 쏟아지리라 하였느니라

위 26~27절에 69이레가 끝나면 장차 한 왕이 온다고 했다. '장차'

라는 단어는 곧바로 이어지는 시기를 말하는 것이 아니라 미래의 어느 날을 말하는 단어이다. 뒤에 즉 69이레 후 일정기간의 텀이 있다는 말이다. 그렇기 때문에 마지막 한 이레는 우리가 알 수 없는 미래의 그 어느 날에 다시 마지막 한 이레가 시작되어질 것임을 암시하는 말이다. 그리고 한 이레가 시작되는 시점에 한 왕이 나타날 것이며, 이 왕은 많은 사람들과 더불어 한 이레 동안 언약을 굳게 정한다고 했다. 그렇기 때문에 마지막 한 이레의 시점을 알 수 있는 유일한 단서는 '한 왕의 등장'이다.

한 왕의 등장은 마지막 한 이레가 시작될 쯤 나타날 것으로 보이며, 사도 바울은 살후 2장 2~3절을 통해 한 왕의 정체에 대해 다음과 같이 말하고 있다.

> 2:3 누가 아무렇게 하여도 너희가 미혹하지 말라 먼저 배도하는 일이 있고 저 불법의 사람 곧 멸망의 아들이 나타나기 전에는 이르지 아니하리니
> 2:4 저는 대적하는 자라 범사에 일컫는 하나님이나 숭배함을 받는 자 위에 뛰어나 자존하여 하나님 성전에 앉아 자기를 보여 하나님이라 하느니라

요한은 계시록을 통해 이 왕은 평화를 가장한 왕으로 등장해 사람들에게 거짓 평화를 주는 왕의 모습으로 표현하고 있다. 이때가 첫째 인이 떼어지는 7년 환난의 시작점이 되는 시기로 보여진다.

> 계 6:1 내가 보매 어린 양이 일곱 인 중에 하나를 떼시는 그 때에 내가 들

으니 네 생물 중에 하나가 우뢰 소리같이 말하되 오라 하기로
계 6:2 내가 이에 보니 흰 말이 있는데 그 탄 자가 활을 가졌고 면류관을
받고 나가서 이기고 또 이기려고 하더라

계시록 6장부터는 하나님의 심판이 본격적으로 진행되는 장으로, 일곱 인 중 첫째 인이 떼어질 때 백마 탄 자가 활을 가졌고, 면류관을 받고, 나가서 이기고 또 이기려고 하더라고 기록하고 있다.

후천년주의나 무천년주의를 주장하는 많은 보수주의 학자들은 이 백마 탄 자를 그리스도라 해석을 하는데, 이는 잘못된 해석이다. 현재 어린양인 그리스도는 인을 떼고 있는 순간인데 백마를 탈 이유가 전혀 없으며 백마 탄 자는 활을 가져 전쟁에 나가는데 그리스도는 활이 필요 없는 분이시며 또 면류관을 받는다고 하였는데 그리스도는 이미 면류관을 받은 자이며 면류관을 주는 자이다. 그리고 이기려고 노력하는 분이 아니라 이미 이긴 자이다. 한 왕의 정체를 정리해 보면 다음과 같다.

1. 불법의 사람
2. 멸망의 아들
3. 대적하는 자
4. 하나님이라 하는 자
5. 흰 말을 탄자 - 그리스도를 모방한 평화를 상징
6. 활을 가진 자 - 주님은 무기는 말씀
7. 면류관을 받은 자 - 주님을 면류관을 받는 자가 아니고 주는 자

8. 이기고 또 이기려고 하는 자 – 이기고 또 이기려고 하는 자가 아니고 이긴 자

계시록 19장에 백마를 탄 그리스도의 모습을 다음과 같이 기록하고 있다.

> 19:11 또 내가 하늘이 열린 것을 보니 보라 백마와 탄 자가 있으니 그 이름은 충신과 진실이라 그가 공의로 심판하며 싸우더라
> 19:12 그 눈이 불꽃 같고 그 머리에 많은 면류관이 있고 또 이름 쓴 것이 하나가 있으니 자기밖에 아는 자가 없고
> 19:13 또 그가 피 뿌린 옷을 입었는데 그 이름은 하나님의 말씀이라 칭하더라
> 19:21 그 나머지는 말 탄 자의 입으로 나오는 검에 죽으매 모든 새가 그 고기로 배불리우더라

여기에 나타난 그리스도의 모습이 어떠한가. 그는 백마를 탔고, 이미 면류관을 받았으며, 그는 활로 싸우는 분이 아니라, 공의와 그 입의 말씀의 검으로 심판하며 싸우는 자이다.

계 6장 2절에 말하는 백마 탄 자는 일시적 평화를 가져다주는 적그리스도를 말하는 것이 분명하다. 왜냐하면 이어 계속된 인의 심판에서 전쟁과 기근, 사망 등의 심판이 나타나기 때문으로 첫째 인을 떼는 순간도 심판의 한 순간으로 보아야 하며, 이 심판은 거짓 평화의 모습으로 나타나 사람들을 미혹하는 적그리스도가 주는 평화로, 다니엘서에 기록한 것처럼 한 왕이 많은 사람들과 7년간의 언약을 체

결할 때 주는 거짓 평화를 말한다. 한 이레 즉 7년 심판이 들어가면 잠깐의 거짓 평화가 있음을 말하는 것이다. 이 내용은 종말을 강해한 바울의 말씀을 통해 알 수 있다. 살전 5장 1~3절이다.

> 5:1 형제들아 때와 시기에 관하여는 너희에게 쓸 것이 없음은
> 5:2 주의 날이 밤에 도적같이 이를 줄을 너희 자신이 자세히 앎이라
> 5:3 저희가 평안하다, 안전하다 할 그 때에 잉태된 여자에게 해산 고통이 이름과 같이 멸망이 홀연히 저희에게 이르리니 결단코 피하지 못하리라

왜 마지막 한 이레가 69이레 뒤 바로 진행되지 않고 오랜 시간의 기간이 주어졌는지에 대한 문제를 푸는 것은 어려운 일이 아니다.

그리스도의 죽음 이후 한 이레의 멈춤은 이방인들을 구원코자 하시는 하나님의 뜻으로 중지된 기간이다. 사실 인간의 시간으로 멈춘 것이지, 하나님의 시간으로는 계속 진행 중인 것으로 봐야 한다. 롬 11장 25절에 다음과 같이 기록되어 있다.

> 11:25 형제들아 너희가 스스로 지혜 있다 하면서 이 신비를 너희가 모르기를 내가 원하지 아니하노니 이 신비는 이방인의 충만한 수가 들어오기까지 이스라엘의 더러는 우둔하게 된 것이라

그리고 마태복음 24장 14절의 내용은 다음과 같다.

> 24:14 이 천국 복음이 모든 민족에게 증언되기 위하여 온 세상에 전파되리니 그제야 끝이 오리라

만약 69이레 뒤 한 이레가 바로 진행되었다면, 구원의 아름다운 소식이 이방인들에게는 전해지지 않았을 것이다. 하나님의 구원 대상은 오직 유대인에만 있는 것이 아니라 그리스도를 통한 모든 이방 민족들도 구원의 대상이 된다. 하나님께서 사랑하시는 그의 많은 백성들이 이방인들 가운데도 있기 때문이다. 그렇기 때문에 마지막 한 이레를 잠시 중지시키시고 그 기간 동안 복음이 전파되게 하여 많은 이방인들을 구원하시는 것이다. 그중 우리 모두가 포함된다.

하나님의 종말 타임 테이블은 이스라엘이라는 나라를 중심으로 돌아가며, 종말의 그 중심에 마지막 한 이레가 있고, 한 이레의 시작점은 한 왕의 등장과 민족의 굳건한 언약으로 진행될 것이며, 이 왕은 초기 통치에 있어 거짓 평화를 통해 사람들로부터 우상화되면서 자기를 하나님으로 만들어 가게 될 것이다. 그리고 통치 후반기에 있어 사탄이 이 통치자에게 들어감으로(계 12장) 기독교를 무자비하게 박해할 것이다.

어떤 분들은 우리나라를 종말의 중심에 놓으며 우리나라를 중심으로 전쟁이 일어난다니, 3차 대전이 일어난다고 하면서 마지막 시대를 짜 맞추고 있는데 참으로 기가 막힐 일이다. 아무리 성경이 코에 걸면 코걸이, 귀에 걸면 귀걸이라는 말이 있지만, 종말에 대한 하나님의 계획을 이렇게 왜곡되게 해석하고 겁도 없이 주장하는 자들은 성경을 제대로 보고나 있는지, 아니면 성경을 믿기나 하는지 알 수 없다.

70이레에 대한 이상의 내용들을 간단히 도표로 살펴보면 다음과 같다.

70이레 (490년)	7이레 (49년)	• 한 이레의 시작은 B.C. 445년경 • 7이레의 끝은 B.C. 396년경 (구약 성경이 마무리되고, 선지자가 끝나는 기간)
	62이레 (434년)	• 기름 부음받은 자가 끊기는 때(A.D. 32년경) (그리스도의 십자가의 죽음과 부활 승천)
	이방인 구원 시기	• 복음을 통한 이방인들의 구원 시기
	마지막 한 이레 (7년 환난)	• 한 왕의 등장과 협약, 7년 환난의 시작

한 이레 직전의 사건

종말에 관한 내용은 성경이 가장 풍부하다. 성경을 보지 않고 종말에 대해 논한다는 것은 어불성설이다. 성경은 곳곳에 그리스도를 중심으로 한 종말에 대해 계시하고 있다. 그중 다니엘서에 나타난 종말에 대한 계시는 그 정확성에 있어 너무 두렵기까지 하다. 그 중심에 9장에 나타나는 70이레가 있고, 70이레의 중심에 7년 환난이 있다. 7년 환난은 반드시 일어난다. 이건 절대 상징이 될 수 없다. 만약 성경을 믿는다면 좀 더 진지하게 이 부분에 대해 검토해 보라.

7이레가 끝나고 성경이 닫힌 후 62이레 동안 일어난 중요한 사건들에 있어, 다니엘서는 한 치의 오차도 없이 그 내용을 정확히 전달해 주고 있다. 바벨론을 무너뜨린 페르시아(메데, 파사)의 등장, 페르시아를 무너뜨린 헬라의 등장 그리고 헬라의 분열에 있어 4개로 분열된다는 예언, 그중 종말과 연결해 셀류크스 왕조의 안티오쿠스 에피파네스 4세의 성전 모독과 제사 금지 등의 중요한 사건들이 세밀하게 기록되어져 있다.

9장에 나타난 70이레 중 마지막 한 이레 사건을 다루면서, 다니엘서는 '장차'라는 단어를 사용해 69이레와 마지막 한 이레 사이에 간격이 있음을 친절히 안내하면서, 한 이레가 시작되는 중요한 사건을 알려 준다. 이 중요한 사건은 비단 다니엘서에만 알려 주는 내용이 아니라, 예수님과 그의 사도들에 의해 신약 성경에서도 이 내용을 알려 주고 있다.

예수님은 마태복음 24장을 통해 알려 주고, 사도 바울은 데살로니가 후서를 통해 그리고 사도 요한은 요한 계시록을 통해 이 사실을 알려 주고 있다. 성경을 통해 계시된 한 이레 직전 등장하게 될 중요한 사건들은 다음과 같다. 이 사건들은 환난이 들어가는 시점부터 더욱더 강하게 나타나게 되고, 전 3년 반이 끝나고 후 3년 반의 환난 동안에 극대화되다가 그리스도의 재림으로 모든 환난이 종결된다.

1. 다니엘서에서 알려 주는 내용

   1) 한 왕의 등장 (단 9:24)
   2) 지식의 급증과, 교통수단의 발달 (단 12:4)
   3) 세계 정부의 등장 (단 2~7장)

2. 예수님께서 알려 주신 내용 (마 24장)

   1) 각종 재해와 천재지변
   2) 난리와 난리의 소문
   3) 불신의 시대
   4) 가정의 붕괴
   5) 거짓 선지자들의 대거 등장
   6) 복음의 세계 전파

3. 사도 바울이 알려 주신 내용 (살후 2:3)

   1) 교회의 무서운 배교(도)
   2) 불법의 사람 등장

4. 사도 요한이 알려 주신 내용 (계 13:1~18)

   1) 세계 정부 등장
   2) 짐승의 표 등장

이상의 내용들을 정리하면 다음과 같이 정리가 된다. 한 이레 즉 7년 환난에 들어가기 얼마 전 이 세상에 일어나는 일들이 될 것이다.

- 각종 재해와 천재지변
- 난리와 난리의 소문
- 거짓 선지자들의 대거 등장
- 가정 붕괴
- 지식의 급증
- 교통수단의 발달
- 교회의 배도
- 한 왕(적그리스도)의 등장
- 세계 정부의 구성
- 짐승의 표(칩) 등장
- 새로운 화폐(가상 화폐)의 등장 - 짐승의 표를 위한 필수 요소기 때문에 기록함

이상과 같은 사건이 현재의 시대에 일어나고 있다면 마지막 한 이레가 가까이 다가왔음을 알리는 신호가 된다.

한 이레 전반기에 일어날 사건들 (전 3년 반 환난)

한 이레 즉 전 3년 반의 환난이 시작되는 시점으로, 하나님의 본격적인 심판이 진행된다. 이 내용은 계시록 6장부터 12장까지의 내용이 되며 일곱 인의 심판과 일곱 나팔의 심판이 진행되는 내용들이다.

- 세계 정부(New World Order)가 만들어지고 세계 정부의 수장으로 한 왕이 선출될 것이다. (단 2~7장, 계 13장)
- 이 왕은 여러 나라들과 한 이레(7년) 동안 굳게 언약을 맺을 것이다. (단 9:27)
- 이 왕이 마지막 시대 적그리스도가 되며, 불법의 사람이다. (단 9:24, 계 13:1~10, 살후 2:3)
- 두 증인이 등장하여 1,260일 즉 3년 반 동안 예언하다, 죽임을 당해 3일 반 만에 부활하여 구름을 타고 승천할 것이다. (계 11:3)

11:3 내가 나의 두 증인에게 권세를 주리니 그들이 굵은 베옷을 입고 천이백육십 일을 예언하리라

- 전 세계적으로 잠깐이지만 평안과 안정이 있게 될 것이다. (살전 5:1~3, 계 6:1~2)

살전 5:1 형제들아 때와 시기에 관하여는 너희에게 쓸 것이 없음은
살전 5:2 주의 날이 밤에 도둑 같이 이를 줄을 너희 자신이 자세히 알기 때문이라
살전 5:3 그들이 평안하다, 안전하다 할 그 때에 임신한 여자에게 해산의 고통이 이름과 같이 멸망이 갑자기 그들에게 이르리니 결코 피하지 못하리라

계 6:1 내가 보매 어린 양이 일곱 인 중의 하나를 떼시는데 그 때에 내가 들으니 네 생물 중의 하나가 우렛소리 같이 말하되 오라 하기로
계 6:2 이에 내가 보니 흰 말이 있는데 그 탄 자가 활을 가졌고 면류관을 받고 나아가서 이기고 또 이기려고 하더라

- 일곱 인의 심판과 일곱 나팔 심판을 통해 무서운 전쟁, 기근, 사망 등의 일들이 일어날 것이다. (계 6~12장, 마 24장)
- 교회의 배도가 더욱더 강하게 일어날 것이다. (살후 2:1~3)

2:1 형제들아 우리가 너희에게 구하는 것은 우리 주 예수 그리스도의 강림하심과 우리가 그 앞에 모임에 관하여
2:2 영으로나 또는 말로나 또는 우리에게서 받았다 하는 편지로나 주의 날이 이르렀다고 해서 쉽게 마음이 흔들리거나 두려워하거나 하지 말아야 한다는 것이라
2:3 누가 어떻게 하여도 너희가 미혹되지 마라 먼저 배교(도)하는 일이 있고 저 불법의 사람 곧 멸망의 아들이 나타나기 전에는 그 날이 이르지 아니하리니

이 배도 현상은 아주 자연스럽게 일어나며 세계 정부 구성과 맞물려 일어나는 현상으로 그 동안 진행해 왔던 정치, 경제, 사회, 문화, 종교 등의 대통합으로 이어지게 된다. 사회 현상과 같이 배도가 진행되기 때문에 성경적 지혜와 총명을 갖지 못하면 배도 현상을 알 수 없고 볼 수 없을 것이다.

- 짐승의 표(칩)가 광범위하게 보급되고 대부분이 짐승의 표(칩)를 받게 될 것이며, 이 짐승의 표(칩)는 세계 정부의 신분증 역할을 하게 될 것이다.
- 짐승의 표(칩)로 인해, 성도들이 경제생활하기가 매우 어려워질 것이다.

전 3년 반 기간 동안 짐승의 표는 강제되진 않겠지만, 이미 환난 전부터 많은 사람들이 이 짐승의 표를 받아 생활하게 될 것이며, 공중파나 인터넷 등을 통해 대대적으로 홍보가 될 것으로 보인다. 주변의 많은 사람들이 짐승의 표를 받는 광경을 보게 될 것이고, 총회나 교회에서는 이 문제에 대해 심각히 고민하다, 짐승의 표와 구원은 상관없으니 받아도 괜찮다는 배교의 결정을 하게 될 것이다.

성도들에게 이 기간 동안에는 강제적 박해는 주어지지 않겠지만, 표 없인 경제 활동이 어려워지는 시기가 되기 때문에 생활에 많은 지장을 받게 되는 것은 사실이다. 강제적으로 표를 받아야 되는 시기는 후 3년 반에 들어서면서 부터이다.

- 예루살렘에 환난 성전이 들어서고, 유대인들은 제사를 지내게 될 것이다.

한 왕은 유대인들에게 성전 공사를 허락하게 될 것이며 이들에게 제사를 할 수 있도록 해 줄 것이고, 유대인들은 이 왕을 자신들의 메시야로 착각하는 현상이 일어날 가능성이 있다.

2017년 12월 6일 미국의 트럼프 대통령은 그동안 중립 지역에 놓여 있던 예루살렘을 이스라엘의 수도로 공식 인정했다. 이에 이스라엘은 적극 환영했고, 트럼프를 페르스아의 고레스왕에 비교하기도 했다. 2018년 5월 14일까지 미국 대사관을 예루살렘으로 옮길 계획

까지 갖고 있다고 말했다. 약 2,500여 년만의 일인데 앞으로의 일들을 예의 주시하며 지켜봐야 할 것이다.

한 이레 후반기에 일어날 사건 (후 3년 반의 환난)

계시록 6장부터 12장까지는 전 3년 반의 환난에 대해 기록하고 있다. 계시록 12장에 들어서면, 하늘에 전쟁이 일어나고, 이 전쟁에서 사탄이 패해 지상으로 내려와 적그리스도에게 짐승의 권세를 주어 본격적으로 마흔 두 달(1,260일, 3년 반) 동안 성도들을 박해하고, 수많은 성도들이 이 시기에 죽임을 당하거나, 피난처로 도피케 될 것이다. 성경에 계시된 일어날 중요한 사건들은 다음과 같다.

- 평화 협정이 깨어진다.
- 사탄이 공중 전투에서 패해 지상으로 내려오면서 적그리스도에게 권세를 줄 것이다. (계 12:7~9)

> 12:7 하늘에 전쟁이 있으니 미가엘과 그의 사자들이 용과 더불어 싸울새 용과 그의 사자들도 싸우나
> 12:8 이기지 못하여 다시 하늘에서 그들이 있을 곳을 얻지 못한지라
> 12:9 큰 용이 내쫓기니 옛 뱀 곧 마귀라고도 하고 사탄이라고도 하며 온 천하를 꾀는 자라 그가 땅으로 내쫓기니 그의 사자들도 그와 함께 내쫓기니라

- 짐승이 마흔 두 달(1,260일로 3년 반) 동안 일할 권세를 받고 성도들과 싸워 이기게 될 것이다. 이때부터 성도들에 대한 대대적

박해가 가해질 것이며, 죽음을 각오한 성도들의 인내가 필요할 때
다. (계 13:5~10)

13:5 또 짐승이 과장되고 신성 모독을 말하는 입을 받고 또 마흔두 달 동안
일할 권세를 받으니라
13:6 짐승이 입을 벌려 하나님을 향하여 비방하되 그의 이름과 그의 장막
곧 하늘에 사는 자들을 비방하더라
13:7 또 권세를 받아 성도들과 싸워 이기게 되고 각 족속과 백성과 방언과
나라를 다스리는 권세를 받으니
13:8 죽임을 당한 어린 양의 생명책에 창세 이후로 이름이 기록되지 못하
고 이 땅에 사는 자들은 다 그 짐승에게 경배하리라
13:9 누구든지 귀가 있거든 들을지어다
13:10 사로잡힐 자는 사로잡혀 갈 것이요 칼에 죽을 자는 마땅히 자기도
칼에 죽을 것이니 성도들의 인내와 믿음이 여기 있느니라

• 짐승의 표(칩)를 강제로 받게 할 것이다. (계 13:16~18)

13:16 그가 모든 자 곧 작은 자나 큰 자나 부자나 가난한 자나 자유인이나
종들에게 그 오른 손에나 이마에 표를 받게 하고
13:17 누구든지 이 표를 가진 자 외에는 매매를 못하게 하니 이 표는 곧 짐
승의 이름이나 그 이름의 수라
13:18 지혜가 여기 있으니 총명한 자는 그 짐승의 수를 세어 보라 그것은
사람의 수니 그의 수는 육백육십육이니라

• 일시적으로 허용했던 예루살렘 성전에서의 제사를 금지할 것이
다. (단 9:27)

9:27 그가 장차 많은 사람들과 더불어 한 이레 동안의 언약을 굳게 맺고 그가 그 이레의 절반에 제사와 예물을 금지할 것이며 또 포악하여 가증한 것이 날개를 의지하여 설 것이며 또 이미 정한 종말까지 진노가 황폐하게 하는 자에게 쏟아지리라 하였느니라 하니라

- 후 3년 반의 마지막 순간에 성도의 휴거와 그리스도의 재림이 있을 것이다.

계시록 13장부터 시작되는 후 3년 반의 환난은 계시록 18장까지 이어지는 일곱 대접 심판을 마지막으로 모든 환난이 끝나고, 19장에서 그리스도의 이 땅 재림이 일어난다. 그리스도가 재림할 때, 죽었던 성도는 부활하게 되고, 살아 있는 성도는 변화되어 공중에서 주님을 만나게 될 것이다. 휴거가 환난 전에 일어난다는 세대주의자들의 말은 모두 거짓이다. 절대 휴거는 환난 전에 일어나지 않으며, 그리스도의 재림 시 죽은 성도의 부활, 살아 있는 성도의 휴거가 동시에 일어나 공중에서 주님을 만나게 된다.

마지막 한 이레의 진행 도표(2025년~2037년?)

구분	진행 가능한 일
전반기 환난 직전	• 한 이레 시작 전부터 짐승의 표는 등장해, 사람들에게 이식되기 시작하며 표의 시대로 들어가게 된다. 이때는 현금〈핸드폰〈짐승의 표 순으로 사용될 것으로 보인다. • 짐승의 표가 강제는 안 되나 그런 사회를 만들어 가게 된다.
전반기 환난	• 한 이레 시작인 전반기 환난이 진행되면서 짐승의 표는 광범위하게 보급되고 대부분의 사람들이 이 표를 통해 매매를 진행할 것으로 보이며, 사회 내 전 시스템이 표에 의해 매매가 되도록 할 것이다. • 이때는 현금이 거의 사라지고 핸드폰에서 완전히 짐승의 표의 사회가 되며, 짐승의 표가 전 사회를 끌어 갈 것이다. • 이때도 짐승의 표는 강제되지 않으나 받지 않으면, 사회 생활이 힘들게 된다. • 그리스도인들은 이때까지 자급자족에 대한 모든 준비를 마쳐야 한다. • 증인의 사역을 하던 그리스도인들은 모두 순교 당하게 되고, 3일 반 만에 부활해 승천하게 된다. 이때 모든 사람들이 보게 된다.

구분	진행 가능한 일
후반기 환난	• 한 이레 후반기 환난이 시작되면서, 하늘 전쟁에 패한 사탄이(계 12장) 당시의 통치자에게로 들어가, 본격적 그리스도인들에게 박해를 가할 것이다. • 반강제적으로 이식하던 짐승의 표를 강제하게 될 것이며, 그리스도인들과 짐승의 표를 받지 않은 사람들에 대한 대대적 박해가 들어올 것이다. • 이 박해는 어느 누구도 이길 수 없다. 그렇기 때문에 초자연적인 주님의 능력이 남아 있는 성도들을 대피처로 인도해 보호할 것이며, 그렇지 않은 많은 그리스도인들은 순교하게 될 것이다. • 후반기 환난은 주님의 능력으로 당겨질 것으로 보이며, 그리스도의 재림을 통해 모든 것이 평정될 것이다.
그리스도의 재림	• 환난 후 그리스도의 재림이 이루어진다. • 죽은 성도의 부활과 산 성도들의 변화로 공중에서 만난다. • 지상으로 내려와 지상의 심판을 마무리한다. • 천년 동안 지상에서 주님의 통치가 이루어진다.

제19장

예루살렘 성전 회복과 종교 통합

▶▶▶▶

마 24:32 무화과나무의 비유를 배우라 그 가지가 연하여지고 잎사귀를 내면 여름이 가까운 줄을 아나니
마 24:33 이와 같이 너희도 이 모든 일을 보거든 인자가 가까이 곧 문 앞에 이른 줄 알라
마 24:34 내가 진실로 너희에게 말하노니 이 세대가 지나가기 전에 이 일이 다 이루리라

간략한 성전 역사

수난의 역사를 간직한 예루살렘 성전, B.C. 10세기 중엽 솔로몬의 통치 때 약 7년 동안 지어진 웅장하고 화려한 예루살렘 성전, 이 성전은 B.C. 586년 바벨론의 느부갓네살에 의해 처참히 무너지게 된다. 제1성전인 솔로몬 성전이다.

B.C. 536년 바벨론을 멸망시킨 페르시아의 고레스는 이스라엘에게 귀환령을 내리면서 고국으로의 귀향을 선물한다. 스룹바벨을 중

심으로 약 5만여 명이 고국으로 돌아와 다시 성전 재건을 시작한다. 그러나 사마리아인들의 방해로, 성전 재건 공사는 중단된다. 중단된 성전 재건은 B.C. 519년 다리오왕에 의해 성전 공사가 재개된다. 이 성전은 B.C. 516~515년 사이에 완성되는데, 이 성전을 제2성전인 스룹바벨 성전이라 한다.

이후 성전은 계속 유지되었으나 선지자가 끊기고, 구약 성경이 문을 닫게 되고, 바벨론, 페르시아 그리고 헬라 등의 지배를 받으면서 성전 관리가 제대로 되지 않았다. 그렇다고 성전 자체가 없어진 것은 아니었으며, 여전히 이스라엘 땅에 남아 있던 유대인들은 성전 중심의 삶을 이어 가고 있었다. 그러던 중 헬라의 알렉산더가 죽으면서 거대한 헬라 제국은 알렉산더 휘하 장군들에 의해 4개 지역으로 분할되어 통치된다.[31] 이 중 이스라엘에 영향력을 행사한 왕조는 프톨레미 왕조와 셀레우코스 왕조다.

프톨레미 왕조가 셀레우코스 왕조에 의해 무너지면서 공히 이스라엘은 셀레우코스 왕조의 지배를 받게 된다. 셀레우코스 왕조 중 안티오코스 가문에 속한 에피파네스 4세는 자신이 신이라 칭함 받도록 했고, 할례 예식과 안식일 준수를 폐지하고 성전에 제우스 제단을 세웠다. 제단에 유대인들이 혐오하는 돼지피를 뿌리고 돼지를 바치는

---

31) 4개의 분할은 프톨레미의 이집트와 팔레스타인, 셀레우코스의 시리아와 바벨론 지역, 카산드라의 마케도니아와 소아시아 지역, 리시마코스의 트라키아와 비투니아 등이다.

등의 성전을 모독하는 행위를 하자, B.C. 167년 유대 지파 맛다디아 가문의 건장한 청년 마키비가 혁명을 일으켜 나라를 찾는데 성공한다. 이를 기념하는 절기가 빛의 절기라 부르는 수전절이다.

이후 성전은 보잘것없이 유지되다, 헬라 제국을 무너뜨린 로마에 의해 지배를 받게 된다. 그해가 B.C. 63년경이다. 이때 혜성처럼 등장한 인물이 헤롯 가문이다. 헤롯 가문은 이방인인 에돔 족속인데, 이방 사람이 유대인들을 다스리는 왕이 되는 아이로니컬한 일이 벌어진다. 이는 헤롯의 수완이 상당히 뛰어났기 때문이며 로마에 충성하는 모습을 보이면서 로마로부터 유대 왕의 자리를 얻게 된다.

헤롯이 왕이 되자 그의 정치적 안정을 위해 유대인들의 환심을 살 명분을 찾다, 유대인들의 삶이 예루살렘 성전을 중심으로 이루어짐을 알고 대대적인 성전 공사를 진행하게 된다. 이때가 B.C. 20년경으로 알려진다. 이때부터 진행된 성전 공사는 예수님 당시 때까지 계속되었고, A.D. 63년경 완성된다. 약 80년 이상에 걸쳐 진행된 공사였다. 이 성전이 제3성전이라 불리는 헤롯 성전이다. 헤롯 성전을 2성전에 이어 성전을 보수하는 공사를 했기 때문에 2성전으로 부르는 분들도 있다.

이렇게 약 80여 년 동안 철저하게 보수된 성전은 채 10년도 가지 못하고 로마 장군 디도에 의해 A.D. 70년 돌 위에 돌 하나 남지 않으리라는 예수님의 예언처럼 완전히 훼파된다.

당시의 상황을 기록한 유대 역사가 요세푸스에 의하면 성 안에서 불에 타 죽은 유대인이 약 700만 명 정도 되며, 그 나머지는 모두 노예로 잡혀가거나 흩어져 버렸다고 한다. 전해 오는 설에 의하면 당시 로마 장군 디도가 성전 꼭대기에서 눈물을 흘리는 6명의 천사를 보았다는 설이 있다. 현재 성벽 서쪽만 남아 있는데 이를 통곡의 벽이라 부른다.

예루살렘 성전과 예루살렘 내엔 금이 많았기 때문에 로마 병사들이 불에 타 녹은 금을 찾기 위해 돌을 이리저리 헤집어 돌 위에 돌 하나 남지 않으리라는 주님의 예언을 그대로 이루게 된다.

이렇게 완전히 훼파된 성전이 다시 회복되는 내용이 성경에 언급되는데 단 9장 27절에 마지막 한 이레가 시작되면서 한 왕이 등장해 유대인들에게 제사를 회복해 주는 놀라운 일이 기록되어 있다. 우리는 이를 환난 성전이라 부르며 이 성전이 멸망의 가증한 성전[32]이 돼 종교 통합의 본산이 될 것이라는 주님의 예언이 있다.

이제 훼파된 성전은 그리스도를 통해, 그리스도인 자체가 성령께서 거하는 주님의 성전이 되었다. 가시적 예루살렘 성전은 없어져야 하는 것이 원칙이다. 이는 율법을 대표하는 것이기 때문이다. 이런 사실을 주님은 잘 알고 계셨기 때문에 눈에 보이는 성전을 헐면 3일

---

[32] 고전 24:15 그러므로 너희가 선지자 다니엘의 말한바 멸망의 가증한 것이 거룩한 곳에 선 것을 보거든

만에 다시 세울 것이라는 말씀을 통해 주님 자신이 성전 됨과 주님을 따르는 주의 자녀들이 성전 그 자체가 됨을 알려 주셨다. 바울은 고전 3장 16절에서 성도의 몸 그 자체가 성령이 거하는 성전[33]이 됨을 말하고 있다.

이스라엘의 회복과 가짜 유대인

> 마 24:32 무화과나무의 비유를 배우라 그 가지가 연하여지고 잎사귀를 내면 여름이 가까운 줄을 아나니
> 마 24:33 이와 같이 너희도 이 모든 일을 보거든 인자가 가까이 곧 문 앞에 이른 줄 알라
> 마 24:34 내가 진실로 너희에게 말하노니 이 세대가 지나가기 전에 이 일이 다 이루리라

성경은 이스라엘의 회복에 대해 수도 없이 말하고 있다. 자칫 구약과 신약과의 연결을 제대로 이해하지 못하면 이 문제에 있어 상당한 난관에 부딪히게 된다. 대부분의 해석가들이 마지막 시대 이스라엘의 회복을 육적 이스라엘의 회복으로 해석하거나, 그런 쪽으로 기운다. 이렇게 된다면 하나님의 약속이 거짓이 되고, 성경의 가르침이 잘못되게 된다.

만약 이스라엘의 회복에 대한 내용을 육적 이스라엘의 회복으로

---

33) 고전 3:16 너희가 하나님의 성전인 것과 하나님의 성령이 너희 안에 거하시는 것을 알지 못하느뇨

본다면, 하나님께서 아브라함에게 하신 약속은 거짓이 된다. 네 자손이 하늘의 별처럼, 바다의 모래처럼 많아질 것이라는 하나님의 복된 약속은 완전 엉터리다.

지금까지도 그래 왔지만 유대인들은 예수 그리스도를 믿지 않는다. 예수님 당시의 유대인이나 현대의 가짜 유대인들도 마찬가지다. 그들은 예수 그리스도를 증오하고 예수 믿는 성도들을 수도 없이 박해했으며 지금도 그렇다.

현 이스라엘 땅에 사는 유대인들은 800만 정도에 불과하며, 세계적으로 흩어져 있는 유대인들 모두 합쳐도 1,500만을 넘지 않는다. 이들 모두가 구원받아도 1,500만도 되지 않는다. 이 숫자를 갖고 하늘의 별처럼, 바다의 모래처럼 많아질 것이라는 것은 옳지 않다. 차라리 한 줌의 모래, 한 줌의 흙으로 표현하는 게 낫다. 그렇기 때문에 여러 신학적 문제가 있을 수 있지만, 하나님께서 약속하신 아브라함의 자손 그리고 유대의 자손들은 육적 이스라엘의 회복이라기보다 영적 이스라엘의 회복, 영적 유대인의 회복으로 보는 것이 구약과 신약의 조화를 이룬다. 이는 대체 신학이 아니라, 언약 신학적 관점에서 구원의 역사에 관한 하나님의 약속을 믿는 언약 신학이 된다.

성경을 연구함에 있어 유대인에 대한 기본적 이해가 부족하면 성경을 제대로 이해하기 어렵다. 특히 신약이나 예언서에 등장하는 유대인들에 대한 의문을 풀 길이 없다. 그러다 보니 성경의 예언적 성격을 띠는 종말에 대한 가르침에 등장하는 유대인들이 현재의 유대인들이냐, 아니면 그리스도 안에서 구원받은 모든 자들을 이야기하느냐에 대한 의견이 첨예하게 대립되어 있다.

구약의 유대인들에 대한 안내는 논란의 여지없이 육적 유대인을 의미한다. 그러나 육적 유대인 외에 영적 유대인들도 안내하는 내용들이 자주 나타나기도 한다.

구약 성경은 철저히 유대인들을 중심으로 기록되었으며, 그들의 역사며 그들의 법이다. 그렇기 때문에 구약에 있어 영적 유대인을 언급할 필요도 없으며, 모든 말씀의 기록들이 육적 유대인이 최우선 대상이 된다.

그러나 유대인의 시조 격이 되는 아브라함에게 하나님은 현재의 우리가 이해하기 힘든 아브라함의 자손이 되는 유대인 형성에 대해 다음과 같이 말씀하셨다.

> 창 12:2 내가 너로 큰 민족을 이루고 네게 복을 주어 네 이름을 창대케 하리니 너는 복의 근원이 될 지라

창 12장 2절은 큰 민족을 이룬다고 했다.
그리고 창 15장 5절에는 더 구체적으로 나타나고 있다.

> 창 15:5 그(아브라함)를 이끌고 밖으로 나가 가라사대 하늘을 우러러 뭇 별을 셀 수 있나 보라 또 그에게 이르시되 네 자손이 이와 같으리라

하나님은 아브라함에게 너의 자손들이 하늘의 별과 같이 많아질 것이라 했다. 그리고 22장 17절엔 바다의 모래처럼 많아진다 했다.

> 창 22:17 내가 네게 큰 복을 주고 네 씨로 크게 성하여 하늘의 별과 같고 바닷가의 모래와 같게 하리니 네 씨가 그 대적의 문을 얻으리라

그리고 창 32장 12절에 이 약속은 그의 손자인 야곱에 의해 다시 확정된다.

> 창 32:12 주께서 말씀하시기를 내가 정녕 네게 은혜를 베풀어 네 씨로 바다의 셀 수 없는 모래와 같이 많게 하리라 하셨나이다

그렇다면 아브라함에게 한 이 약속에 의할 것 같으면 현 유대인들은 하늘의 별처럼, 바다의 모래처럼 많아져야 하고 민족, 열방 중에 최고의 민족이 되어야 한다. 그러나 현대의 유대인들은 이런 하나님의 약속에 비해 초라하기 그지없다. 땅도 얼마 크지 않으며 사방이 적들로 둘러싸여 있고, 전쟁과 난리의 소문도 끝없이 이어지고 있다.

인구수도 현 이스라엘 본토에 약 800만 그리고 전 세계에 흩어진 유대인을 모두 합쳐도 1,500만도 채 안 된다. 그나마 현재의 유대인들 가운데 구약 때부터 내려오던 정통 유대인들은 거의 찾아볼 수 없

으며, 1948년 만들어진 새로운 귀환법에 의해 유대인으로 전향한 사람들도 수없이 많다. 이렇게 노력했음에도 불구하고 현 유대인의 숫자나 나라 그리고 그 모습은 처참하기 그지없다.

하나님께서 아브라함과 한 약속과는 너무 다르다. 그리고 이런 현상은 성경의 예언대로 다시 유대인들이 자기 나라를 찾고[34](이는 해결되었음) 구약의 예언대로 구약 시대 때 말하던 정통 유대인들이 고국에 모여 하늘의 별처럼, 바다의 모래처럼 많아질 것이라는 예언, 열방 중에 으뜸이 되리라는 약속은 이미 이루어질 수 없는 현실이다.

유대인들에 대한 정확한 이해는 묵시록을 올바르게 이해할 수 있는 중요한 작업이 된다. 그렇지 못하면 잘못된 세대주의적 사고나 올바르지 못한 유대주의적 해석으로 성경을 난해하게 만든다. 이런 점을 고려해 유대인들에 대한 내용을 간단히 살펴보자.

1. 유대인의 기원

유대인의 기원을 찾는 것은 상당히 어려운 작업이다. 이들이 히브리인 혹은 이스라엘인으로 불리지만 정작 유대인이란 언제부터 어떻게 사용되었으며, 오늘날 유대 민족하면 이스라엘인 혹은 히브리인과 거의 동격으로 사용되고 있다. 그러나 모두가 완벽한 유대인의 뿌리를 가진 자들이 아니다. 유대인의 기원을 찾기 위해선 이들의 조상

---

34) 1948년 5월 13일 벤구리온은 당시 팔레스타인들이 살고 있는 지역을 다시 찾아 이스라엘의 독립을 선언하면서 초대 수상으로 추대되었다.

격인 아브라함 시대 때부터 살펴봐야 한다.

창 1장부터 14장 12절까지 히브리인이란 명칭이 등장하지 않는다. 13절에 처음으로 아브라함이 히브리 사람이라는 말이 나온다.

14:13 도망한 자가 와서 히브리 사람 아브람에게 고하니 때에 아브람이 아모리 족속 마므레의 상수리 수풀 근처에 거하였더라 마므레는 에스골의 형제요 또 아넬의 형제라 이들은 아브람과 동맹한 자더라

어떻게 아브라함이 히브리 사람으로 불린지는 알 수 없으며, 이에 대한 여러 학설들이 있을 뿐이다.

고대 메소포타미아 마리(Mari)라는 문서에 히브리어와 유사한 하비루(Habiru)라는 명칭이 있다. 이들은 유프라테스 중앙 초원 지대를 유랑하던 무리들인데 이 하비루 족속을 히브리인의 기원으로 본다.

그리고 라스 사무라(Ras Shamra) 문서의 사본에도 이브림(Ibrim)과 하피리(Hapiri), 아피림(Apirim)이란 이름을 찾을 수 있는데 이 명칭들이 히브리 족속과 연결된 것으로 본다. 이브리라는 말은 넘어온 자란 의미로 아브라함이 갈대아 우르에서 가나안으로 넘어온 자라는 의미로 이들 명칭을 히브리 족속과 연관되어 해석하기도 한다.

또 다른 견해는 아브라함의 조상 에벨(Eber, 창 10:21)의 이름에서 유래했다는 설이 있다. 히브리어는 모음과 발음 기호가 없는 자음으로만 이루어져 있으므로 '에벨'이 '히브리'로 변형되어 발음되기 시작했다고 보는 것으로 가장 많은 지지를 받는 학설이다.

그러나 이런 여러 학설에도 불구하고 유대인의 기원이 되는 히브리인에 대한 정확한 기원을 찾는 다는 것은 현재까진 알 수 없는 일이다.

2. 히브리인, 이스라엘인, 유대인

성경은 유대인을 히브리인 혹은 이스라엘인이라고도 부른다. 이는 다음과 같은 이유에서이다. 히브리인은 민족이나 문화적 성격이 강하고, 유대인은 종교적 성격이 강하며, 이스라엘인은 땅이나 영토적 성격이 강하다.

우리가 세계 2대 문화라 부르는 헤브라이즘 즉 히브리즘과 헬레니즘에서 히브리라는 용어는 문화적 성격을 반영한 것이다.

3. 유대인의 기원

앞에서 간단히 언급했듯이 유대인의 기원을 찾는다는 것은 힘들다. 그들의 시조가 아브라함이라는 사실은 정확하기 때문에 히브리인이라 부르고, 야곱을 통해 12지파가 형성되며, 야곱의 이름이 이스라엘이라 부른다는 점에서 이스라엘인이라 불리는 것은 별 이상한 일이 아니다.

그러나 유대인, 유대 민족이란 민족적 개념은 성경에서도 찾기가 쉽지 않다. 야곱의 넷째 아들인 유다를 중심으로 구성된 민족이라는 것도 좀 억지스러운 측면이 있다.

유대 혹은 유다인이란 민족적 개념의 단어가 나오는 것은 에스더 2장에 처음으로 등장한다.

2:5 도성 수산에 한 유다인이 있으니 이름은 모르드개라 저는 베냐민 자손이니 기스의 증손이요 시므이의 손자요 야일의 아들이라

그 이전엔 유대인이란 민족적 개념보다 열두 지파 중 한 지파로서의 이름만 나올 뿐이다. 그러나 에스더가 유대인이란 말은 남유대만을 의미하는 것이 아니라, 남유대와 북이스라엘 전체적 성격이 강하기 때문에 유대인이란 민족적 개념은 이미 형성되어 있었다고 볼 수 있다.

이런 이유로 인해 유대인의 기원에 대한 가장 강력한 근거는 솔로몬 범죄 이후 이스라엘이 남유대와 북이스라엘로 분열되면서 남쪽은 유대인이라 불렸고 북쪽은 이스라엘인이라 불렸다. 북이스라엘이 멸망된 이후엔 남유대만 존재했다. 이 마저 멸망되면서 자연스레 유대인으로 불린 것으로 보이며, 동시에 이스라엘인이란 용어도 함께 사용되면서 유대인, 이스라엘인 그리고 히브리인 등의 용어들이 정착되고, 현재는 이 세 용어가 같은 한 민족인 이스라엘 민족으로 불리는 것으로 보인다.

4. 현 유대인의 분파들

1) 이스라엘의 독립

성경의 기록과는 달리 현재의 유대인들은 비록 세계를 움직이는 거대 경제 세력으로 세계를 움직이기는 하나, 세계인들의 혐오를 한 몸에 받고 있다.

유대인들은 B.C. 586년 바벨론의 느부갓네살에 의해 철저히 도륙되고 망하면서 디아스포라가 형성된다. 본토에 남겨진 유대인과 전 세계로 떠돌아다니는 유대인들이 여기서부터 나눠지기 시작한다.

이후 유대인들은 페르시아, 헬라, 로마 등에 의해 굴욕적 식민지 생활을 계속하며, 마카비 혁명에 의한 잠시의 해방 기간이 주어지지만 이 또한 얼마 가지 못하고 로마의 지배를 받으면서 나라다운 나라를 만들지 못하고 떠돌이 생활을 하게 된다.

유대인의 근간을 이루는 열두 지파는 중간 시대와 예수님 승천 후 어느 정도 그 명맥은 유지되었지만 이마저도 A.D. 3세기가 지나면서 희미해지기 시작했으며, 현재의 유대인들에게 있어 지파를 찾기란 거의 불가능하다.

이렇게 유대인들의 지파는 거의 사라지면서 나라마저 얻지 못하고 전 세계에 흩어져 살아가는 집시 즉 떠돌이 민족이 되었다. 그러다 보니 유대인들은 전 세계 도처에 흩어져 살게 되었고 그들만의 공동체를 꾸려 살았지만, 결국 여러 민족들과 혼합되는 결과를 초래하면서 정통 유대인들은 서서히 사라졌다.

흩어진 유대인들의 새로운 각성이 일어나면서 1892년 유대계 영국 기자인 데오도르 헤즐에 의해 시온주의 운동이 일어나고, 이에 고무된 유대인들은 자신의 나라로 돌아가고자 하는 민족적 귀환 운동에 불씨를 지피게 되면서 급기야 1917년 11월 2일 당시 외무장관이었던 아서 발포어가 이끄는 영국 외무성이 당시 유대인을 대표하는 월터 로스차일드에게 다음과 같은 편지를 공식적으로 보냈다. 이는 타자로 작성되었는데 밑에 아서 발포어 서명이 있다.

```
                                    Foreign Office,
                                    November 2nd, 1917.

Dear Lord Rothschild,
            I have much pleasure in conveying to you, on
behalf of His Majesty's Government, the following
declaration of sympathy with Jewish Zionist aspirations
which has been submitted to, and approved by, the Cabinet

            "His Majesty's Government view with favour the
establishment in Palestine of a national home for the
Jewish people, and will use their best endeavours to
facilitate the achievement of this object, it being
clearly understood that nothing shall be done which
may prejudice the civil and religious rights of
existing non-Jewish communities in Palestine, or the
rights and political status enjoyed by Jews in any
other country"
            I should be grateful if you would bring this
declaration to the knowledge of the Zionist Federation.
```

출처: 위키백과

중요 번역은 다음과 같다.

정부는 팔레스타인에 유대인을 위한 조국을 수립하는 것에 대해 호의를 가지고 살펴보기로 했다. 그리고 이러한 목표를 달성하기 위해 최선의 노력을 다할 것이다. 이로 인해 팔레스타인에 거주하는 비유대인의 정치적 권리와 종교적 권리, 또는 다른 모든 나라에서 유대인이 누리는 권리와 정치적 상황이 절대로 침해될 수 없다는 것을 확실히 납득한다.

발포어 선언은 2년 뒤 파리 평화 협정에서도 재확인되었다. 이를 계기로 유대인들은 이스라엘로 모여들기 시작했고, 수많은 난관을 극복하면서 1948년 5월 14일 단독적으로 기습 독립을 선포하며 벤구리온을 초대 수상으로 추대했다.

이는 주변 아랍국들에 대한 선전 포고나 다름없었다. 주변 아랍국 특히 이집트, 시리아, 이라크, 레바논, 이란, 요르단은 이를 인정하지 않았으며 가장 반발이 큰 나라들이었다. 아랍의 여러 연합국들은 이런 이스라엘을 없애기 위해 다섯 차례 중동 전쟁을 일으켰으나 아무 소용이 없었으며, 모두 이스라엘의 승리로 돌아갔다.

우리는 이스라엘 독립을 마지막 시대 중요한 성경의 가르침(마 24:32~34)으로 인정하며 이스라엘의 회복을 위한 첫 단추가 맞추어졌다는 결론을 내린다. 그러나 이에 대해서 좀 더 분명히 알아야 할

내용은 하나님께서 구약에서 약속하시고 주님이 무화과나무 비유를 통해 말씀하신 이스라엘의 회복은 이스라엘 땅을 중심으로 주님의 약속이 이루어질 것이며, 이는 정통(혈통) 유대인과 더불어 영적 유대인들도 포함되는 사건임을 알아야 한다. 오히려 영적 유대인에 대한 회복이 더욱더 설득력이 있으며, 성경적이다.

아직 유대인의 모든 회복은 이루어지지 않았으나 주님의 재림과 더불어 모두 이루어질 것으로 보인다.

우리가 혈통 혹은 정통 유대인들의 귀환과 더불어 영적 유대인(이방인)들의 회복이라는 근거를 갖는 것은 그리스도를 중심으로 모인 주의 자녀들은 모두 아브라함의 자녀며, 영적 유대인이라는 사실을 성경에서 밝히고 있기 때문이다. 그리고 현재 정통 혹은 순수한 유대 혈통을 가진 유대인들은 거의 없다. 특히 1948년 이스라엘을 건국한 유대인들도 순수한 유대 혈통을 가진 자들이 아니고, 거짓 유대인이라 볼 수 있는 카자리안 유대인 혹은 아슈케나짐 유대인들이 세운 나라다. 이 내용은 현 유대인들의 분파를 통해 더 자세히 알아볼 것이다.

하나님은 자신의 계획을 이루기 위해 사탄도 사용하시는 분으로 주님의 눈이 이스라엘 땅을 떠나지 않으며, 그 땅을 중심으로 일하시는 분임을 알 수 있다. 그렇기 때문에 주님 재림의 역사적 사건으로 비록 거짓 유대인들이지만 이스라엘 나라를 회복시킴으로 재림의 사실을 우리에게 알도록 하신 것이다.

2) 현 유대인의 분파

아슈케나짐 유대인

현 이스라엘 인구의 약 80% 정도가 되는 아슈케나짐 유대인을 카자리안 유대인이라 부르기도 한다.

카자리안 유대인은 기원전에 세워졌던 초기 카자르와 동일한 이름으로 불리는데 10세기경에 다시 세워진다. 당시 세워진 카자르 왕국은 주변 비잔틴의 기독교와 남쪽 이슬람교로부터 강한 압박을 받고 있었다. 그래서 카자르 왕은 기독교와 이슬람에서 똑같이 위대한 예언자로 모시고 있는 모세를 선택하고 정치적인 중립을 이유로 기독교나 이슬람교도 아닌 유대교를 국교로 받아들였다. 이들은 이미 당시 지배 계층을 형성하고 있던 유대교인들과 결합했으며, 이를 계기로 유대교는 곧 카자르 왕국 전체로 퍼지면서 유대인이 된 것이다.

카자르 공화국은 이미 600년 후반에 세워진 카자르 왕국의 후손들로 구성되었는데 원래 영토는 지금의 카자흐스탄 서쪽과 러시아 남부, 우크라이나 동부에 걸쳐 있었다. 이들의 원 혈통은 투르크계 유목민 출신(서돌궐의 일부)으로 고대부터 내려오는 악마를 숭배하는 기이한 족속들이었으며 이들이 유대교로 개종하면서 이들의 고대 풍습인 악마 숭배와 유대교를 결합해 유대교 내의 악마 숭배 사상을 도입한 민족들이다.

카자르 공화국이 키예프에 의해 무너지고 난 뒤, 이들은 유럽으로 흩어져 살면서 부를 획득하며 유대인 행세를 하게 되는데, 그중 한 인물이 오늘날 부의 제왕이라 불리는 로스차일드 가문이다.

이스라엘의 독립은 로스차일드 가문의 도움을 이루어진 일이며, 현재의 카자리안 유대인들은 유럽을 중심으로 발전했다.

오늘날 이들은 흔히 사용하는 아슈케나짐(Ashkenazim) 유대인으로 부르며 독일과 네덜란드에서 살다가 동유럽으로 이주했다. 일부는 네덜란드와 독일에 살고 있지만 인근의 폴란드, 체코, 슬로바키아, 헝가리, 라트비아, 러시아, 리투아니아, 우크라이나, 벨라루스, 몰도바, 루마니아, 불가리아, 크로아티아, 보스니아 헤르체고비나, 슬로베니아에도 살고 있다.(위키백과) 현 유대인들의 80% 이상을 차지하고 있다.

세파르딤 유대인

스페인과 포르투갈에 살았으나, 16세기에 이베리아 반도에서 추방된다. 스페인과 포르투갈 쪽에 소수만 남게 되고 상당수는 프랑스, 터키, 북아프리카 등지로 이주했다. 중동과 북아프리카 지역에서 살던 미즈라힘 유대인들은 이들의 의식과 세파르딤 유대인의 의식과 비슷해 대부분이 세파르딤 유대인으로 불린다.

현재의 유대인들은 대부분이 아슈케나짐과 세파르딤 유대인들이 중심이며, 나머지 유대인들의 얼마 되지 않는다.

예멘 유대인(Yemenite Jews)으로 '테이마님(Teimanim)'이라고도 한다. 동방 유대인이었는데 지리적, 사회적으로 다른 유대인 사회로부터 고립되어 특이한 예배식과 의례가 발전하였다. 이 외에도 다음과 같은 소수 분파가 있다.

에티오피아 유대인으로 '팔라샤(Falasha)' 또는 '베타 이스라엘(Beta Israel)'이라고도 불린다.

베네 이스라엘 유대인으로 인도의 뭄바이(봄베이)에 살았다.

코친 유대인으로 이들도 인도에 살았다.

로마니오트(Romaniotes) 유대인으로 헬레니즘 시대부터 현재까지 발칸 반도에서 살며 그리스어를 사용하는 유대인들이다.

그 외 하위 집단에는 '**그루짐(Gruzim)**' 카프카스 그루지야 지방의 유대인, '**유후림(Juhurim)**' 코카서스 동부 다게스탄의 산악 유대인, '**마크레빔(Maghrebim)**' 북아프리카 유대인, '**아바유다야(Abayudaya)**' 우간다 유대인 등이 있다. 그 밖에도 러시아의 **러시아 유대인**과 카자흐스탄, 아제르바이잔, 우즈베키스탄, 타지키스탄, 키르기스스탄의 **중앙아시아 유대인**, 싱가포르, 필리핀, 중국, 일본의 아시아 유대인도 있다.

3) 유대인이 되는 법

이스라엘이 1948년 독립을 하면서 유대인이 될 수 있는 새로운 법을 만들어 유대인으로 받아들이고 있다.

(1) 귀환법: 1948년 유대인이면 누구나 시민권 발급
(2) 조부 중 유대인
(3) 개종한 유대인
(4) 유대인 이민자들과 가족 관계인 비유대인
(5) 부모 중 한쪽만 유대인이면 유대인이 됨

5. 그리스도를 기점으로 달라진 유대인의 의미

유대인의 의미는 그리스도를 중심으로 완전히 달라진다. 신약 성경은 육적 유대인보다 영적 유대인에 대한 안내를 더 많이 한다. 우리가 그리스도 안에 있으면 영적 유대인으로 하나님의 자녀가 됨을 성경은 증거한다.

> 롬 2:28 대저 표면적 유대인이 유대인이 아니요 표면적 육신의 할례가 할례가 아니라
> 롬 2:29 오직 이면적 유대인이 유대인이며 할례는 마음에 할지니 신령에 있고 의문에 있지 아니한 것이라 그 칭찬이 사람에게서가 아니요 다만 하나님에게서니라

롬 10:12 유대인이나 헬라인이나 차별이 없음이라 한 주께서 모든 사람의 주가 되사 저를 부르는 모든 사람에게 부요하시도다

고전 1:24 오직 부르심을 입은 자들에게는 유대인이나 헬라인이나 그리스도는 하나님의 능력이요 하나님의 지혜니라

고전 12:13 우리가 유대인이나 헬라인이나 종이나 자유자나 다 한 성령으로 세례를 받아 한 몸이 되었고 또 다 한 성령을 마시게 하셨느니라

갈 3:28 저희는 유대인이나 헬라인이나 종이나 자주자나 남자나 여자 없이 다 그리스도 예수 안에서 하나이니라

골 3:11 거기는 헬라인과 유대인이나 할례당과 무할례당이나 야인이나 스구디아인이나 종이나 자유인이 분별이 있을 수 없나니 오직 그리스도는 만유시요 만유 안에 계시니라

6. 성경과 오늘날 유대인

현재 정통 유대인들이 얼마 없다 해도 하나님께서는 여전히 이스라엘을 중심으로 역사의 시간을 돌리고 계신다. 즉 유대인 중심의 역사는 계속된다는 말이다. 그러나 우리가 기억해야 할 것은 마지막 시대 유대인들의 귀환으로 태생적 유대인과 영적 유대인들 모두를 포함하는 귀환이 된다. 그래야 하나님께서 약속하신 약속들이 성취되기 때문이다.

현재 태생적 정통 유대인들은 얼마 되지 않지만, 주님의 심판기간

동안 주님께 돌아오는 귀한 주의 자녀들이 많이 있을 것이다.

요한 계시록에 등장하는 유대인들 가운데, 영적, 육적 유대인들을 잘 구분해 성경을 이해하고 봐야만 계시록의 내용들이 쉽게 풀어진다.

하나님의 말씀인 성경은 구약과 신약으로 구분한다. 구약은 유대인들을 중심한 유대인들의 역사적 기록이지만, 신적 선물로 신약의 그리스도를 예표하는 중요한 그림자가 된다. 그래서 구약은 신약의 몽학 선생이라 한다.

구약은 유대인들의 귀환과 회복의 약속들이 많이 나오며, 결국 하나님의 은총으로 최종 승리할 것임을 분명히 하고 있다. 그러나 구약의 유대인을 생태적 유대인으로만 생각하면 아브라함, 이삭, 야곱, 모세 오경 등을 통해 말씀하신 하나님의 약속은 모두 거짓이 된다. 하나님은 구약의 유대인을 통해 신약의 새로운 유대인으로서의 영적 유대인들을 많이 언급하시면서, 아브라함에게 약속한 민족에 대한 약속은 그리스도 안에서 구원받은 모든 주의 자녀들을 언급함이 분명하다.

비록 하나님께서는 구약에 약속하신 그의 백성들 즉 생태적 유대인들을 중심으로 일하시지만, 마지막 시대 하나님의 약속을 이루는 자들은 그리스도 안에 있는 모든 주의 백성 즉 생태적 유대인과 더불어 영적 유대인으로 구원받은 모든 이방인들을 포함해 일을 하신다.

그렇기 때문에 생태적 육적 유대인들만을 위한 하나님의 계획은 영적 유대인의 무리에 모두 포함시켜 같이 다뤄져야 한다. 이를 제대로 이해하지 못하면 자칫 거짓 유대인들에 의해 하나님의 나라가 건설된다는 잘못된 해석을 하게 된다. 그리고 성경에서 계시하는 유대인들에 대한 수많은 내용들에 있어 올바른 해석을 하기가 어렵다.

계시록에 언급되는 각 지파에서 뽑힌 144,000명의 유대인이나, 두 증인 등에 대한 내용들도 잘못 해석할 가능성이 많다. 현재 유대인들 중 정통적인 생태적 유대인들은 찾아보기 어렵다. 유대인들의 모든 지파는 이들이 떠돌이 생활하면서 사라진 지가 이미 오래다. 그렇기 때문에 현재의 유대인들을 통해 하나님께서 각 지파에서 일부의 숫자를 뽑아 일하신다는 것은 이치에 맞지 않다. 지파 자체가 이미 사라졌기 때문이며, 또 사라져야 하는 것이 주님의 구원 사역을 이루는 중요한 일이 된다.

모든 지파들이 전 세계로 흩어지면서 이미 이방화되었으며, 그 명맥을 유지해 올 수 없다. 그리고 현 유대인들마저도 자신이 어느 지파 사람인지 아는 사람도 거의 없다. 물론 스스로들이 정통 유대인이라 주장하는 일부의 사람들이 있긴 하다.

순수 유대 혈통 지파를 갖고 계시록을 논하게 되면, 계시록 해석은 거의 불가능하다. 그렇기 때문에 이런 점을 고려해 마지막 시대에 나타나는 유대인들에 올바른 해석을 해야 한다.

1948년 5월 14일 이스라엘이 독립 선언을 했지만, 유엔은 예루살렘을 여전히 공동 통치 구역으로 남겨 두었다. 4개 종교의 성지가 되고 있기 때문이다.[35] 그리고 서쪽 예루살렘은 이스라엘 영역이었지만, 동쪽 예루살렘은 여전히 요르단 지역으로 영역이 나뉘어 있었다.

이스라엘이 독립 선언한 바로 다음날 아랍 5개국 연합군[36]은 '순식간에 끝내 버리는 대량 학살'을 선언하며 이스라엘을 총공격했다. 그러나 그 결과는 마치 다윗과 골리앗의 싸움처럼 예상을 뒤엎고 이스라엘의 승리로 끝났다. 아무도 예상치 못한 결과였다. 결국 이라크를 제외한 아랍 국가들은 1949년 휴전 협정에 서명하였으며 이스라엘의 독립은 1949년 5월 11일 59개국이 모였던 유엔 총회에서 최종적으로 승인되었다.

1차 중동전의 치욕적인 패배를 설욕키 위해, 이집트의 나세르 대통령은 페다인이라는 테러 부대를 통해 이스라엘 접경 도시 공격을 지시하여, 1949년부터 1956년까지 약 1,300명의 사상자를 냈다. 나세르 대통령은 러시아로부터 무기를 수입하고 이스라엘을 멸망시키기 위해 요르단 및 시리아와 동맹을 맺고 이스라엘의 석유 공급로인 티란 해협을 봉쇄하고 1956년 대대적인 전쟁을 준비했다. 그러나 이 사실을 안 이스라엘이 시나이 반도를 가로질러 먼저 이집트를 공격하면서 3,000명의 이집트 군인을 사살하고 6,000명의 전쟁 포로를

---

35) 예루살렘은 유대교, 기독교, 이슬람교, 천주교의 성지로 알려져 있다.
36) 이집트, 시리아, 이라크, 레바논, 요르단의 5개국이다.

획득하면서 이 전쟁 역시 이스라엘의 대승으로 끝났다. 2차 중동 전쟁이었다.

약 10년의 세월이 지난 후 1965~1966년 사이, 이스라엘이 사막을 개간하여 농지로 변환하는 과정에서 요단강 물을 지나치게 많이 사용한다는 이유로 시리아는 이스라엘의 농장 키부츠 마을에 총격을 가했다. 이스라엘은 즉각 복수하여 시리아의 전투기 6대를 격추시키게 된다. 그러나 시리아는 포기하지 않고 이집트의 나세르 대통령에게 도움을 요청하자, 이집트는 바로 시나이 사막에 대군을 파견하면서 유엔 주둔군들을 철수하라고 했으며 이라크와 동맹을 맺었다.

나세르 대통령은 1967년 5월 15일 유대인들의 인종 청소를 외치며 전쟁을 준비했다. 2차 중동전에서 패배한 중동의 맹주 이집트가 10년 동안 준비해 왔던 전쟁이기에 승리는 확정적인 것처럼 보였고 이스라엘의 군사력은 비교할 수 없이 약했다. 그러나 이런 사실의 첩보를 먼저 입수한 이스라엘은 6월 5일 그들의 공격을 기다리지 않고 선제공격을 감행하여 유대인들의 전투기들을 출격시켰다. 당시 공격 명령을 기다리고 있던 이집트 전투기 300대를 모두 폭파시켰고, 요르단과 시리아 국경에서 근접한 이라크의 공군 기지들을 폭파했다. 그 결과 아랍 연합군은 18,000명의 사상자를 내었고, 5,600명이 전쟁 포로가 되었으며, 세 나라 연합군 장비의 70% 이상이 파괴되었다. 이스라엘은 군 776명 사망과 2,600명의 부상만을 입었다. 그 결과 이스라엘은 시나이 반도, 웨스트뱅크, 가자 지구, 골란 고원

을 얻었는데 이는 유엔에서 인정한 이스라엘의 영토의 3배에 해당하는 넓이였다. 이것이 3차 중동전인 6일 전쟁이다.

6일 전쟁 이후 놀라운 하나님의 경륜이 이루어지는데, 예루살렘에 대한 독점권을 이스라엘이 완전히 가져오는 일이었다. 그동안 서쪽은 이스라엘이, 동쪽은 요르단이 점령하고 있던 예루살렘 땅을 완전한 이스라엘의 영토로 만들었다. 이해가 1967년임을 기억하라.

이후 여러 차례 중동전이 있었지만 모두 이스라엘의 승리로 마무리 되었고, 더 이상 이스라엘이란 나라를 건드릴 수 없을 정도로 막강한 군사력을 가진 나라가 되어 오늘날까지 이르고 있다.

예수님은 마 24장 32절부터 34절 사이에 이스라엘의 회복과 마지막 시대에 대한 비밀을 말씀 하신다.

> 24:32 무화과나무의 비유를 배우라 그 가지가 연하여지고 잎사귀를 내면 여름이 가까운 줄을 아나니
> 24:33 이와 같이 너희도 이 모든 일을 보거든 인자가 가까이 곧 문 앞에 이른 줄 알라
> 24:34 내가 진실로 너희에게 말하노니 이 세대가 지나가기 전에 이 일이 다 이루리라

그리스도는 종말에 관한 강화를 거의 마무리하면서 이스라엘 민족 회복과 더불어 지구 정부의 종말과 자신의 재림에 대한 비밀을 무화

과나무 비유를 통해 알려 주신다.

32절에 가지가 연하여 지고 잎사귀를 내면 여름이 가까웠다는 사실은 1948년 5월 14일의 이스라엘 독립을 의미한다. 이는 대부분의 성서학자들이 동의하는 내용이다.

33절에 이런 사실을 보게 되면 인자가 곧 문 앞에 이른 줄 알아야 한다는 당부를 한다.

그리고 34절에서 이런 일들이 이 세대 즉 한 세대가 가기 전 다 이룰 것이라는 말씀을 하시면서, 자신의 재림과 세상 정부의 종말을 예고한다.

아래의 내용은 본인의 개인적 견해임을 밝힌다. 개인적으로 4차 산업혁명과 유엔 어젠다 2030 그리고 현재 진행되는 모든 시대적 배경을 정보 삼아 성경과 연결시켜 풀어 본 개인적 견해니 참고만 바란다.

1948년에서의 한 세대는 성경적 세대로 계산하면 2048년이 된다. 성경의 한 세대는 100년이다. 이는 이스라엘이 애굽의 포로로 잡혀 4세대 즉 약 400년 만에 해방될 것이라는 말씀에서 그 단서를 찾을 수 있다.[37] 그렇기 때문에 1948년에서 한 세대면 2048년이 된다.

---

37) 창 15:13 여호와께서 아브람에게 이르시되 너는 정녕히 알라 네 자손이 이방에서 객이 되어 그들을 섬기겠고 그들은 사백 년 동안 네 자손을 괴롭게 하리니

그러나 예수님은 한 세대가 가기 전이라는 말씀을 하시면서 2048년보다 앞선 그 어떤 해에 올 것임을 알 수 있다. 이를 예루살렘의 회복과 연결시켜 보자.

예루살렘은 A.D. 70년 이후 수없이 많은 이방인들에게 짓밟혔고, 그 장소엔 이방인의 성전이 들어서 지금까지 있다. 현 유대인들이 정통적인 혈통을 가진 유대인들이 아니더라도 이들은 예루살렘에 자신들의 성전 짓기를 희망하고 있으며 이에 대한 노력을 게을리 하지 않았으나, 아직 그 염원이 이루어지지 않고 있다.

비록 1967년 6일 전쟁 이후 예루살렘이 이스라엘의 영토로 완전히 편입되었어도 예루살렘은 이스라엘 마음대로 할 수 없는 공동 통치 구역으로 남겨 둘 수밖에 없었다. 그러던 중 2017년 12월 6일 당시 대통령이었던 트럼프가 예루살렘을 이스라엘 공식 수도로 인정하게 된다. 당시까지 이스라엘의 수도는 텔아비브였다. 이런 트럼프의 발표가 나오자 세계는 경악했고, 모두 트럼프의 무모한 발언에 대한 책임을 요구했으며 또 다른 중동 전쟁의 불씨를 가져왔다는 식의 논평을 했다. 당시 나온 기사들의 일부 제목이다.

창 15:14 그 섬기는 나라를 내가 징치할지며 그 후에 네 자손이 큰 재물을 이끌고 나오리라
창 15:15 너는 장수하다가 평안히 조상에게로 돌아가 장사될 것이요
창 15:16 네 자손은 사 대 만에 이 땅으로 돌아오리니 이는 아모리 족속의 죄악이 아직 관영치 아니함이니라 하시더니

트럼프의 예루살렘 수도 인정을 반대하는 인터넷 뉴스들 (다음)

국제사회, 트럼프의 '예루살렘 수도 인정'에 "국제법·유엔결의 위반" 분노
도널드 트럼프 미국 대통령이 6일(현지시간), 예루살렘을 이스라엘 수도로 공식 인정한 가운데 국가에서도 이를 비판하는 국제사회의 목소리가 쇄도하고 있다. AP통신을 비롯한 주요 외신 도 민중의소리 | 2017.12.07

트럼프의 예루살렘 수도 인정결정에 유엔안보리 긴... 뉴스타운 | 2017.12.09
트럼프, 이스라엘 수도로 '예루살렘' 공식 인정... 백세시대 | 2017.12.08

이스라엘 호전성 부추기는 트럼프의 예루살렘 수도 인정 논란
도널드 트럼프는 예루살렘을 이스라엘의 수도로 인정하는 연설을 조만간 할 예정이었다. [노동자 연대]를 제작하는 6일 현재, 트럼프가 요르단 국왕과의 전화 통화에서 예루살... 노동자연대 | 2017.12.06

터키 대통령, 트럼프의 예루살렘 수도 인정 받아 강하게 비난
기자 = 지난 7일(현지시간) 터키의 레제프 타이이프 에르도안 (Recep Tayyip Erdogan) 대통령은 도널드 트럼프 미국 대통령이 예루살렘을 이스라엘의 수도로 인정함으로써 이 지... 국제뉴스 | 2017.12.09

호주 "이·팔 분쟁지역 예루살렘, 수도 인정 않겠다"..이스라엘 '분노'
직전 정부서 트럼프 따라 인정해버린 정책, 앨버니지 새 정부가 임상복귀11월 1일 총선 ... 쪽의 수도로 인정하길 기피해왔다. 그러나 2018년 도널드 트럼프 미국 대통령은 이스라엘 '건국' 70주년을 기념, 예루살렘을 이스라엘의 정식 수도로 인정하고 주이스라엘 미국 대... 뉴스1 | 2022.10.18 | 다음뉴스

EU 5개국 "트럼프의 예루살렘 수도인정, 받아들일 수 없어"
유럽연합(EU) 소속 5개국이 예루살렘을 이스라엘 수도로 인정한다는 도널드 트럼프 미국 대통령 수 없다는 입장을 내놨다. AFP·신화통신에 따르면 유엔 주재 영국·프랑스·독일·이탈리아·스웨덴 브릿지경제신문 | 2017.12.09

호주, 예루살렘을 이스라엘 수도로 인정한 결정 철회
4년 전 우파 성향의 스콧 모리슨 전 총리가 내린 결정을 뒤집은 것이다. 모리슨 전 총리는 당시 도널드 트럼프 미국 대통령이 예루살렘을 이스라엘의 수도로 인정하고 텔아비브에... 가톨릭평화신문 | 2022.11.02

트럼프의 "예루살렘 수도 인정"
[워싱턴 = 신화 /뉴시스] 도널드 트럼프 미국대통령이 예루살렘을 이스라엘 수도로 인정하는 선언을 한 6일(현지시간) 워싱턴의 백악관 진입 도로에 경찰의 저지선이 쳐져있다. ... 뉴시스 | 2017.12.07 | 다음뉴스

레바논의 헤즈볼라, 트럼프의 '예루살렘 수도 인정'에 반대 시위 촉구

그런데 그렇게 시끄럽게, 전쟁이라도 날 것처럼 하던 당시의 사건은 수면 아래 완전히 가라앉고 아무 일 없었다는 듯 2022년 11월 현재까지 별 탈 없이 이어져 오고 있다.

2017년은 1967년 이스라엘이 예루살렘을 자신의 영토로 완전히 확정한 해로부터 정확히 50년이 마무리되는 해다. 50년은 성경적으로 희년에 속한다. 즉 예루살렘이 완전히 이스라엘의 영토가 된 후 정확히 50년 만에 기쁨의 해인 희년, 공식적으로 예루살렘이 이스라

엘의 수도로 인정받는다. 뭔가 주님의 귀한 암시가 보이는 대목이다. 이때 이스라엘은 트럼프를 페르시아의 고레스로 비유하기도 했다.

50년에다 20년을 더하면 70년이 나온다. 70년의 성경적 의미는 회복을 의미한다. 1967년에다 70년을 더하면 2037년이 나온다. 본인의 생각이지만, 2037년경 이스라엘의 완전한 회복이 이루어지지 않을까 생각해 본다. 여기서 이스라엘의 완전한 회복은 육적 이스라엘만이 아니라, 영적 이스라엘도 의미한다. 이는 그리스도의 재림을 통해 이루어지는 것으로, 단 9장 24절의 예언 성취를 뜻한다. 물론 이건 순전히 본인 개인의 생각이다.

대충 이렇게 생각하는 것은 나름대로 상당한 이유가 있다. 10가지의 이유만 살펴보자.

첫 번째: 한 세대가 가기 전 즉 2048년 안에 주님이 오신다는 개인적 생각 때문이다.

두 번째: 4차 산업혁명의 발전으로 인한, 새로운 시대의 등장이다. 이 새로운 시대는 인간이 신이 되는 시대가 되며, 대부분의 인간이 트랜스 휴먼이 되는 시기가 2030년대다.

세 번째: 유엔 어젠다 2030이 마무리되면서 2030년대부터 5차 산업혁명 혹은 새로운 유엔 어젠다가 발표돼 인간과 기계가 결합되는 시기가 된다.

네 번째: 생사화복이 인간의 손에 의해 조종될 수 있는 시기가 된다.

다섯 번째: 인간의 수명 연장이 인간의 손에 의해 이루어지는 시기가 된다.

여섯 번째: 더 나아가 BCI 기술의 발전으로 인간의 기억이 사라지지 않는 시대가 되면, 이 기억이 클라우드에 저장되면서 영생을 얻을 수 있는 시기가 된다. 인간의 모든 기록은 지워지나 기억은 지워지지 않는 영생의 시대가 되는 것이다.

일곱 번째: 자연인, 유전인, 사이보그인, 로봇인, 인공 지능인 등 여러 종류의 인종이 공존하는 시대가 된다. 복제 인간도 등장할 수 있다.

여덟 번째: 인간과 짐승 간의 장기 이식 등, 수많은 장기들이 복제되는 시기가 된다.

아홉 번째: 짐승의 표가 되는 마이크로칩의 사회가 된다.

열 번째: 이상의 모든 일들이 한 방향 즉 하나님의 자리를 빼앗는 자리가 된다. 즉 인간이 신이 되는 새로운 세상이 되는 것이다.

이 외에도 여러 많은 이유들이 있지만 대충 열 가지만 살펴보았다. 이상의 내용들은 단지 본인의 생각이지만, 현시대 대부분의 기술과 발전은 필자의 모든 주장을 뒷받침하고 있다.

하나님께서는 이런 시대를 절대 허락하실 수 없다. 만약 이런 시대가 그대로 진행된다면 하나님도, 예수님도 그리고 우리가 믿었던 성경의 모든 가르침이 거짓이 된다. 그렇기 때문에 4차 산업혁명이 고도로 발전하는 시대가 오기 전, 주님은 반드시 오실 것이다.

필자는 이런 이유들로 인해 현 시대적 상황과 성경을 연결시켜 아무리 늦어도 2040년 안엔 주님이 오셔야만 한다는 사실을 알리지 않을 수 없다. 어쩌면 현 상황으로 볼 때 그보다 훨씬 빠를 수도 있을 것으로 보인다. 그러나 그날과 그 시는 주님의 소관이기 때문에 우리로서는 정확히 알 수 없다.

현재 일어나는 모든 일들, 하나하나가 모두 성경의 예언을 이루어 가고 있다. 신이 되고자 하는 인간의 욕망은 사탄의 욕망이며, 결국 하나님의 심판으로 마무리되어야 한다.

예수님은 마 24장 15절에 멸망의 가증한 것이 거룩한 곳에 선다는 말씀을 하시면서 이는 환난 시대에 들어설 성전으로 모든 종교가 통합되면서 각종 가증한 것들이 혼합되는 그런 멸망의 가증한 성전이 들어설 것임을 알리고 있다. 현재 이스라엘이 새로 건축하고자 하는 성전은 모든 종교를 혼합시키는, 물론 우리 기독교도 당연히 들어가게 되는 그런 통합 성전으로서의 모습으로 나타날 것이며 그 어떤 평화의 상징이 될 수 있다.

기독교를 비롯한 모든 종교인이나 세상인들이 새로운 평화의 상징으로 들어서는 예루살렘 성전에 대해 환호하며 감격적인 마음으로 받아들일 것이다. 어쩌면 대부분의 기독교도 여기에 가담할지 모른다. 무서운 배도의 순간을 보게 되는 것이다. 그리고 교회에 대한 배도의 성경적 예언을 모두 이루게 된다.

이미 사탄의 노리개로서 움직이는 수많은 교단이나 교회들은 종교 통합의 일에 더욱더 박차를 가해 갈 것이다. 이미 자유주의 신학적 교단과 웨슬리안적 행위 중심의 교단들을 중심으로 한 反인 WCC 그리고 보수주의인 개혁주의나 복음주의를 중심으로 하는 正인 WEA 등을 통해 合이 되는 종교 통합의 불길은 더욱더 강하게 치솟고 있다. 코로나 이후 이들이 서서히 움직이면서 모든 종교를 통합하려는 일에 박차를 가하고 있으며, 대규모의 연합 집회 등을 통해 이미 배도한 모든 단체와 손을 잡고 성장, 부흥, 회복 등의 현란한 구호를 외쳐 가며 함께하고 있다. 모두가 하나 되어 잘 살아 보자는 것일까. 슬픈 현실이다.

제20장

모든 것이 가능하나
모든 것이 추적, 감시되는 세상

▶▶▶▶   꿈과 상상이 하나 되는 세상, 가진 것이 아무것도 없으나 모든 이가 행복한 세상, 범죄 없이 모든 범죄가 예방되고, 모든 사람들이 평등하고 공평하게 사는 세상, 대부분의 질병이 예방되고, 인간 수명 조절이 가능한 세상, 기아가 없는 세상, 하나로 연결된 세상 속에서의 새로운 정체성으로 하나 되어 사는 세상, 대부분의 일은 로봇이 하고, 인간은 여가 선용과 레저 활동을 통해 새로운 즐거움을 누리며 사는 세상.

모두가 다가올 새로운 시대의 현란한 용어들이다. 현 4차 산업혁명의 모든 기술들은 이런 일들을 가능하게 하고, 이런 시대가 옴에 대해 전문가들 대부분이 예측하고 있다. 대표적인 인물로 레이 커즈와일, 일론 머스크, 제프 베이조스, 토마스 프레이, 클라우스 슈밥, 유발 노아 하라리, 닉 보스트롬, 데이비드 싱클레어, 제니퍼 다우드나, 샤르팡티에, 제롬 글렌 등과 우리나라 인물로는 김창경, 최재붕, 이진화, 정재승, 박영숙 등의 인물들이 있다.

인간의 꿈과 이상, 가상, 증강, 확장의 현실로 이루어지는 메타버스 내에서 모두 이루어 낸다. 인간에게 제공되는 대부분의 식량은 복제되거나 인조로 만들어져 보급되며, 초연결된 통신 기술의 혜택으로 모든 범죄가 미연에 방지되면서 범죄 대부분이 사라진다. 원격 의료의 보편화와 의료용 마이크로칩의 고도화로 모든 질병 예측이 가능하고, 예방과 처치, 그리고 원격 수술이 가능해지면서 대부분의 질병이 정복된다. 이제 인류가 아무것도 가지지 않고, 아무 일도 하지 않아도, 정부가 생계를 보장해 주고, 모든 일은 로봇이 처리하면서 인간의 삶을 책임져 준다. 전 세계 어디를 가더라도 제공된 디지털 아이디로 아무런 불편 없이 다닐 수 있고, 통일된 디지털 화폐를 통해 통화의 문제도 걱정 없으며, 초연결된 BCI 기술의 혜택으로 모든 외국 언어는 자동 번역되고 통역이 가능해진다.

이식된 마이크로칩을 통해 어디를 가든 정부의 보호를 받게 되고, 모든 사고와 위협으로부터 보호된다. 위험이 다가오면 정부의 관제 센터로 전송되어 모든 위험을 미연에 방지하고, 범죄 위험 시 드론이 뜨면서 방어해 준다. 실종되거나 납치되어도 모든 위치 추적이 가능해 즉시 발견, 구조할 수 있게 된다.

현재 이런 내용을 쓰는 필자도 뭔 소설을 쓰는 듯한 느낌을 받는다. 그리고 그런 오해도 가끔씩 받곤 한다. 공상 과학 소설이나 영화를

너무 많이 본 것이 아니냐고. 서로의 대화 간에 말은 하지 않아도 그런 느낌을 받으면서 뭔 달동네 이야기를 하는 듯한 느낌을 많이 받는다.

그러나 필자가 말한 모든 내용은 본인의 상상에 의해서라거나 일개 무명의 인물이 연구한 내용이 아니고, 세계적 석학이나 전문 과학자, 그 분야에 있어 타의 추종을 불허할 정도의 세계적 인물들이 발표하고 기록해 연구한 수많은 책들과 논문들을 참고하여 알리는 것이며, 연일연야 우리 매스컴을 통해 알리는 내용을 아주 간단히 정리해 알린 것뿐이다.

우리 그리스도인들, 그리고 목회자들이 너무 공부를 하지 않아, 시대의 흐름을 전혀 모르다 보니 이상하게 들리고, 공상 과학처럼 들리고, 사차원처럼 들릴 뿐이다.

위에서 알린 내용들은 현재 모두 그대로 진행되고 있는 일들이다. 머지않아 이런 현장 속에 원하던 원치 않던 우리 모두가 들어가 있게 될 것이며, 그때 이 사실을 인지할 때는 이미 모든 것을 되돌리기에 너무 늦어 버린 때다.

그리스도인으로서 그리고 목회자로서 시대를 성경과 접목해 살펴보지 않을 수 없다. 주님도 그렇게 하셨고, 제자들도, 모든 사도들이나 성경의 신실한 지도자들이 그렇게 안내했다. 위클립, 후스가 그러하였고, 칼빈이 그러했으며 요나단 에드워즈, 헤르만 바빙크 그리고 우리나라의 주기철, 손양원, 박윤선, 박형룡 등의 귀한 종들이 그렇게 했다.

성경을 시대와 접목시켜 올바르게 알리지 못하면 성경은 하나의 소설로, 신화로 또는 세속 종교들이 가르치는 그런 경전과 다를 바 없다.

성경은 항상 그리고 변함없이 이 세대를 바로 알고, 이 세대를 따라가지 말 것을 철저히 권면하고 있다. 어느 한 성경도 당시 시대에 대한 경고와 권면 그리고 심판을 선포하지 않은 성경이 없다. 모세 오경, 역사서가 그랬고, 시가서와 선지서들이 그래 왔다. 신약에 들어 주님이 그렇게 하셨고, 그를 따른 모든 주의 자녀들이 그렇게 했다. 그렇게 세상과 싸우면서 그들은 시대를 분별했고, 목숨까지 바치면서 시대와 싸워 신앙을 지켜온 인물들이다.

현시대는 참으로 암울하다. 교회에 대한 새로운 희망을 찾기 어렵다. 시대에 대해 진단해 알리는 교회를 거의 찾을 수 없으며, 시대에 대해 경종을 울리는 목회자 또한 찾을 수 없다. 간혹 있기는 하나, 대부분이 거짓된 종말론의 가르침으로 일관하고 있다. 성도들에게 두려움과 혼란을 가중시키는 말들 일색이다.

꿈과 상상이 현실이 되는 세상, 과연 어떤 세상이 될 것 같은가. 필자가 앞에서 제시한 정말 꿈과 같은 세상이 오리라 생각하는가. 새로운 세상에 대한 현란한 언어 묘사에 있어, 세상 사람들에겐 사탕처럼 달콤하게 들릴진 몰라도 이 달콤함의 중심에는 모두를 죽이는 독약이 들어 있다. 이러한 세상 안에는 하나님의 존재를 부인하고, 성경을 믿을 수 없는 책으로 만들어 가는 무서운 세뇌적 가르침들이 들어있다. 이미 그런 세뇌에 대부분의 성도나 교회들이 가스라이팅된 것으로 보인다. 지성과 감성이 가스라이팅되어 거짓을 전부 진리로 받아들여 버리고, 이 세상과 짝하여 함께 가려고 한다.

꿈과 상상이 현실이 되는 세상은 모든 것이 초연결된 세상이 된다. 사물과 인간도 하나로 연결되는 새로운 디지털의 세상이 된다. 인간이 기계가 되고, 기계가 인간이 된다. 우리의 모든 것이 보호되고, 관리되지만 모든 것이 통제되고, 모든 것이 감시된다. 아무리 감추고 싶어도 감출 수 없고, 피하고 싶어도 피할 수 없는 세상이 된다. 하늘을 비롯한, 땅, 바다 이 모두에 통신 시스템이 들어서면서 모든 사람들의 일거수일투족이 감시된다. 이런 세상을 떠나 따로 살고 싶어도 도망할 곳도 도망갈 곳도 없어진다.

요한 계시록 9장엔 하나님의 나팔 심판이 나온다. 다섯째 나팔 때 황충 심판이 나오는데 이때는 죽고 싶어도 죽음마저 피해 가는 고통이 따른다고 한다. 5개월이란 기간이 나오지만, 죽음마저 피해 가는 재앙. 죽고 싶을 정도로 고통이 중한 시기로 보여진다. 그런데 죽어지지 않는다. 죽고 싶어도 죽을 수 없다.

BCI 기술의 발달로 인간 뇌의 기억이 컴퓨터 클라우드상에 저장되어 떠돌아다닌다면 계시록의 내용이 어느 정도 이해된다. 떠돌아다니는 기억이 있는 한 살아 있으며, 누군가가 없애 주지 않으면 그 기억은 영원한 존재가 된다. 물론 계시록의 황충 재앙과 그 성격은 다르나 죽고 싶어도 죽을 수 없는 시대가 올 수 있다.

BCI 기술은 브레인칩이 고도화된 것으로, 인간의 기억과 컴퓨터를 연결해 인간이 곧바로 컴퓨터가 되도록 하는 기술이다. 군사 목적을 위해 연구된 기술이지만 이제 이 기술이 민간에게로 넘어와 수많은 민간 업체에서 BCI 연구에 박차를 가하고 있다.

BCI 기술의 발달은 결국 인간의 뇌와 컴퓨터 간의 연결로, 영원히 살고 싶어 하는 인간의 영원한 꿈을 실현시켜 줄 수 있는 기술이 된다.

세계 최대의 미래학자 집단인 '세계미래연구기구협의회'에 속한 베네수엘라의 미래학자 호세 코르데이로(Cordeiro·44)[38] 박사는 레이 커즈와일 박사와 마찬가지로 인류가 '인위적 진화'를 하는 중이며 궁극적으로는 완전히 새로운 형태의 신인간이 탄생할 것이라고 하면서, 영원한 삶을 살아갈 수 있는 인간이 곧 만들어질 것을 예견했다.

---

38) MIT 공학 박사. 미 조지타운대학교에서 국제경제·비교정치를 연구했고, 프랑스 INSEAD(유럽 경영 대학원)에서 MBA 과정을 거쳤다. 세계 트랜스휴머니스트협회 창립 이사로서 유엔미래포럼 등 미래학과 관련한 국제 활동을 벌이고 있다. 현재 베네수엘라 중앙대학교(UCV)의 교수로 있으면서 유엔미래포럼의 국가미래지수 프로젝트 연구에도 참여하고 있다.

결국 인간의 끝없는 욕망은 무병장수하며 더 나아가 영생을 얻으려는 기술까지 획득해, 영원한 삶을 누리려 한다. 인간이 할 수 있는 최후의 일로 보인다. 만약 이 기술이 가능해진다면 기술이 허락하는 한 인간은 가상과 현실의 구분 없이 수많은 새로운 세상을 창조하며, 새로운 인간들을 만들어 갈 것이다. 그리고 신의 위치에서 마음만 먹으면 모든 것을 할 수 있는 자가 되려 할 것이다.

인류는 인간과 기계가 연결되면서 모든 것이 조화롭게 융합되어 꿈과 상상이 실제가 되는 세상을 기대하지만, 이 모든 것은 인류의 파라다이스를 가져오는 것이 아니라 디스토피아를 가져오게 될 것이다.

인간의 성품은 선하지 못하다. 이미 죄로 오염된 세상 속에 던져진 인간의 행위는 속으로부터 솟아나는 욕심의 한계를 버리지 못한다. 모든 것을 지배하고, 다스리고 싶어 하는 일단의 인간들은 현시대 그들이 할 수 있는 모든 기술을 총동원해 전 인류를 통제하고, 지배하며 감사하는 세상으로 만들어 갈 것이다. 초연결된 세상은 결국 인간을 통제, 감시하는 기술로 사용될 것이며 모든 인간의 자유가 제한되고, 국가의 통치에 복종하지 않으면 생존의 위협까지도 받게 될 것이다.

인류는 모든 것이 가능한 시대로 들어갈 수 있을지 모르나 모든 행동이 추적되고 감시되는 새로운 통제 사회로 들어갈 것이며, 거기에 쉽게 길들여지는 자들은 치욕적이고 굴욕적인 삶을 살게 될 것이고, 저항자들은 국가로부터 제거당하게 될 것이다.

국가 최후의 적 대부분이 우리 그리스도인들이 될 것이다. 최후까지 새로운 짐승 정부와 싸우는 자들 대부분이 그리스도인이 될 수밖에 없다. 성경은 짐승 정부 시대에 있어 끝까지 저항하며, 짐승 정부와 대항해 싸우는 자들이 그리스도인임을 알리고 있다. 짐승 정부는 그리스도인들에 대한 무자비한 박해와 어려움을 주게 될 것이나 그리스도인들은 주님의 보호 가운데 승리하게 될 것이다.

소결

성경은 마지막 시대에 대한 가르침을 아주 정확하게 알려 주고 있다. 세계 정부의 등장, 세계 정부의 통치, 이 기간에 일어나는 대 환난 그리고 그리스도의 재림 등의 내용들이 하나의 거짓도 없이 그대로 실현되고 있다.

현재 세계 정부를 구성하고자 하는 이들은 4차 산업혁명의 발전을 철저히 이용할 것이다. 이 혁명을 이용해 전 세계를 디지털 사회로 만들어 사물 인터넷으로 연결시킬 것이며, 모든 인간들에게 복지와 행복을 가장해 칩을 받도록 유도하면서 인간과 사물 간의 소통이 가능하게 하고 결국 모든 사람들을 칩이라는 매체를 통해 감시하게 될 것이다.

현재 이 일은 급속도로 진행 중이고 이미 방송에서도 디지털 아이디란 용어로 여러 차례 언급된 내용이다.

우리 그리스도인들이 시대에 대한 안목이 부족하거나 관심 없으면 주님이 보여 주시는 시대적 징조와 수많은 매체를 통해 알리는 주의 재림에 대한 계시를 알 수 없다.

제4부

하나님의 심판

제21장 하나님의 심판
제22장 하늘 전쟁
제23장 강제되는 짐승의 표
제24장 음녀의 심판과 바벨론의 무너짐
제25장 그리스도의 재림
소결

지금까지 필자는 유엔 어젠다 2030 그리고 실천 사항인 제4차 산업혁명, ID2020 프로젝트, 더 그레이트 리셋 등, 유엔 어젠다 2030을 실현하기 위한 현시대의 모습을 성경과 연결하면서 살펴보았다.

정반합의 원리를 철저히 활용해 시대에 적용시키며 진행해 온 딥스의 거대한 계획의 완성인 어젠다 2030은 약간의 저항은 있으나 별 무리 없이 진행되고 있으며, 결국 이 어젠다의 실현은 디지털 사회로서의 짐승 정부 등장, 짐승의 표 이식 등의 일들이 일어나면서 하나님의 심판을 미룰 수 없는 시대임을 밝혔다.

이제 4부, 5부의 내용을 통해 성경 특히 계시록을 중심으로 한 심판과 시대적 진행을 살펴보면서 계시록 6장부터 진행되는 하나님의 심판이 18장까지 이어 마무리되고, 19장의 그리스도의 재림, 20장의 천년 왕국, 21장의 신천 신지의 도래까지 간략히 정리하며 우리 교회의 모습과 교회의 경성을 촉구하면서 글을 마무리 하게 된다.

현재까지 현시대의 무서움에 대해 그리고 유엔 어젠다 2030, 제4차 산업혁명이 하나님에 대한 인간의 마지막 도전이며 이 혁명의 중간에 사탄이 있고, 그리스도의 재림이 이루어지지 않으면 기독교의 근본이 사라질 것이라는 충격적인 사실을 알리는 책은 필자의 책 외엔 한 권도 없다. 너무 안타까운 일이다.

제4차 산업혁명과 연결된 신앙적 책 대부분이 새로운 기독교의 시대, 교회의 새로운 변화와 갱신, 새로운 성장의 시대에 대한 희망적 메시지를 전하는 일부의 책은 있어도 4차 산업혁명의 성경적 도전에 대한 책은 찾아보질 못했다.

성경이 거짓이고, 하나님의 존재가 거짓이라면 하나님의 심판과 그리스도의 재림은 일어나지 않는다. 그러나 성경이 사실이고, 하나님의 존재가 사실이라면 주님은 이 시대에 오셔야 한다. 그렇지 않으면 인간이 신의 자리로 가며, 새로운 세상과 새로운 피조 세계, 새로운 인간들을 하나님이 아닌 인간들이 만들어 내는 세상이 온다. 이미 그 일은 진행되고 있다. 이런 사실을 다시 한번 유념하면서 21장부터 30장까지 진행되는 4부, 5부의 내용을 살펴보자.

제21장

하나님의 심판

▶▶▶ 성경은 '태초에 하나님이 천지를 창조하시니라'(창 1:1)는 장엄한 문구로 시작한다. 이 말씀 가운데 END, 즉 끝이 있다는 암시를 발견할 수 있다. 태초가 있으면 마지막이 있음도 짐작 가능하다.

이 세상은 하나님의 은총으로 만들어진 세상이다. 하나님께서는 온 우주를 만드셨다. 온 우주 가운데 오직 인간이 살 수 있는 한 별을 택해 정비해 주셨다. 지구다. 이 지구는 인간이 살 수 있도록 하기 위해 하나님께서 특별한 섭리로 만드신 별이다.

많은 천문학자나 과학자들이 외계인을 이야기하고, 수천억 개나 되는 우주의 별 가운데 지구와 비슷한 여러 별들이 존재함을 이야기하면서 여러 생명체들이 이 우주 가운데 존재함을 말한다.

그러나 성경은 인간이 거주할 수 있는 곳은 온 우주 가운데 그 어느 별도 아니고 오직 지구만이 인간이 거주할 수 있는 별임을 설명한다. 지구를 선정해 인간들을 살게 하시면서 인간들에게 영원히 살 수 있는 생명의 길을 주었으나 인간은 그 길을 포기하고, 악한 사탄의 유혹에 넘어가 하나님께 도전하게 되면서 하나님의 심판으로 죽음과 저주가 이 땅에 들어오게 된다. 이제 인간은 영원한 생명을 상실하고 저주받은 세상으로 쫓겨나 하나님의 심판을 기다리며 절대 절망의 삶을 살아가야만 했다. 그러나 하나님께서는 온 우주 가운데 한 지구를 선정해 인간을 살게 했듯이, 수많은 사람 가운데 한 사람 그리고 이 한 사람을 통해 민족을 이루게 하시고, 여러 민족들 가운데 한 민족을 선택하시고, 그 민족 가운데 오직 한 분 그리스도를 선택하셔서 인간들이 받아야 할 모든 심판을 그리스도가 대신 받도록 하셨고, 그리스도를 통해 인간을 원래의 위치로 회복케 해 주셨다.

인간의 인간됨은 하나님께서 주신 하나님의 형상을 회복하는 길밖에 없다. 하나님의 형상을 회복하는 유일한 길은 오직 그리스도밖에 없으며 그리스도를 통해 인간은 잃어버린 하나님의 형상을 회복케 되고, 하나님의 용서를 통해 모든 심판에서 제외된다. 요한복음 5장 24절의 말씀이다.

> 5:24 내가 진실로 진실로 너희에게 이르노니 내 말을 듣고 또 나 보내신 이를 믿는 자는 영생을 얻었고 심판에 이르지 아니하나니 사망에서 생명으로 옮겼느니라

하나님께서는 그리스도를 통해 인간의 구원을 약속하셨다. 그리스

도를 믿는 자는 영생을 이미 얻었고, 장래의 심판에서 제외되었고, 사망, 시체와 같은 죽음으로부터 생명으로 옮겨졌다고 예수님이 분명히 말씀하셨다.

하나님께서는 자신의 백성을 찾기 위해 마지막 한 이레를 잠시 멈추고, 오랜 세월 동안 인내하시고 또 인내하면서 자신의 백성을 찾으셨다. 예수님께서 이 땅에 계실 때, 마지막 하나님의 심판을 말씀하시면서 그 심판의 때를 마태복음 24장을 통해 아주 친절히 설명하셨다.

주의 복음이 예루살렘에서 온 유대와 사마리아 그리고 땅 끝까지 전파될 그때 주님은 이 땅을 심판하기 위해서 다시 오신다 했다. 이제 주의 복음이 땅 끝까지 전해졌고, 마태복음에서 가르치신 하나님의 심판의 때가 다가왔음을 현시대 일어나는 수많은 종말적 징조를 통해 충분히 알 수 있다.

현 우리들의 시대는 모든 것이 하나님에 대한 도전으로 얼룩져 있다. 사방팔방 그 어느 곳에도 하나님을 도전하지 않는 곳이 없다. 성경에서 계시한 하나님 심판의 계시도 모두 이루지고 있다. 인간의 영역이 닿는 모든 곳엔 하나님에 대한 도전으로 가득 차 있다. 정치와 경제, 사회와 문화, 교육과 예술, 종교 등. 심지어 우리 기독교까지 하나님에 대한 도전으로 사기충천하다. 배도의 무서움을 알지 못한 채, 우리 기독교는 각종 거짓 가르침과 손잡았고, 세상의 더러운 명예와 부귀 그리고 권세와 손잡았다.

목회자는 부를 위해 목회하고, 성도는 그런 목회자를 주의 종이라 따르며 환호하고 있다. 내가 세운 교회라 해서, 거대한 교회의 세습을 성경적인 양 당연한 듯, 기업 물려주듯 물려주고 있다. 예레미야 5장 30~31절의 말씀이다.

**5:30 이 땅에 기괴하고 놀라운 일이 있도다
5:31 선지자들은 거짓을 예언하며 제사장들은 자기 권력으로 다스리며 내 백성은 그것을 좋게 여기니 그 결국에는 너희가 어찌 하려느냐**

미가에게 외치시는 주의 말씀을 보라.

**3:5 내 백성을 유혹하는 선지자는 이에 물면 평강을 외치나 그 입에 무엇을 채워 주지 아니하는 자에게는 전쟁을 준비하는도다 이런 선지자에 대하여 여호와께서 가라사대
3:11 그 두령은 뇌물을 위하여 재판하며 그 제사장은 삯을 위하여 교훈하며 그 선지자는 돈을 위하여 점치면서 오히려 여호와를 의뢰하여 이르기를 여호와께서 우리 중에 계시지 아니하냐 재앙이 우리에게 임하지 아니하리라 하는도다**

현 4차 산업혁명의 시대, 꿈과 상상이 현실이 되는 시대를 기대하고, 수많은 목회자들이 여전히 평강을 외치며 부흥과 성장을 외치고 있다. 이미 도끼가 나무뿌리에 놓여 있음에도 여전하다. 두령들이 뇌물을 위해 재판하며 목회자들이 삯을 위해 교훈하고, 선지자들이 돈을 위해 점치는 시대로 접어들었다. 그러면서 하나님이 우리 가운데 계시고 우리는 재앙을 받지 않을 것이라 말한다.

이제 하나님의 인내도 마무리되고 있다. 현재 일어나고 있는 혼란과 난리는 조금의 시간이 지나면서 안정되는 시기로 들어갈 것이나, 이를 이용해 마지막 시대 하나님의 대적자인 적그리스도가 평화를 외치며 등장할 것이다. 각국과 평화 조인을 맺고 또 맺으려 할 때 하나님의 심판의 인이 떨어지면서 이 세상은 사람들의 손에 의한 심판이 아니라 하나님의 손에 의한 심판이 진행될 것이다.

이 심판은 인간이 다스리는 지상 정부 최후 심판으로, 그 어떤 인간도 막을 수 없다. 현재 수많은 재벌들이 나름 지하 벙커를 만들어 그들의 도피처를 구축해 두었지만, 하늘 높이 올라가고, 다른 별로 도망가고, 땅속 깊이 그리고 바다 깊이 숨어도 하나님의 진노의 심판은 피하지 못한다.

오랜 세월 하나님을 믿고 의지해 오던 하나님의 자녀들에 대한 원한을 모두 갚아 주시는 때다.

계시록 6장부터 시작되는 하나님의 장엄한 심판은 인의 심판, 나팔 심판 그리고 대접 심판을 끝으로 계시록 18장에서 마무리된다. 그리고 19장엔 그리스도의 위대한 재림이 이루어진다.

계시록 6장부터 시작되는 하나님의 심판 기간 동안 우리 성도들에게도 잠깐의 어려움은 있겠지만, 하나님의 초자연적 능력으로 보호받고, 지키심을 입을 것이다.

중학교 때 꾼 꿈이 살짝 스쳐 지나간다. 종말에 대해 아무것도 모르던 때였다. 환난에 대한 꿈이었다. 내가 서 있는 곳을 중심으로 반대편은 불 심판으로 심판받아 아비규환의 현장 그대로였다. 지금도 눈에 선하다. 나와 상대방과의 거리는 불과 1미터도 되지 않았는데, 내쪽은 아무런 일이 일어나지 않았고, 상대방은 나더러 제발 살려 달라 손을 내밀었다. 그냥 잡고 당기면 되는 일인데……. 그때 내가 대답한 말도 또렷이 기억난다. 내가 당신을 건져 주고 싶어도 보이지 않는 막이 있어 당신을 이리로 데려올 수 없다는 말이었다. 그냥 꿈일 뿐이다.

하나님의 심판이 진행되면 우리가 세상 사람들을 구할 수 없다. 이미 구원의 문은 닫혔고, 은혜의 기간도 마무리되었기 때문에 사람들의 회개가 되지 않는다. 계시록에 보면 하나님의 심판 가운데 사람들은 회개하기보다 오히려 더 하나님께 대적자로 대적하는 모습이 나온다.

> 계 9:20 이 재앙에 죽지 않고 남은 사람들은 그 손으로 행하는 일을 회개치 아니하고 오히려 여러 귀신과 또는 보거나 듣거나 다니거나 하지 못하는 금, 은, 동과 목석의 우상에게 절하고
> 계 9:21 또 그 살인과 복술과 음행과 도적질을 회개치 아니하더라
> 계 16:9 사람들이 크게 태움에 태워진지라 이 재앙들을 행하는 권세를 가지신 하나님의 이름을 훼방하며 또 회개하여 영광을 주께 돌리지 아니하더라
> 계 16:11 아픈 것과 종기로 인하여 하늘의 하나님을 훼방하고 저희 행위를 회개치 아니하더라

참 아이로니컬한 장면들이다. 하나님의 심판인 줄 알면서도 이들은 회개를 하지 않고 오히려 하나님의 이름을 훼방하며 도전하는 모습들이다. 이들은 용서를 구하지 않는다. 그 무서운 심판 가운데서도 이들은 이들의 잘못을 돌아보지 않고, 오히려 하나님께 대적한다. 그게 마귀다. 하나님 심판 때의 인류는 이미 마귀의 종으로 회개 자체가 안 되는 자들이며, 하나님의 은혜 기간도 마무리되었고 주께서 회개의 귀한 은총을 베풀지 않기 때문에 주님께로 돌아오지 못한다. 이 시기의 모습에 대해 성경은 다음과 같이 증거한다.

계 22:11 불의를 하는 자는 그대로 불의를 하고 더러운 자는 그대로 더럽고 의로운 자는 그대로 의를 행하고 거룩한 자는 그대로 거룩 되게 하라

불의한 자, 더러운 자는 그대로 불의하고 더럽게 된다는 것이며 의로운 자는 그대로 의를 행하고 거룩케 된다는 것이다.

인간에겐 주님의 은총이 없으면 절대 주님을 찾을 수 없다. 회개의 거룩한 은총이 임할 때 우리는 회개되고, 성령의 도움이 있을 때 주님을 우리의 주로 고백할 수 있다. 성경은 은혜의 날과 구원의 때가 있음을 알리고 있다. 고후 6장 2절이다.

6:2 가라사대 내가 은혜 베풀 때에 너를 듣고 구원의 날에 너를 도왔다 하셨으니 보라 지금은 은혜 받을 만한 때요 보라 지금은 구원의 날 이로다

이제 우리에겐 시간이 얼마 없다. 은혜의 날과 구원의 날의 시간이 마무리되고 있다. 하나님을 향한 인류의 도전이 그 도를 넘어도 한참 넘었다. 주의 자녀들에 대한 추수 기간이 마무리되면서 곧바로 하나님의 심판이 진행될 것이다.

제22장

하늘 전쟁

▶▶▶▶ 하나님 심판은 전반기 심판과 후반기 심판으로 나뉜다. 전반기 심판은 계시록 6장부터 시작되는데, 한 왕이 등장해 평화 조약을 맺는 시점이며 마지막 한 이레의 톱니바퀴가 돌아가는 순간이다.

6장에서 시작되는 전반기 환난은 12장까지 진행되면서 그 정점을 찍는다. 증인의 사역이 마무리되고, 증인의 순교, 부활 그리고 승천이 이루어지는 장면이 계 11장에 나타나는데, 이어 12장엔 하늘 전쟁이 있음을 보여 준다.

하늘 전쟁을 보여 주는 것은 새로운 환난의 시작을 알리는 사인이며, 사탄의 마지막 발악임을 알 수 있는 장면이다.

12장에 나타나는 하늘 전쟁은 하나님의 군대장인 미카엘과 사탄의 싸움으로 사탄이 패하면서 지상으로 내쫓겨 난다. 이때 사탄은 지상의 통치자에게로 들어가 자신들에게 내리는 모든 환난의 원흉이 하나님이라는 사실을 알고 있으나 하나님께는 대적하지 못하고, 하나님을 섬기는 주의 자녀들에게로 그 화살을 돌린다.

이 장면은 창세기 3장과 크로스된다. 세상이 만들어지기 전, 먼저 영계가 만들어진다. 이 영계의 주인은 하나님이시며, 하나님을 섬기도록 만들어진 존재들이 천사다. 천사들이 자신의 위치에서 벗어나지 않고 최선을 다해 섬겼더라면 참 좋았을 텐데 천사 중 지극히 높임을 받는 천사가 다른 천사들을 유혹해, 자신이 하나님의 자리에 앉으려는 반역을 일으킨다. 이 내용은 이사야 14장과 에스겔 28장을 참조하되 영적으로 참조해야 한다.

하늘 반역에 실패한 천사는 사탄 즉 대적자라는 불명예스러운 이름을 갖고, 공중을 배회하며 공중의 권세 잡은 자로 불리게 된다.

하나님께서는 영계를 창조하신 후, 사탄의 반역을 물리치고 난 뒤 얼마의 시간이 흘렀는지는 모르겠으나 우주와 인간이 살 수 있는 지구를 만드시고 인간을 지구의 주인으로 살게 하셨다.

사탄은 이를 놓치지 않고, 자신이 하나님과 같아지고자 하는 그 욕심을 대리 만족이라도 하듯, 하나님이 금하신 선과 악을 알게 하는 나무의 실과를 먹으면 하나님과 같아질 것이라는 무서운 거짓말로 유혹한다. 이 유혹에 인간이 넘어가 하나님의 심판이 오게 된다.

계시록 12장의 하늘 전쟁에서 패한 사탄, 역시 이 땅으로 쫓겨 내려와 하나님의 자녀들을 향해 공격의 고삐를 늦추지 않는다. 최초의 인간인 아담은 사탄의 유혹에 넘어갔지만, 마지막 시대 공격하는 사탄의 유혹과 공격은 하나님의 백성을 넘어뜨리지 못한다. 주 예수의 거룩한 보혈과 하나님께서 주신 믿음으로 이 사탄의 공격을 이겨 낸다. 그리고 하나님께서는 대피처를 통해 주의 자녀들을 보호하시고, 환난에 던져진 주의 자녀들도 이길 수 있도록 해 주신다. 사탄이 절대 이길 수 없다.

성경은 우리의 삶, 그 자체가 눈에 보이는 혈과 육에 대한 싸움 즉 이생의 전쟁이 아니라, 눈에 보이지 않는 영적 전투의 삶이라 안내한다. 엡 6장 10~20절까지다.

6:10 종말로 너희가 주 안에서와 그 힘의 능력으로 강건하여지고
6:11 마귀의 궤계를 능히 대적하기 위하여 하나님의 전신갑주를 입으라
6:12 우리의 씨름은 혈과 육에 대한 것이 아니요 정사와 권세와 이 어두움의 세상 주관자들과 하늘에 있는 악의 영들에게 대함이라
6:13 그러므로 하나님의 전신갑주를 취하라 이는 악한 날에 너희가 능히 대적하고 모든 일을 행한 후에 서기 위함이라
6:14 그런즉 서서 진리로 너희 허리 띠를 띠고 의의 흉배를 붙이고
6:15 평안의 복음의 예비한 것으로 신을 신고
6:16 모든 것 위에 믿음의 방패를 가지고 이로써 능히 악한 자의 모든 화전을 소멸하고
6:17 구원의 투구와 성령의 검 곧 하나님의 말씀을 가지라
6:18 모든 기도와 간구로 하되 무시로 성령 안에서 기도하고 이를 위하여 깨어 구하기를 항상 힘쓰며 여러 성도를 위하여 구하고

6:19 또 나를 위하여 구할 것은 내게 말씀을 주사 나로 입을 벌려 복음의 비밀을 담대히 알리게 하옵소서 할 것이니
6:20 이 일을 위하여 내가 쇠사슬에 매인 사신이 된 것은 나로 이 일에 당연히 할 말을 담대히 하게 하려 하심이니라

우리 인생의 삶, 그 자체가 영적 전투임을 정확히 안내한다. 영적 전투기 때문에 영적인 힘과 무기를 소유해야 하며, 영적 힘은 10절의 말씀대로 주 안에 있을 때 그리고 그분의 힘의 능력으로 강해지는 것이다. 그리고 영적 전투에 있어 여러 무기들을 설명한다. 여러 절수로 설명했으나 아주 간단하다. 믿음과 말씀과 기도다.

성도는 하나님의 자녀로, 그분이 주신 믿음과 그분의 힘, 그분의 능력으로 강해지고, 끝없이 도전해 오는 사탄의 영적 공격들을 막아 내고 이겨 낸다.

하늘 전쟁에서 패한 사탄이 아무리 우리를 죽이기 위해 무자비한 박해와 공격을 해 와도 주의 성도는 주님이 주신 믿음이 있기 때문에 반드시 승리한다. 하나님께서 승리를 보장해 주셨고, 직접 말씀하셨기 때문이다. 롬 8장 31~39절까지다.

8:31 그런즉 이 일에 대하여 우리가 무슨 말 하리요 만일 하나님이 우리를 위하시면 누가 우리를 대적하리요
8:32 자기 아들을 아끼지 아니하시고 우리 모든 사람을 위하여 내어 주신 이가 어찌 그 아들과 함께 모든 것을 우리에게 은사로 주지 아니하시겠느뇨

8:33 누가 능히 하나님의 택하신 자들을 송사하리요 의롭다 하신 이는 하나님이시니

8:34 누가 정죄하리요 죽으실 뿐 아니라 다시 살아나신 이는 그리스도 예수시니 그는 하나님 우편에 계신 자요 우리를 위하여 간구하시는 자시니라

8:35 누가 우리를 그리스도의 사랑에서 끊으리요 환난이나 곤고나 핍박이나 기근이나 적신이나 위험이나 칼이랴

8:36 기록된 바 우리가 종일 주를 위하여 죽임을 당케 되며 도살할 양같이 여김을 받았나이다 함과 같으니라

8:37 그러나 이 모든 일에 우리를 사랑하시는 이로 말미암아 우리가 넉넉히 이기느니라

8:38 내가 확신하노니 사망이나 생명이나 천사들이나 권세자들이나 현재 일이나 장래 일이나 능력이나

8:39 높음이나 깊음이나 다른 아무 피조물이라도 우리를 우리 주 그리스도 예수 안에 있는 하나님의 사랑에서 끊을 수 없으리라

성경은 하나님께서 주신 약속의 말씀이다. 이 말씀이 생명이며, 이 생명은 오직 그리스도만을 통해 나온다. 위의 내용을 한 마디로 요약하면 이 세상 그 어떠한 것도 하나님의 자녀들을 망하게 하지 못한다는 내용이다. 하나님의 자녀들을 지키고 보호하기 위해 하나님께서 자신의 아들인 그리스도를 죽이신 분이다. 그렇기 때문에 그 어떠한 박해나 환난, 곤고, 핍박, 기근 심지어 죽음까지도 그렇다.

우리는 하나님의 무서운 심판 가운데, 이긴다. 이기되 넉넉히 이긴다. 심판의 하나님께서 우리를 지켜 주시기 때문이다.

전반기 환난이 마무리되면서 계시록 13장부터는 후반기 환난이 진행됨을 알리면서 적그리스도의 무자비한 박해가 있음을 알리고 있고, 짐승의 표가 강제되는 장면을 보여 주시면서 후반기 환난의 때를 알려 주신다.

제23장

강제되는 짐승의 표

▶▶▶▶ 4차 산업혁명 시대, 스마트 정부 시대, 디지털 정부 시대, 짐승 정부 시대, 세계 정부 시대, NEW WORLD ORDER, NEW AGE 시대 등. 모두 하나로 연결되는 새로운 시대의 새로운 정부가 만들어지고, 들어서는 용어들이다.

이제 우리 인류는 4차 산업혁명의 중심부로 들어선다. 4차 산업혁명 시대에 들어서면서 많은 것들이 이루어졌다. 유전자 가위, 인공지능, 인공 지능 인간, 유전자 인간, 브레인칩, 디지털 칩, BCI 기술, 스타링크 X, 5G, 가상 화폐, CBDC, 메타버스, 가상 및 증강 현실 그리고 혼합 현실, 장기 복제, 스마트 웨어러블, 스마트 안경, 스마트 시티, 초연결, 초지식, 초융합 등등. 감히 인간이 상상하기 어려울 정도의 눈부신 발전을 이루었다. 불과 10년 남짓이다.

이 모든 것이 모두 디지털 시대의, 디지털 혁명의 결과다. 그래서 클라우스 슈밥이 4차 산업혁명의 정의를 생물학적, 물리적, 디지털의 결합이라고 말했다는 것을 새삼 깨닫는다. 모든 것이 디지털로 연결되고 디지털로 움직이는 세상이 되기 때문이다.

계시록 13장 16~18절 사이에는 인간 모두에게 강제적으로 짐승의 표가 이식되는 장면을 기록하고 있다. 사도 요한이 디지털 시대를 본 것이다. 전반부에서 약간 언급했듯이 성경은 디지털 시대에 대한 암시를 주는 몇 가지 내용이 있다. 소문, 지식의 급증, 교통의 발전, 짐승의 표에 대한 내용들이다. 모두 디지털 시대와 밀접하게 관련되어 있는 내용이다.

> 계 13:16 저가 모든 자 곧 작은 자나 큰 자나 부자나 빈궁한 자나 자유한 자나 종들로 그 오른손에나 이마에 표를 받게 하고
> 계 13:17 누구든지 이 표를 가진 자 외에는 매매를 못하게 하니 이 표는 곧 짐승의 이름이나 그 이름의 수라
> 계 13:18 지혜가 여기 있으니 총명 있는 자는 그 짐승의 수를 세어 보라 그 수는 사람의 수니 육백육십육이니라

전반기 환난과 후반기 환난의 극적 전환점은 짐승의 표에 대한 강제 여부다. 평화를 외치며 등장했던 적그리스도는 어느 정도 성공한 듯한 시대를 가져오지만, 이 또한 하나님의 심판의 한 부분이었음을 알지 못하고, 자신의 위용을 과시하려 할 것이다. 이어 진행되는 전쟁, 기근, 전염병 그리고 천체와 지구 등의 계속적 심판 아래 평화 조약은 파괴되고, 적그리스도의 위상은 땅에 떨어지게 된다. 그리고 그의 모든 권세가 무너지며 죽은 것처럼 된다.

그러나 하늘 전쟁에서 패한 사탄이 다시 그에게 권세를 주면서 그 권세를 그리스도인들에게로 집중한다. 적그리스도는 이 모든 재앙이 하나님께로부터 왔음을 알고 지상에 있는 그리스도인들에 대한 대대적인 탄압을 하게 되면서, 당시 증인 사역을 감당하던 수많은 그리스도인들이 순교의 거룩한 반열에 들어간다. 이 순교는 3일 반 만에 부활체로 다시 부활해 장엄한 승천의 광경을 이 세상 사람들이 목도하게 된다. 이 내용들이 계시록 6장부터 11장 사이에 나온다.

사탄은 분노해 하늘의 하나님께 대적하지만, 천사장 미카엘에 의해 처참히 패해 지상으로 쫓겨난다. 지상으로 쫓겨난 사탄은 기독교에 대한 분노로 가득 찬 적그리스도에게로 들어가 그에게 권세를 주면서 본격적으로 그리스도인들을 박해 하면서 동원할 수 있는 모든 방법을 동원해 그리스도인들에 대한 박해를 진행한다. 이 내용이 계시록 12장과 13장 전반부에 기록되어 있다.

독기를 품은 적그리스도는 세상의 법과 자신의 권세 그리고 첨단 기술들을 모두 이용해 이 세상 사람들을 지배하기 시작하며, 모든 사람들에게 짐승의 표를 강제하기 시작한다. 대부분의 사람들이 짐승의 표를 받아 생활하기 때문에 적그리스도의 박해를 피해 가겠지만, 표를 받지 않은 그리스도인들은 이들의 표적이 되고, 모든 사람들에게 공공의 적이 되며, 세상 사람들 또한 이미 마귀의 세상 속에서 마귀의 종이 되었기 때문에 그리스도인들에게 도움을 전혀 주지 않으며, 정부의 지침대로 그리스도인들을 박해하는 데 적극 동참하게 될 것이다.

그리스도인들은 사방의 적들에 둘러싸여 아무런 방비를 할 수 없게 된다. 그 어떠한 대비책이나 방비도 아무 소용없어진다. 첨단 기술을 이용해 그리스도인들을 모두 추적해 찾을 수 있기 때문이다. 이때 놀라운 하나님의 보호하심이 있게 되고, 일단의 성도들은 하나님께서 보호하시는 대피처에서 보호받게 되며(계 12장) 또 나머지 성도들은 환난 가운데 그대로 던져지면서 순교와 박해의 날들을 겪게 된다.

계시록 13장 16절부터 나타나는 짐승의 표는 짐승 정부에서 부여하는 일종의 신분증명서 같은 것이며, 하나님의 전반기 환난을 통해 더욱더 세상을 강하게 통치하려는 적그리스도 세력의 마지막 발악의 기간이다. 이때 적그리스도는 디지털로 연결된 기존 시스템을 이용해 세계를 독재적으로 지배하면서 전 인류에게 짐승의 표를 강제하게 되는데 대부분이 그리스도인을 겨냥한 포석이 된다.

그러나 그리스도인들은 이 표를 받지 않을 것이며, 적그리스도에 대한 최후의 저항과 하나님의 특별한 보호하심을 입으며 최종적으로 승리하게 된다.

짐승의 표는 신분증명서이면서 CBDC와 연동되는 지갑 역할을 할 것이며, 짐승 정부에 복종할 수밖에 없는 시스템이 들어가 모든 사람들을 좀비처럼 지배할 것이다. 성경에 계시된 짐승의 표의 특징은 다음과 같이 나타나고 있다.

- 오른 손이나 이마에 표를 이식한다. (계 13:16)

이는 인간의 몸 안으로 집어넣는다는 것으로, 현시대에 나타난 마이크로칩 이상 좋은 것이 없다.

- 이 표를 이식한 자 외엔 매매를 할 수 없다. (계 13:17)

이는 이 표가 경제적 역할을 한다는 것으로, 경제 활동은 생존에 있어 핵심이 된다. 생존 자체를 막아 버린다는 것이다.

- 이 표는 짐승의 이름이나 그 수라 하면서 666이라 했다. (계 13:17)

사도 요한은 요한 당시, 그리스도인들을 박해하는 로마를 짐승의 나라로 불렀으며, 짐승의 나라에서 발행하는 표를 짐승의 표라 했다. 이 나라는 사탄의 나라로 사탄의 숫자가 되는 666을 상징으로 표현했다.

- 이 표는 아무나 알 수 없다. (계 13:18)

성경은 이 표에 대해 아무나 알 수 없다고 알려 준다. 그러면서 지혜와 총명을 가져야 한다는 조언까지 한다. 만약 짐승의 표가 상징이라면 이런 말을 할 필요가 없다. 단지 박해 정도라면 그 박해를 각오하고, 승리해 가면 된다. 그러나 이 표가 상징이 아니기 때문에 지혜와 총명을 말했고, 이런 지혜와 총명이 없으면 이 표의 정체를 알지 못함을 알리고 있다.

오래전 인간의 몸 안으로 칩을 이식한다는 것이 공상, 과학 그리고 소설이나 상상에서만 존재하는 것으로 생각될 때는 당연히 이 표를 상징으로도 생각할 수 있었다. 그러나 현시대는 사람 몸에 수많은 칩들을 직접 이식할 수 있는 기술이 이미 나와 활용되고 있으며, 다양한 용도 특히 의료용으로 많은 사람들에게 활용되고 있다. 그리고 이미 먹는 알약에도 이 칩을 활용할 정도로 칩의 용도가 광범위하다. 그렇기 때문에 이런 짐승의 표는 지혜와 총명이 없으면 알 수 없고, 알아지지 않는다. 특히 고전적 교리에 물든 목회자나 성도들은 시대의 실제를 알지 못하고, 알려고 하지 않기 때문에 여전히 고전의 가르침만 고집하고, 짐승의 표가 상징이라 속이고 있다. 사도 요한이 이런 자들이 있음을 알고, 마지막 시대 나타나는 짐승의 표에 대해 지혜와 총명이 없으면 알 수 없음을 말한 것이다.

• 적그리스도가 통제할 수 있어야 한다. (계 13:16)

적그리스도가 모든 사람들에게 표를 이식하도록 하는 근본 이유는 사람들에 대한 통치의 편리함과 사탄 정부를 만들어 모든 인류를 하나님께 도전하도록 하고자 하는 무서운 계획 때문이다. 실제로 사람들에게 표를 이식하게 되면 이런 일은 아주 간단한 일이 된다. 모든 표에는 자동 위치가 추적되며, 어디를 가더라도 알 수 있다. 현 기술은 인간의 몸에 특별한 장치를 넣지 않아도 추적이 가능할 정도로 기술이 발전해 있다.

추적 장치를 넣어 사람들의 행동 일거수일투족을 감시하는 것은 현 기술로는 아주 간단한 일이다. 그리고 인간에게 이식되는 마이크로칩들은 자체 조립과 우리 몸의 유전자를 변형케 하는 기술까지 내포할 수 있기 때문에 인간의 유전자도 완전히 지배당하면서 더 나아가 인간의 생각, 감정까지도 마음대로 조종 가능한 기술을 넣을 수 있다.

만약 이런 기술이 탑재된다면 인간의 원 정체성이 사라지기 때문에 하나님을 섬길 수 없으며 회개할 수 없고, 회개도 되지 않는다. 환난 기간에 환난을 당하는 수많은 사람들이 자신들에게 내리는 환난이 하나님의 심판임을 알면서도 회개하지 않는 것은 아마 이런 칩의 영향 때문은 아닌가 조심스레 예측해 본다. 그렇기 때문에 짐승의 표를 받는 자들에겐 구원이 주어지지 않는다.

- 이 표는 본인의 의사에 의해 마음대로 제거할 수 없다. (계 14:9~11)

14:9 또 다른 천사 곧 셋째가 그 뒤를 따라 큰 음성으로 가로되 만일 누구든지 짐승과 그의 우상에게 경배하고 이마에나 손에 표를 받으면
14:10 그도 하나님의 진노의 포도주를 마시리니 그 진노의 잔에 섞인 것이 없이 부은 포도주라 거룩한 천사들 앞과 어린 양 앞에서 불과 유황으로 고난을 받으리니
14:11 그 고난의 연기가 세세토록 올라가리로다 짐승과 그의 우상에게 경배하고 그 이름의 표를 받는 자는 누구든지 밤낮 쉼을 얻지 못하리라 하더라

짐승의 표가 사람들에게 박혀질 때 대부분의 사람들은 이것이 짐승의 표라는 사실을 모르고 받게 된다. 예수를 믿든, 믿지 않든 자발적 의사에 의해 이 표를 받을 때는 이것이 짐승의 표라는 사실을 알고 받게 되는 경우는 거의 없다. 사회적 모든 시스템이 표를 받아야 살 수 있는 사회로 바뀌어 가고, 여기저기서도 표를 받고 살기 때문에 우리가 컴퓨터를 당연한 것으로 사용해 사회생활을 하듯 이 표를 받고 사회생활을 하는 것에 대해 이상히 생각할 사람은 없게 될 것이다.

표를 거부한 그리스도인을 제외하고 대부분의 사람들은 이 표가 짐승의 표라는 사실을 확실히 알게 될 때는 짐승이라는 적그리스도가 강제적으로 표를 받게 할 때다. 이때쯤 되면 이들도 자신들이 이식한 표가 짐승의 표란 사실을 알게 되지만, 이미 하나님의 구원의 문은 닫혔으며 은혜의 기간도 마무리된 시점에서 사람들이 주님께 돌아오는 일은 일어나지 않는다. 혹 짐승의 표를 받지 않은 그리스도인들 중 일부는 돌아 올 수 있을 것이다. 짐승의 표 안엔 사람을 조종하는 작업을 할 수 있기 때문에 저항마저도 할 수 없을 것이다.

성경은 이 표를 받는 사람들에게 구원이 없음을 분명히 하고 있다. 이 표를 받는 자들은 짐승과 그 우상에게 경배하고 그 이름의 표를 받는 자는 누구든지 밤낮 쉼을 얻을 수 없다고 경고하고 있기 때문이다.

우리는 이 본문을 대할 때 좀 의아해 할 수 있다. 왜 짐승의 표를 받는 자들은 짐승을 경배하고 우상 숭배하며 구원이 없는가에 대한 의문이다. 표는 받더라도 짐승을 숭배하지 않고 우상 숭배도 하지 않으며 그대로 예수를 믿으면 되지 않는가에 대한 의문 또한 존재한다. 그리고 하나님은 왜 짐승의 표를 받는 자들에게 구원을 허락하지 않는가에 대한 의문 역시 존재한다. 사랑의 하나님이 짐승의 표를 받고, 받지 않고에 따라 구원을 결정하는 것은 문제가 있지 않는가에 대한 불만을 표출할 수도 있다. 만약 그렇다면 이 표를 제거해 버리면 되지 않는가라는 단순한 생각을 할 수 있을 것이다. 그러나 이러한 생각들은 표의 성격을 잘 몰라서이며 구원에 대해 잘못 알고 있기 때문이다.

짐승의 표는 단순히 우리가 컴퓨터를 사용하고 안 하고의 문제가 아니라 이 표 속에는 모든 인간을 감시할 수 있는 통제 장치가 들어 있으며 또한 앞에서 잠깐 언급했듯이 인간의 유전자를 조정할 수 있는 장치가 들어갈 수 있기 때문에 자신의 의사대로 움직일 수 없는 인간이 되고 본인의 의사와 상관없이 짐승인 적그리스도를 경배할 수밖에 없는 사람이 되고 만다.

컴퓨터를 사용하지 않는 독자는 거의 없을 것이다. 그리고 자신의 컴퓨터를 통해 원하지 않는 스팸 메일을 받아 본 경험들이 다 있을 것이다. 내 컴퓨터지만 인터넷에 접속이 되면 내가 원하든 원치 않든 다양한 스팸 메일이나 악성 코드, 바이러스 등에 의해 침범을 당하게 된다. 나의 의사와 상관없이 이루어지는 일들이다.

표를 받게 되면 나의 의사와 상관없이 적그리스도를 경배할 수밖에 없는 상황이 벌어지게 된다.(계 13:8) 왜냐하면 한번 표를 받으면 그는 이미 짐승의 종이 되기 때문에 하나님의 백성이 될 수 없고 하나님을 대적하는 사람으로 돌아서게 된다.

인간이 칩을 받게 되면 이 칩을 자유자재로 조정 가능한 기술이 이미 개발되었다. 컴퓨터의 다운로드나 업데이트를 생각해 보면 쉽게 이해될 것이다. 무선으로 다운로드나 업데이트가 가능한 통신사에 자신이 가입하면 그 통신사를 통해 본인이 원하는 다양한 콘텐츠들을 마음대로 업데이트할 수 있거나 다운로드할 수 있다. 만약 인간에게 칩이 이식된다면 이 칩에 다양한 콘텐츠를 업데이트하거나 다운로드할 수 있다. 그렇다면 인간을 원격으로 마음대로 조종 가능하게 된다.

칩을 이식한 인간들을 무선으로 통제하고 조정하기란 아주 쉬운 일이 된다. 4차 산업혁명의 핵심 기술 중 하나가 IoB 기술 즉 신체인터넷 기술이다. 대부분의 사람들은 이미 신체가 인터넷 역할을 하기 때문에 짐승 정부가 사람들을 굴복시키고 경배하도록 하는 일은 IoB화가 된 인간들에겐 식은 죽 먹기다.

현재도 그렇지만, 짐승의 표가 등장할 때 우리는 수차례 이 표를 받지 말 것을 외치는 소리를 듣고 또 들을 것이다. 그럼에도 불구하고 이 표를 받는다는 것은 교회는 다닐지 모르지만 내가 예수를 믿지 않는다는 사실을 반증한다. 그리고 짐승에게 경배하고 그를 섬기겠다는 무언의 의사 표시와도 같기 때문에 그는 구원을 받을 수 없게 된다. 하나님의 백성은 절대 짐승의 표를 받지 않는다.

이미 신체인터넷 기술이 널리 보급될 것임을 알리는 기사들이 줄을 이어 나오고 있으며, 첨단 과학의 선물로 인간이 컴퓨터화되면서 초지능, 초연결 그리고 초융합의 시대를 향해 달려가고 있다. 온 세상이 이런 세상을 환영하며 받아들이겠지만, 성경적이며 깨어 있는 성도들은 이 사실을 알고 교회와 성도들에게 전하게 될 것이다. 아직 기회가 있을 때 미리 준비하고, 마음의 각오를 단단히 해야 한다.

제24장

음녀의 심판과 바벨론의 무너짐

▶▶▶▶ 성경을 믿지 않고, 하나님을 믿지 않는 자들은 성경이 신화에서 따온 그 어떤 잘못된 이야깃거리로만 생각한다. 이렇게 놀라운 거짓이라 믿는 성경이 세계 판매 1위, 수천 년 동안 성경과 하나님을 믿으면서 지속되어 온 믿음의 사람들이 헤아릴 수 없을 정도로 많이 있었다는 사실, 동시에 수도 없이 성경이 가짜라는 사실을 밝히기 위해 시도했던 사람들이 있었지만 유일한 하나님의 말씀으로 지금까지 모든 믿는 자들의 영원한 경전이 되고 있다는 사실, 첨단 과학의 시대를 살아가는 이 시대도 성경이 거짓임을 밝히지 못하고, 오히려 성경의 성경 됨을 더욱더 확고히 만들고 있다.

18세기 말, 최소 19세기 초까지만 해도 수많은 고고학자들은 수도 없이 성경에 기록된 앗수르 제국의 흔적, 앗수르의 수도였던 니느웨의 흔적 등을 찾지 못하자 성경의 기록을 의심하게 되었고, 지어낸 이야기로만 생각했으며 회의론자들은 앗수르 이야기에 대해 빈정거리고 비웃으며 성경을 인정하지 않았다.

이러던 중 1820년 클로디어스 J. 리치(Claudius J. Rich)가 니느웨를 발굴하기 시작했다. 그리고 1846년부터 1853년까지 약 7여 년간 영국의 고고학자 오스틴 헨리 레이어드(Austen Henry Layard)가 본격적으로 발굴을 진행하면서 사람들의 비웃음 속에 성경 속 전설의 도시로만 알았던 니느웨가 발견되어 고고학계는 경탄을 금치 못했다. 니느웨의 발견은 레이어드가 메소포타미아 구릉을 파는 비법을 배우게 된 것이 결정적 원인이 되었고, 현재까지 고고학계에서 답습되는 방법이다.[39]

유적 발견 중 레이어드는 궁전 도서관을 발견했는데, 그곳에는 아슈르바니팔이 수집한 점토판 3만여 점이 있었다. 이 중 인류 창조 신화인 에누마 엘리시, 홍수 신화인 길가메시 서사시 및 각종 서사시와 수학, 동식물학 관련 문서가 발견되었고, 수메르어와 아카드어 어학 사전도 있었다. 이 유물들은 앗수르뿐만 아니라 메소포타미아 문명 자체에서도 중요한 연구가 되었다.

앗수르 문명의 발견으로 인해 성경의 앗수르 기록이 사실임은 밝혀졌으나 성경을 반대하는 수많은 학자들은 당시 발견된 점토판을 해석하면서 인류 최초의 문명이 수메르 문명이며, 심지어 너무 뛰어난 수메르 문명을 외계인의 문명이라고 주장하기 시작했다. 그리고 당시 발견된 여러 신화적인 서사시의 내용을 성경이 약간의 틀만 바꾸어 그대로 왜곡해 기록했으며, 소위 오늘날의 말로 완전히 수메르

---

39) 조병호, 성경과 5대 제국, 서울: 도서출판 통독원, 2013

신화를 성경이 표절했다는 막말을 하고 있다.

학자는 학문 앞에 겸손해야 한다. 자신의 주장이 잘못되었음을 알게 된다면 겸손히 인정하고 사과할 수 있는 용기 있는 자만이 학자의 자질이 있다.

수메르 문명에 대해선 할 말이 많지만 간단히 언급만 하자. 수메르 문명의 조상은 노아의 아들인 셈족의 문명이다. 셈의 지혜는 일반 사람보다 훨씬 뛰어났으며, 여기서 수많은 문명이 만들어지면서 도시들을 발전시킨 민족들이다. 아브라함이 살던 갈대아 우르도 그중 하나로, 거대한 도시 문화를 형성하고 있었다.

창조 신화인 에누마 엘리시나 홍수 신화인 길가메시 서사시 등의 내용은 신화이기 때문에 종교화되지 못하고 사장되었지만, 성경의 기록은 사실이기 때문에 사장되지 않고 현재까지 모든 그리스도인들의 경전이 되고 있으며 성경에 기록된 하나님과 그리스도를 믿으며 살아간다.

성경을 믿는다고 하는 많은 신학자나 성도들 가운데서도 기록된 성경 특히 계시록의 사건을 그 어떤 상징이나 인간이 만들어 낸 상상물로 생각하는 자들이 많이 있다. 천국의 모습이나 지상에서 일어나는 수많은 하나님의 심판들, 짐승의 표, 천년 왕국 등의 이야기들이 그저 상징일 뿐이라는 어리석은 생각을 하고 있다. 물론 상징적 내용도 있지만, 계시록의 모든 사건은 실제 미래에 일어날 사건을 요한이라는 종을 통해 하나님께서 우리에게 알리신 내용이다. 그리고 이렇게 계시록을 기록케 하신 것은 하나님을 믿지 않는 자들에 대한 심판과 하나님 백성에 대한 구원 그리고 심판의 때에 대한 준비를 할 수 있도록 하기 위해 기록하도록 한 것이다.

지금까지 우리는 현재 진행 중인 4차 산업혁명의 무서운 하나님에 대한 도전의 내용들을 살펴보면서 이 혁명의 중심엔 신이 되는 인간이 있음을 살펴봤다. 그러면서 하나님을 대적하는 무리들의 구체적인 그들의 계획들도 성경과 더불어 같이 알아보았다.

마지막 한 이레를 시작케 하는 한 왕의 등장과 아울러 거짓 평화조약이 체결되고, 연속되는 하나님의 심판이 진행되는 와중에 마지막 시대의 증인 사역을 감당하는 증인들에 대한 내용을 살펴보면서 전반기 환난이 마무리 되고, 이어 진행되는 후반기 환난 때는 그리스도인들에 대한 짐승 정부의 무자비한 박해가 있을 것이며 그 중심엔 짐승 정부의 신분증인 짐승의 표가 있음도 살펴보았다.

살기등등하고, 기세등등하게 짐승 정부는 하나님의 심판 속에서도 그들의 잘못을 회개하지 않고 더 강하게 하나님을 대적하며 하나님의 백성들을 죽이려고 혈안이 된다. 그러면서 모든 그리스도인들을 완전히 없애려고 하지만, 하나님의 특별한 보호 가운데 그리스도인들은 보호되고, 그렇지 못한 성도들은 죽음마저도 불사하며 이들과 싸운다.

영원한 생명을 얻기 위해 과학을 발전시켜 왔고, 스스로가 영원한 생명을 얻을 수 있다는 착각 아래 새로운 세상을 만들려던 인간들에 대한 하나님의 심판은 지극히 당연하다.

거대한 새로운 바벨탑을 건설하며 그 완성을 향해 갈 때 하나님의 마지막 심판이 이루어지며 결국 음녀 바벨탑, 큰 성 바벨론은 완전히 무너지게 된다. 계시록 18장 1~4절까지의 내용이다.

18:1 이 일 후에 다른 천사가 하늘에서 내려오는 것을 보니 큰 권세를 가졌는데 그의 영광으로 땅이 환하여지더라
18:2 힘센 음성으로 외쳐 가로되 무너졌도다 무너졌도다 큰 성 바벨론이여 귀신의 처소와 각종 더러운 영의 모이는 곳과 각종 더럽고 가증한 새의 모이는 곳이 되었도다
18:3 그 음행의 진노의 포도주를 인하여 만국이 무너졌으며 또 땅의 왕들이 그로 더불어 음행하였으며 땅의 상고들도 그 사치의 세력을 인하여 치부하였도다 하더라
18:4 또 내가 들으니 하늘로서 다른 음성이 나서 가로되 내 백성아, 거기서 나와 그의 죄에 참여하지 말고 그의 받을 재앙들을 받지 말라

인간이 쌓아 가는 바벨탑 그리고 큰 성 바벨론은 귀신의 처소며, 각종 더러운 영이 모이는 곳이다. 하나님 없이 잘 살아 보고자 하는 인간의 추잡한 욕망이 넘치는 곳이다. 하나님 없이도 우리는 하나님과 같아질 수 있다는 사탄의 원초적 욕망을 이루고자 하는 곳이다.

인간 정부에 대한 하나님의 오랜 세월의 인내와 참으심이 마무리

되면서, 하나님을 대적하고 성도들을 박해한 세상 정부와 마귀의 자녀들에 대한 최후의 심판이 이루어진다. 우리 그리스도인들은 계시록 18장 4절을 절대 유념해야 한다.

> 18:4 또 내가 들으니 하늘로서 다른 음성이 나서 가로되 내 백성아, 거기서 나와 그의 죄에 참여하지 말고 그의 받을 재앙들을 받지 말라

나오라 하신다. 단호히 나오라 하신다.

현 우리 교회는 세상과 함께하면서 시대의 문명을 따라가며, 그 혜택을 받으려 한다. 4차 산업혁명이 주는 달콤한 독이 든 성배를 마시려 한다. 하나님께서 수도 없이 보여 주심에도 불구하고 교회는 아무것도 보지 못한 채 사탄이 주는 독주를 감사함으로 받아들인다.

교회의 배도는 수십 년, 아니 수백 년 전부터 어둠의 세력들이 교회에 심어둔 자들에 의해 진행되어 왔다. 예수회, 장미십자회, 프리메이슨, 일루미나티, 유대 카발 세력 등등 이루 말할 수 없을 정도로 수많은 어둠의 세력들은 교회를 무너뜨리기 위한 이들의 전략을 실행해 왔다.

계몽주의와 더불어 자유주의 신학을 기점으로 이들의 공격은 더욱더 세차게 진행되었으며, 순전한 복음주의를 무너뜨릴 듯, 혈기 왕성하게 공격해 왔다. 이들의 공격은 아주 성공적이었다. 성경 중심의 근본주의, 복음주의 신학을 무너뜨리기 시작했으며, 이들이 개발한

비 성경적 찬양과 예배, 프로그램들을 교회로 무차별 침투시켰다. 모두 교회 성장과 성도의 성공에 대한 비밀스러운 내용인 것처럼 성도들을 미혹해 가기 시작했다.

교회는 속수무책으로 이들의 속임수에 넘어갔고, 성도들은 세상의 복을 받아야 성도답다는 비성경적, 거짓 생각으로 가득 차게 되었으며, 교회는 병을 고치고 복을 주는 신비한 곳으로 사람들에게 인식되기 시작했다. 여기에 성도들도 가세해 순전한 주의 복음을 완전히 변질시켜 버렸다.

WCC, WEA, NCCK, CCM, 열린 예배, 알파코스, G12, D12, 신복음, 신사도, 뜨레스 디아스, 기복주의, 다원주의, 상황주의, 연합주의, 신비주의, 땅 밟기, 포용주의 등등. 너무 많아 헤아리기도 어렵다.

성경은 단호히 말씀하신다. 내 **백성아 거기서 나오라**고 하신다. 미련이나 정을 두지 말고 나오라는 말씀이다.

지금 우리들의 시대는 사탄이 세우는 한 왕의 등장과, 하나님의 심판의 인이 떨어질 시점에 놓여 있다. 모든 것이 평온해지고 안정되겠지만, 이 기회를 이용해 모든 사람들을 사탄의 지배하에 들어가도록 할 것이다.

이미 모든 사람들을 통제하고 감시, 구속할 시스템은 거의 마무리

되었다. 혼란의 시기를 틈타 어느 누구의 방해도 받지 않고, 디지털 시대의 새로운 시스템 구축을 마무리 했다. 먹고 살기에 정신없는 틈을 이용해 모든 사람들의 정신을 세뇌해 버렸다. 모두가 당연한 듯 새로운 시대에 들어서고 있다. 이미 보이지 않는 세계 정부는 수차례의 실험을 통해, 인류를 통제하고, 자신들의 손아래서 마음대로 조종 가능함을 발견했다. 그렇기 때문에 앞으로 당분간이겠지만, 이들은 각종 세계적 이슈를 통해 더욱더 사람들을 통제하고, 길들이려는 일에 혈안이 될 것이다. 가상 화폐, 전염병, 경제 위기, 기아, 기후 위기 등등의 거창한 구호를 내걸며 보이지 않는 세계 정부의 말을 듣도록 길들여 갈 것이다.

우린 이들의 전략을 알아도 당할 수 없고, 이길 수 없으며, 싸울 힘도 없다. 우리의 유일한 희망은 오직 주님밖에 없으며, 우리 주님께서 반드시 이 음녀들을 심판하실 것이다. 그때까지 믿음으로 승리해 가야 한다.

음녀인 큰 성 바벨론은 반드시 무너진다. 웅장하고 화려하며, 달콤한 당근으로 모든 사람들을 끌어모아, 그 성안으로 가두려 하겠지만, 신실한 그리스도인들은 절대 더러운 음녀의 성안으로 들어가지 않는다. 하나님의 심판으로 무너질 것임을 알기 때문이다.

제25장

그리스도의 재림

▶▶▶▶　　　　　계시록 19장은 그리스도의 장엄한 재림 광경이 나온다. 놀랍다. 위대하다. 찬란하다. 그리고 지극히 당연하다. 그 장면을 함께 보도록 하자.

19:11 또 내가 하늘이 열린 것을 보니 보라 백마와 탄 자가 있으니 그 이름은 충신과 진실이라 그가 공의로 심판하며 싸우더라
19:12 그 눈이 불꽃 같고 그 머리에 많은 면류관이 있고 또 이름 쓴 것이 하나가 있으니 자기밖에 아는 자가 없고
19:13 또 그가 피 뿌린 옷을 입었는데 그 이름은 하나님의 말씀이라 칭하더라
19:14 하늘에 있는 군대들이 희고 깨끗한 세마포를 입고 백마를 타고 그를 따르더라
19:15 그의 입에서 이한 검이 나오니 그것으로 만국을 치겠고 친히 저희를 철장으로 다스리며 또 친히 하나님 곧 전능하신 이의 맹렬한 진노의 포도주 틀을 밟겠고
19:16 그 옷과 그 다리에 이름 쓴 것이 있으니 만왕의 왕이요 만주의 주라 하였더라

그분은 백마를 타셨다. 그분의 이름은 충신과 진실이다. 공의와 심판으로 싸우시는 분이다. 그분의 눈은 불꽃같고, 그분의 머리엔 많은 면류관이 있다. 그런데 그분의 옷은 피로 얼룩져 있다. 우리를 위해 친히 죽으신 보혈의 피다. 하늘의 군대들이 흰 세마포를 입고, 백마 탄 자를 따른다. 그분의 입에서 예리하면서도 빠른 검이 나온다. 그분은 그 검으로 만국을 치고, 철장으로 다스리신다. 더러운 진노의 포도주 틀을 밟는다. 그분의 이름은 만왕의 왕이요, 만 주의 주이신 우리 주 예수 그리스도시다.

계시록 19장에 나타난 백마 탄 자는 계시록 6장 2절에 나오는 백마 탄 자와는 전혀 다르다. 계시록 6장에 나오는 자는 그리스도를 흉내 내는 적그리스도다. 거짓 선지자다. 평화를 가장해 사람들을 죽이기 위해 노력하는 자다.

그리스도의 재림은 필연적이다. 그분을 따른 수많은 성도들을 위해 이 땅에 다시 오신다. 초라하게 오셨던 초림 때와 달리, 이제 왕으로 당당히 오신다. 모든 악을 물리치기 위해 오신다. 사탄과 그를 쫓던 수많은 악의 세력을 멸하기 위해 오신다.

우리 인류에게 있어 유일한 희망은 그리스도의 재림밖에 없다. 악의 세력이 창궐하고, 어둠의 세력이 인간의 마음을 지배한다. 하나님 없이도 모든 것을 할 수 있을 것처럼 하나님을 대적하며, 하나님을 향해 무섭게 도전하던 무리들을 여지없이 무너뜨리기 위해 이 땅에 다시 오신다.

  사탄은 악의 세력들의 완전 합일체를 이루어, 이젠 이 세상을 완벽한 마귀의 세상으로 만들려 한다. 하나님께서 만드신 이 세상을 마귀가 주인인척 지배하며 다스리려 한다. 모든 인간을 속여 마귀를 섬기도록 하려는 사탄의 거짓 놀음이 성공한 것처럼 현 세상은 악의 물결로 뒤덮여 있다.

  마귀의 세상인 메타버스, 인간의 유전자를 마음대로 편집하고 조종하며, 인간의 생로병사를 움직이는 유전자 혁명, 하나님의 형상대로 만들어진 자연인인 휴먼 1.0의 인간을 재배열하여 트랜스 휴먼으로 만들어 가는 휴먼 2.0, 짐승의 세포를 이용해 인간에게 이식하는 인공 장기 복제 기술, 인공 자궁 안에서 인공 유모의 보호로 양육되는 부모 없는 자녀 탄생, 약한 자연인의 유전자를 미연에 제거해 강한 인간으로 만들어지는 유전자 인간 등등. 이 모두가 현재 진행되고 있는 과학 기술의 산물들이다.

  유엔 어젠다 2030이 완성되는 해인 2029년도까지 인류는 새로운 세상으로의 문을 열기 위해 분주하다.

  주님은 우리에게 경고하신다. 누가복음 12장 56절이다.

  "외식하는 자여 너희가 천지의 기상은 분변할 줄을 알면서 어찌 이 시대는 분변치 못하느냐"

비록 우리 교회가 재림에 대한 잘못된 가르침으로 수많은 문제를 가져왔지만, 그렇다고 재림의 복된 소식을 멈추면 안 된다. 요한계시록의 모든 비밀이 풀어진 시대에 우리는 들어왔다. 거짓 이단들은 비성경적인 종말론적 가르침을 통해 수많은 성도들을 미혹해 간다. 그런데 우리 교회들은 너무 잠잠하다. 구더기가 무서웠던 것일까.

영원히 승리할 것만 같았고, 악의 세력이 이 세상을 지배할 듯이 무섭게 설쳐 왔지만, 이 모든 악의 세력은 결국 다시 오시는 그리스도의 재림 앞에 무너지며, 주님이 다스리는 왕국이 이 땅에 들어선다. 하나님의 뜻이 하늘에서 이룬 것같이, 이 땅에서도 하나님의 뜻이 그리스도를 통해 이루신다.

소결

현시대의 모습을 이미 성경은 정확히 알려 주고 있다. 선지자들이 알려 주었고 우리 예수님께서도 정확하고 확실하게 안내해 주셨다. 주의 사도들과 제자들 또한 곧 다가올 마지막 한 이레의 가까움을 알려 주셨다.

현 우리 인류는 기술의 혁명, 과학의 혁신을 맞이하면서 인류의 정체성과 존재 이유를 잊게 하는 사단의 달콤한 속삭임에 귀를 기울이고 있고, 하나님을 대적하는 그 길목에 인류가 들어가려고 한다.

각종 재해와 천재지변, 난리와 난리의 소문, 불신의 시대, 거짓 선지자들의 대거 등장, 가정의 붕괴, 지식의 급증, 한 왕의 등장, 세계 정부의 등장, 짐승의 표, 예루살렘 성전의 건축 등, 지금 이 일이 우리 눈앞에 진행되고 있다. 시대를 보면서 우리는 깨달아야 한다. 그리고 명심해야 한다. 우리가 왜 창조되었고, 존재하는지를 마음속 깊이 되새겨야 한다.

온 땅의 주인 되신 주님께서 처음과 끝을 알고 계신다. 우리 주님께서는 사단의 흑암도 물리치시며 빛으로 긍휼과 자비의 손길로 하나님의 자녀를 불쌍히 여기신다. 머지않아 우리는 하나님께서 다스리시는 나라, 우리는 하나님의 택함받은 자녀로서 영광의 빛을 누릴 수 있는 은총을 허락하셨다.

지혜가 있고 들을 수 있는 귀가 있는 자들은 믿음의 선조들과 우리 예수님께서 하신 말씀을 깨달아 이 시대를 분별하고 준비해야 한다. 우리 주님 곧 오실 것이다. 믿음의 눈으로 우리 주님을 바라보고 믿음의 눈으로 나를 바라보고 믿음의 눈으로 세상을 바라보며 다시 오시겠다고 약속하신 우리 주님의 약속을 확실히 붙잡고 믿음의 눈으로 우리 주님 오시는 길을 예비하는 복된 자녀가 되길 바란다.

제5부

교회여 일어나라

제26장 천년 왕국
제27장 지상 최후의 전쟁
제28장 새 하늘 새 땅
제29장 현 우리 교회의 모습
제30장 교회여 일어나라
소결

제26장

천년 왕국

▶▶▶▶　　　　계시록 18장의 세상 정부 멸망, 19장의 그리스도 재림 그리고 계시록 20장엔 그리스도가 다스리는 새로운 왕국이 건설된다. 정말 그리고 또 그리던 주님의 왕국, 그 감격적인 장면이 20장에서 펼쳐진다. 4절, 5절이다.

> 20:4 또 내가 보좌들을 보니 거기 앉은 자들이 있어 심판하는 권세를 받았더라 또 내가 보니 예수의 증거와 하나님의 말씀을 인하여 목 베임을 받은 자의 영혼들과 또 짐승과 그의 우상에게 경배하지도 아니하고 이마와 손에 그의 표를 받지도 아니한 자들이 살아서 그리스도로 더불어 천 년 동안 왕 노릇 하니
> 20:5 (그 나머지 죽은 자들은 그 천 년이 차기까지 살지 못하더라) 이는 첫째 부활이라

우리 시조 아담의 범죄 이후, 인류의 끝없는 하나님에 대한 도전은 시대를 거듭하면서 이어져 왔다. 하나님의 대적자인 악한 사탄은 인간들을 조종하며 자신의 종으로 만들어 가면서 하나님을 패배자인 것처럼 속였다. 인간 역사로선 참으로 긴 세월이다. 약 6천여 년간이

다. 수많은 하나님의 백성들이 사탄의 도전 앞에 목숨을 잃었고, 말할 수 없는 박해를 받아 왔다.

그러나 주께서 우리에게 주신 믿음의 귀한 선물은 성도들의 죽음과도 바꿀 수 없었다. 그 결과 오늘의 우리가 주님의 자녀 된 자로 존재하며, 하나님을 우리의 아버지로 모시며 살 수 있다.

주님께서 이 땅에서 승천하실 때 너희는 내가 본 그대로 이 땅에 다시 올 것이라는 약속의 말씀을 하시면서, 주의 복음을 땅 끝까지 전할 것을 명하시고, 주님의 나라로 올라 가셨다.

주님 승천 이후 2000년 이상의 시간이 흘러갔지만, 주님 다시 오심에 대한 믿음의 불씨는 사라지지 않았고, 신실한 성도들은 주님 다시 오심에 대한 믿음으로 자신들의 믿음을 끝까지 지켜 갔다.

주께서 죽으시기 며칠 전, 감람산에서 그가 다시 오심에 대한 징조들을 알려 주시며 우리들에게 끝까지 믿음을 잘 지키고 인내할 것을 당부하셨다.

현시대, 주님께서 말씀하신 모든 징조들 그리고 선지자, 사도들이 알려 준 마지막 시대에 대한 징조들이 다 이루어지면서 주님 오심에 대한 기대를 한층 더 고조시키고 있다.

우리 주님께서는 그가 한 약속은 반드시 지키시는 분이시다. 주님은 곧 오실 것이다. 그리고 그의 약속대로 이 땅에 당신의 왕국을 세우실 것이다.

천년 왕국에 대한 내용을 실제로 보지 않고 상징으로만 보는 자들은 주님의 왕국 건설에 대해 그렇게 감격적이지 못할 것이다. 그리고 이 땅에서의 새로운 시대를 하나님께서 허락하신 천년 왕국 시대로 착각하기도 할 것이다. 두렵다. 우리 교회가 정말 그렇게 생각할까 두렵다.

과학과 의학 그리고 생물학, IT 공학 등의 융합과 발전으로 인간의 수명이 연장되고, 대부분의 질병이 치료되며, 꿈과 상상이 현실이 되는 듯한 잠깐의 기간이 주어질 때, 거짓 왕의 평화적 통치 기간을 교회는 성경에서 계시한 천년 왕국의 시대가 왔다는 착각을 하지 않을까 하는 두려움이다.

모방과 거짓 흉내의 달인인 사탄이 주님을 흉내 내 주님이 다스릴 천년 왕국과 같은 거짓 평화와 거짓 안정의 시대를 우리 교회가 착각할 가능성이 많다. 현 교회의 모습을 보면 당연히 그럴 것 같다.

현재 일어나는 모든 일들, 전염병, 전쟁, 경제난, 기근, 천재지변, 기후 위기 등등의 일들을 살펴보면 모두 계시록 6장에 나타나는 하나님의 심판의 인과 비슷하다. 사탄이 흉내 내고 있는 것이며 하나님께서는 이런 일들을 통해 심판이 다가왔음을 주의 자녀들에게 알리고 있다. 남아 있는 하나는 천년 왕국의 흉내인데, 곧 한 왕의 등장과 더불어 그와 비슷한 시대가 올 것이다. 가짜 왕국이며, 거짓 평화의 시대다. 여기에 미혹되면 안 된다.

그리스도는 이 땅에 재림해 모든 악의 세력을 진멸하고 자신의 왕국을 이 땅에 건설해 천년 동안 왕으로서 이 땅을 다스릴 것이다. 주님께서 재림하실 때, 주 안에서 죽은 주의 자녀들이 부활하고, 끝까지 믿음을 지킨 성도들은 공중으로 끌어올려져 모두 주님의 왕국으로 들어가며, 이들에겐 둘째 사망의 해가 없다. 다시는 사망이 이들을 지배하지 못하며, 주님과 더불어 이 땅에서 천년 동안 왕 노릇하며 살게 될 것이다.

문자적 천년 왕국을 믿지 못하면 주님 재림의 퍼즐을 풀 수 없다. 계시록에 나타난 모든 사건들도 상징으로만 보인다. 시대적 상황이 따라오지 못해 계시록을 풀 수 없을 때 배운 교리로 계시록을 접해선 안 된다. 지금은 계시록을 풀 수 있는 시대적 상황이 모두 이루어진 시대다. 그렇기 때문에 우리가 상징적으로만 알고 있던 교리적 가르침에서 벗어나야 한다. 그래야 계시록이 보이고, 시대가 보인다.

조선 시대 때 가르치고 배우던 학문이 지금의 시대도 여전히 진리라 외치며 가르치면 안 된다. 중세 이후 가르쳤던 수많은 교리들 중, 절대 변해선 안 되는 교리도 있지만, 미래 계시에 관련된 가르침은 시대와 더불어 전면 재해석되어야 한다. 그래야 성경에서 가르치는 미래의 계시가 보이고, 지금의 시대가 마지막 시대임을 알게 된다.

주님이 다스리는 천년 왕국엔 다음의 사람들이 들어가게 된다.

- 그리스도 안에서 죽은 자들이 부활해 들어간다.
- 환난을 이기고 통과한 자들이 들어간다.
- 그리스도인은 아니지만 짐승의 표를 받지 않은 자들이 들어간다.

많은 그리스도인들이 천년 왕국엔 그리스도인들만 들어가는 것으로 오해하는 경우가 있다. 그러나 그렇지 않다. 천년 왕국 안에는 주님을 믿지 않는 자들 중, 짐승의 표를 받지 않고 하나님의 심판이 마무리될 때까지 살아남은 자들도 같이 들어간다. 이들이 무저갱에서 잠시 풀려난 사탄과 합세해 다음 장에서 설명하게 될, 지상 최후의 전쟁을 주님과 벌일 자들이다.

필자에게 간혹 천년 왕국 기간 동안의 생활에 대해 묻는 분들이 계신다. 그에 대한 본인의 답변은 잘 모른다이다. 성경적 안내가 없기 때문이다. 구약의 일부에서 천년 왕국에 대한 안내들이 나오긴 하나, 그 생활상에 대해 정확히 안내하는 내용은 없다. 그렇기 때문에 천년 왕국의 생활에 대해선 설명하기가 곤란하다.

여기까지가 계시록 20장 1~6절까지의 내용이 된다. 이를 밝히는 이유는 대부분의 성도들이 여기까지만 재림에 대해 아는 분들이 많기 때문이다. 이후 7절부터 21장과 22장의 내용에 대해 잘 알지 못하다 보니, 재림이나 천년 왕국 그리고 이후의 사건에 대해 성경을 잘못 이해하는 분들이 제법 많다.

제27장

지상 최후의 전쟁

▶▶▶▶　　　　　천년 왕국을 끝으로 성경은 마무리 하지 않는다. 이후 다시 벌어지는 인류 최후의 전쟁에 대해 기록하고 있다. 계시록 20장 7절부터 15절까지의 내용이다.

20:7 천 년이 차매 사단이 그 옥에서 놓여
20:8 나와서 땅의 사방 백성 곧 곡과 마곡을 미혹하고 모아 싸움을 붙이리니 그 수가 바다 모래 같으리라
20:9 저희가 지면에 널리 퍼져 성도들의 진과 사랑하시는 성을 두르매 하늘에서 불이 내려와 저희를 소멸하고
20:10 또 저희를 미혹하는 마귀가 불과 유황 못에 던지우니 거기는 그 짐승과 거짓 선지자도 있어 세세토록 밤낮 괴로움을 받으리라
20:11 또 내가 크고 흰 보좌와 그 위에 앉으신 자를 보니 땅과 하늘이 그 앞에서 피하여 간데없더라
20:12 또 내가 보니 죽은 자들이 무론 대소하고 그 보좌 앞에 섰는데 책들이 펴 있고 또 다른 책이 펴졌으니 곧 생명책이라 죽은 자들이 자기 행위를 따라 책들에 기록된 대로 심판을 받으니
20:13 바다가 그 가운데서 죽은 자들을 내어 주고 또 사망과 음부도 그 가운데서 죽은 자들을 내어 주매 각 사람이 자기의 행위대로 심판을 받고

20:14 사망과 음부도 불못에 던지우니 이것은 둘째 사망 곧 불못이라
20:15 누구든지 생명책에 기록되지 못한 자는 불못에 던지우더라

천 년 동안 성도는 주님과 더불어 왕처럼 살게 된다. 그러나 천 년 동안에도 주님을 믿지 않는 자들이 번성해 사방의 모래처럼 많은 자들이 주님을 대적한다. 하나님께서 이들에 대한 최후 심판으로 잠시 사탄을 무저갱에서 풀어 준다(계 20:7). 잠시 풀려난 사탄은 다시 땅의 사방 백성, 곧 곡과 마곡을 미혹하여 성도들과 대적해 전쟁을 일으킨다(계 20:8). 그러나 이때는 하나님께서 직접 이들을 소멸하고, 영원한 불 못으로 보내며, 현재의 땅과 하늘이 사라지고 마귀를 따르던 자들 즉 창세 이후 주님을 믿지 않았던 모든 자들이 부활해 하나님의 보좌 앞에서 심판을 받게 된다(계 20:11~12). 사망도 음부도 불 못에 들어가고, 생명책에 기록되지 못한 모든 자들이 불 못으로 들어가 최후의 심판을 받는다.

우리는 이 심판을 백보좌 심판이라 한다. 백보좌 심판의 대상은 주님을 따르는 그리스도인들이 아니라, 주님을 믿지 않고 마귀를 쫓았던 자들이다. 이미 모든 그리스도인들은 부활과 환난 통과로 천년 동안 주님과 더불어 왕처럼 살아오면서 둘째 사망의 심판이 없음을 약속받았다. 그러나 그 기간 동안에도 주님이 비록 통치하지만 주님을 인정하지 않는 자들과 창세 이후 주님을 인정하지 않고 죽은 모든 자들에 대한 하나님의 최종 심판이 이루어진다. 이때 이들 앞에 그들이 살아오면서 지은 모든 행위를 기록한 행위록이 펼쳐지고, 어느 누구도 하나님의 심판에 항의할 수 없도록 하셨다.

하나님 앞에 펼쳐진 행위록은 백보좌 심판 때 펼쳐진다. 이 행위록이 그리스도의 재림 때 펼쳐져 성도들의 행위에 따라 심판한다는 오해를 많은 성도들이 하고 있다. 그러다 보니 자연 행위 중심의 잘못된 신앙으로 변질된다. 재림이 모든 것의 마지막으로 이해하기 때문이다.

행위록은 그리스도를 따르는 성도들의 행위를 기록해 심판의 당위성을 알리는 책이 아니라, 하나님을 따르지 않고 마귀를 따른 자들에 대한 행위를 기록한 책으로 하나님의 심판의 정당함을 알리는 것이다.

주님을 영접한 성도는 하나님의 행위록에 기록되는 것이 아니라, 하나님의 생명록에 그 이름이 기록된다. 이 기록은 변함없으며, 영원무궁하다. 성도는 행위로 구원받는 것이 아니라 오직 주님이 주시는 은혜로만 구원받는다.

곡과 마곡들과의 전쟁도 천년 왕국 후 마지막 지상 최후 전쟁 때 일어난다(계 20:7~8). 잠시 풀려난 악한 사탄이 곡과 마곡을 미혹하며, 천년 왕국 동안에도 주님을 영접하지 않은 자들이 가세하면서 주님을 대적해 일으키는 전쟁이 지상 최후의 전쟁이다. 그리고 이 땅에서의 마지막 전쟁이 된다.

제28장

새 하늘 새 땅

▶▶▶▶ 이제 모든 것이 끝났다. 지상에 대한 모든 정리가 마무리되면서, 하나님께서 친히 주시는 새 예루살렘 즉 새 하늘과 새 땅으로 주의 백성들을 부르시고, 장엄한 혼인 잔치를 거행하신다. 계시록 21장 1절~4절이다.

> 21:1 또 내가 새 하늘과 새 땅을 보니 처음 하늘과 처음 땅이 없어졌고 바다도 다시 있지 않더라
> 21:2 또 내가 보매 거룩한 성 새 예루살렘이 하나님께로부터 하늘에서 내려오니 그 예비한 것이 신부가 남편을 위하여 단장한 것 같더라
> 21:3 내가 들으니 보좌에서 큰 음성이 나서 가로되 보라 하나님의 장막이 사람들과 함께 있으매 하나님이 저희와 함께 거하시리니 저희는 하나님의 백성이 되고 하나님은 친히 저희와 함께 계셔서
> 21:4 모든 눈물을 그 눈에서 씻기시매 다시 사망이 없고 애통하는 것이나 곡하는 것이나 아픈 것이 다시 있지 아니하리니 처음 것들이 다 지나갔음이러라

다시는 눈물이 없는 곳, 다시는 아픈 것이나 질병이 없는 곳, 사망

이 없고, 애통하거나 곡하는 것이 없는 곳. 합동 찬송가 220(새234)장의 가사다.

1절 구주 예수 그리스도 다시 세상 오실 때, 기쁨으로 우리 맞아 길이 같이 살겠네
2절 괴롬 없고 죽음 없는 하늘 나라 올라가, 그 생명 강 물가에서 편히 쉬게 되리라
3절 천국에는 해와 달과 별과 등불 없어도, 하늘 나라 밝은 빛이 찬란하게 비치네
4절 밝고 밝은 성전 안에 쉴 새 없이 들리는, 거문고와 노래 소리 기이하고 묘하네
5절 만국 백성 사면에서 주의 보좌 둘러서, 천사 노래 화답하며 길이 찬양하겠네

(후렴) 영화롭고 아름다운 우리 본향 천국에서, 주와 같이 영원히 살겠네

생명수 흐르는 강변이라는 복음 찬양의 가사다.

1절 생명수 흐르는 강변 나의 임금 예수께서 계신 곳
정금 빛 찬란한 보좌 만왕의 왕 예수 계시니
2절 황금 보석 찬란한 보좌 나의 임금 예수께서 계신 곳
가시 벗고 면류관 쓰신 만왕의 왕 예수 계시니
3절 생명 열매 탐스런 그곳 나의 임금 예수께서 계신 곳
질병 고통 슬픔 없는 곳 만왕의 왕 예수 계시니

(후렴) 내 가는 길 내 가는 길 험하고 곤해도 나는 꼭 가네
생명수 맑게 흐르는 동산으로 나는 가리라

우리가 최종적으로 가는 곳이다. 질병, 고통, 슬픔, 사망, 눈물, 근심 없는 곳이다.

예전엔 결혼 주례를 많이 했다. 요즘은 장례 주례를 많이 한다. 나도 나이를 먹었다는 것이고, 주변에 나이든 주의 자녀들이 주님의 나라로 많이 간다는 사실이다. 대부분이 질병으로 고통받고, 아파하며, 괴로움을 겪다 가신다. 믿음이 강해도, 믿음이 약해도, 다가오는 인생의 시간과 질병을 피할 수 없다. 그리고 육체의 아픔을 이기지 못한다.

병중에 심방 갈 땐 참으로 마음이 무겁다. 그러나 막상 이 세상을 떠나 장례 집례를 할 때는 오히려 마음이 가볍다. 이 땅, 살 동안 짊어지고 가야만 했던 인생의 무거운 모든 짐들 영원히 던져 버리고, 주님께서 계신 나라로 가는 우리 성도들. 헤어짐의 아픔이 있어도 그렇게 그리던 주님 계신 곳으로 갔으니 복된 삶이다.

병들어 아픈 성도들을 보면서 그리고 그 병으로 인해 고통받으며 아파하는 모습을 보면서, 세상 삶에 힘들어 지쳐 쓰러지는 성도들을 보면서, 때론 하나님께 하박국과 아삽이 외친 절규가 나오기도 한다. 왜 주의 자녀들을 이렇게 힘들게 하시는지요. 악인들은 만면에 미소를 머금고 저리도 평안하게 살고 있는데 주의 성도들은 왜 이리 어렵게 하시는가요.

제가 잘 아는 성도님이 2017년도 주님의 나라에 가셨다. 60세였다. 2급 청각 장애로 평생을 살아오신 분이다. 결혼은 했으나 가정이 행복하지 못했다. 첫째 자녀는 연탄가스로 첫 돌 전에 주님 나라로 보내고, 둘째 낳은 아들은 잘 자랐으나 어머니의 마지막 임종을 보지 못했다. 남편은 아내의 죽음에 대해서 아무 관심도 없었다. 약간 지능적 장애가 있으신 분이기 때문이다.

늘 기도하며 주님을 섬기며 살아온 성도였는데 암 중에 쉽게 발생하지 않는 침샘암 말기 선고를 받았다. 어려운 살림에도 불구하고 치료를 받으면서 생사의 고비를 넘나들며, 아파하셨다. 그러다 병원에서 입원 중 넘어져 골반이 부러지면서, 골반 수술을 받으셨다. 그리고 얼마 후 주님 나라로 가셨다.

삶 자체가 주님 한 분뿐이었고, 주님 앞에 기도하며 평생을 살아온 자녀였는데, 그런 고통 중에 주님 나라에 가신 분이다. 정말 이해하기 힘든 하나님의 뜻이다.

우리가 하나님의 뜻을 이해할 수 없다. 이해하려고 해도 이해할 수 없다. 이해가 안 된다. 우리가 주님의 뜻을 이해하며 받아들여야 하는 것은 오직 우리의 믿음뿐이다.

그렇게 어렵게 살아온 주의 귀한 성도를 주님 나라로 보내면서, 오히려 주님께 감사가 나오며, 이제 그렇게 힘든 인생의 모든 짐 다 벗

어 버리고 주님 나라에서 편히 쉬게 되니 참으로 복된 인생임을 생각하며 주님께서 그 영혼을 잘 인도해 달라는 기도로 보내 드렸다.

주님은 죽은 나사로를 살리기 위해 베다니로 갔을 때, 다음과 같이 선포하셨다.

"예수께서 가라사대 나는 부활이요 생명이니 나를 믿는 자는 죽어도 살겠고, 무릇 살아서 나를 믿는 자는 영원히 죽지 아니하리니."

요한복음 11장 25~26절 말씀이다.

주님은 부활이며, 생명 그 자체다. 모든 생명의 원천이 주님께로부터 나온다. 성도는 죽지 않는다. 주님을 영접하는 순간 그분의 생명의 원천이 성도에게 들어온다. 그래서 성도는 영원히 죽지 않는다. 성도가 육의 몸을 벗어나는 것이 마지막이 아니다. 영혼이라는 의식의 존재는 그대로 있기 때문에 여전히 산 채로 주님 나라에 간다. 거기서 영원히 살게 된다. 그렇기 때문에 성도는 영원한 삶을 가진다. 주님께서 주신 영원한 삶이다. 그리고 주님 이 땅에 오실 때 부활해 주님과 함께 살아간다.

이제 주님께서 이 땅을 심판하시고, 주의 자녀들과 함께 주의 왕국을 건설할 시간이 다가왔다. 온 땅이 주님 빨리 오심을 호소하고, 온 자연이 주님의 재림을 기다린다. 인간에 의해 더럽혀지고, 오염된 피조 세계가 주님께 호소한다. 빨리 오셔서 이 세상을 정화해 주시길

간절히 기다리고 있다.

우리는 주님 나라를 사모한다. 너무 사모하며 그리고 있다. 인생으로서 너무 긴 세월 동안 우리는 주님을 기다려 왔다. 그리고 주님 주시는 새 하늘과 새 땅을 소망하며 기다려 왔다. 이제 그 영광의 날이 다가오고 있다.

지금의 모든 혼란이 우리를 잠시 힘들게 할 수 있겠지만, 곧이어 주님께서 천사들과 함께 이 땅을 심판하러 오실 것이다. 모든 상황이 그렇게 만들어지고 있다. 그리고 주님도 더 이상 이 땅을 그대로 둘 수 없다. 인간의 죄악이 이미 관영해질 대로 관영해져 있다.

조금의 인내만 더하면, 우리는 주님의 왕국에 들어갈 수 있으니 믿음으로 잘 이겨 내고, 주님의 나라에서 영원히 주님을 찬양하는 날이 올 것이다.

제29장

현 우리 교회의 모습

▶▶▶▶　　　　인류에게 준 무한한 복들을 인간들 스스로 차 버리고, 수도 없이 베푼 은혜를 알지 못하며, 자신들을 파괴하며 죽이는 사탄의 종이 되어 하나님과 원수 맺고 하나님을 대적하며 오랜 세월 득세하며 살아왔다. 이제 이들은 유엔 어젠다 2030이라는 목표를 내 걸고 새로운 인류의 희망이라는 세상 건설을 향해 달려가고 있다. 하나님이 없어도 인간 스스로가 신이 되어 새로운 세상을 만들어 갈 수 있다고 장담한다.

WEF의 수장 클라우스 슈밥의 참모인 유발 하라리 교수는 '우리 인간이 곧 신이다' 곧 신이 되는 자리로 간다고 했다.

신세계를 만들고자 하는 유엔 어젠다 2030 그리고 이의 실천 사항인 제4차 산업혁명, ID2020 프로젝트, 더 그레이트 리셋 등의 일련의 일들이 빠른 속도로 진행되고 있다. 이 혁명의 소용돌이 속에 하나님은 존재하지 않는다. 하나님이 전혀 보이지 않는다. 신이 되고자 하는 더러운 인간의 욕망만 보이며 그 중심에 사탄의 음흉한 미소만이 보인다.

그런데 우리 교회들은 너무 모른다. 현시대에 대한 감각이 거의 없다 해도 틀린 말이 아니다. 시대의 임박함을 이야기하고, 유엔 어젠다 2030의 목표나 제4차 산업혁명의 무서움을 이야기해도 아무런 관심이 없고, 오히려 이상하게 취급한다. 곧 CBDC의 사회로 들어가게 되며, 모든 사람이 디지털 아이디를 통해 통제되는 세상이 온다고 해도, 무슨 말인지 알아듣지를 못한다. 오히려 CBDC가 무슨 말이냐 되묻는다.

이렇게 시대에 대해, 현재 진행되고 있는 일에 대해, 수도 없이 방송 매체를 통해 알려 주고 있는 내용을 전달해 줘도 잘못된 종말론자, 성도들을 미혹하는 자로 치부한다. 기가 찰 노릇이다.

곧 성경과 하나님의 존재가 거짓이 되는 세상이 온다. 기독교의 뿌리가 사라지며, 하나의 동호회 비슷한 집단체로 바뀌게 된다는 사실을 알리면서 주님께서 오실 수밖에 없는 당위성을 성경과 현재 일어나고 있는 시대를 비교해 알려 줘도, 아무런 감각이 없다. 늘 그래왔다는 식으로 빈정댄다. 성경은 이에 대해 정확히 다음과 같이 경고하고 있다. 벧후 3장 3~5절의 내용이다.

벧후 3:3 먼저 이것을 알지니 말세에 기롱하는 자들이 와서 자기의 정욕을 좇아 행하며 기롱하여
벧후 3:4 가로되 주의 강림하신다는 약속이 어디 있느뇨 조상들이 잔 후로부터 만물이 처음 창조할 때와 같이 그냥 있다 하니
벧후 3:5 이는 하늘이 옛적부터 있는 것과 땅이 물에서 나와 물로 성립한 것도 하나님의 말씀으로 된 것을 저희가 부러 잊으려 함이로다

작금의 현실, 마지막 시대를 이야기하면 기롱하는 자들이 대부분이다. 기롱이란 말은 조롱한다, 비웃는다는 의미를 가진다. 좀 혼란스럽고 어수선해도 세상이 이처럼 잘 돌아가는데, 하나님의 심판이 있다, 그리스도의 재림이 가까이 다가왔다, 이런 말들을 전혀 듣지 않는다. 조롱하며 비웃고, 더 나아가 신앙에 심각한 문제가 있다 진단한다.

이런 자들은 자신도 의식하지 못하는 본능적 육신의 정욕, 안목의 정욕, 이생의 자랑에 사로잡혀 있어 그렇다. 이들도 세상을 알고, 심판을 알고, 주님의 재림을 알지만, 베드로 사도의 말씀처럼 부러 잊으려 하는 모양새다. 종말, 재림, 지겹게 들어왔고 늘 하던 말인데 설마 내 시대에 예수님이 오겠는가 하는 생각일 것이다. 이런 신앙은 옳지 않다. 재림에 대한 신앙이 전혀 없으며, 이는 그리스도의 재림을 믿지 않는 것과도 같다. 어둠의 세력은 교회의 이런 모습을 즐거워한다. 그리고 오래전부터 이렇게 되도록 보이지 않은 세뇌를 시켜왔다.

현 우리 교회는 딥스가 만든 세속 문화와 이들이 만든 교회 프로그램에 매료되어 있다. 시대를 보지 못하니, 세상이 주는 문화나 문명의 혜택, 더 나아가 교회가 앞장서서 세상 문화를 받아들이고 있다. 교회가 세상에 뒤지지 않으리라는 각오로 달려가고 있다. 새로운 시대, 새로운 교회로의 전향을 서두르고 있다. 새로운 성장과 부흥의 놀라운 세기적 변화와 새로운 갱신의 혁명이 있을 것처럼 질주하고 있다. 앞에서 끌어가고 있는 대장이 사탄임에도 전혀 그 실체를 보지 못하고 있다.

우리 주님께서는 더 이상, 주님 다시 오심에 대한 징조를 보여 주실 것이 없다. 너무 많이 보여 주셨고, 이미 알려 주실 건 다 알려 주셨기 때문이다.

우리 성도들에게 철저한 영적 분별력을 당부하고 싶다. 우리나라 사람들의 심성은 정에 약하다. 내가 다닌 교회, 내가 모시던 목자, 내가 충성하던 교회에서 대부분 떠나지 못한다. 내 교회가 배도의 더러운 잔을 마셔도 악한 배도자들과 어울려 그들과 함께 가고 있어도 애써 모른 척하고, 외면해 버린다. 나만 안 그러면 되지 않느냐는 스스로의 자위감을 갖고 교회를 떠나지 못한다. 하나님께서 배도의 현장에서 나오라 해도, 하나님의 음성보다 인간의 정이 앞선다.

수많은 거짓 프로그램들이 교회 내로 유입되면서 거짓 영성으로 성도들을 미혹해 가도 성도들은 전혀 이를 모른다. 수도 없이 알려

주고, 또 알려 줘도 아예 배척해 버린다.

마 22장 14절에 주님은 **"청함을 받은 자는 많되 택함을 입은 자는 적으니라"**는 말씀을 하셨는데, 참으로 실감 나는 현실적 말씀이다.

교회가 거짓을 말하고, 거짓을 선포하며, 거짓을 따라오라 하는데도, 성도는 아멘하며 따라간다. 교회의 강단은 침노당해, 세속 공연장 비슷하게 되었고, 현란한 조명 아래 부르는 CCM은 세상 나이트클럽을 방불케 한다. 춤추고, 뛰고, 굴리고, 뒹굴고, 소리치고 하면서, 성령의 역사의 현장이라 한다.

하나님께 계시받았고, 천국과 지옥에 다녀왔다 간증하는 자들에게 구름 떼처럼 사람들이 모여든다. 치료의 능력자라는 달콤한 거짓말에 속수무책 당하고 있다. 주님 다시 오심을 이용해 자신의 치부의 도구로 사용하고 있다.

목자는 양들을 섬기고, 돌보는 자여야 한다. 양들에게 군림하라고 주신 직분이 아니다. 수도 없이 많은 목회자들을 만나 보면서 그들의 어깨에 힘이 무척 많이 들어가 있음을 느끼곤 한다. 대부분이 뭔가 모르는 대단한 자부심으로 가득 차 있다. 주님에 대한 헌신의 자부심일까.

세상 사람들의 교회에 대한 신뢰도는 처참하다 못해, 굴욕적이다.

신뢰도가 약 6% 정도다. 이건 아예 교회를 믿지 않는다는 이야기다. 그도 그럴 것이, 우리 사회의 굵직굵직한 사건 뒤엔 대부분 우리 기독교가 들어 있다. 목회자들이 앞장서고 있다. 정치, 경제, 사회, 문화 등 특정한 분야 할 것 없이 전 분야에 우리 기독교라는 이름하에 저질러지는 참담한 일들이 수도 없이 많다. 이름 없이, 빛도 없이, 감사하며 가는 것이 아니라, 이름 높이 드러내며 광명한 빛처럼 자랑하며 전진한다.

제30장

교회여 일어나라

▶▶▶▶

WAKE UP CHURCH. 교회여 일어나라. 본 책의 제목이기도 하다.

아직 우리에겐 기회가 있다. 주께서 은혜의 문과 구원의 문을 닫지 않으셨다. "보라 지금은 은혜받을 만한 때요, 구원의 날이로다"라는 말씀이 유효한 시대다. 그러나 인간 정부 시대의 끝이 보이는 시대이기도 하다. 이는 은혜와 구원의 역사가 곧 마무리됨을 말한다. 은혜와 구원의 문이 닫히면 심판의 시대로 간다. 심판의 시대는 은혜와 구원 그리고 회개의 기간이 아니라 심판을 내리는 시대기 때문에 주께로 돌아오지 못한다.

앞으로 교회가 깨어날 수 있는 시간이 10년도 채 남지 않은 것으로 보인다. 성경과 유엔 어젠다 2030이 일치할 순 없지만, 유엔 어젠다 2030의 무서운 시대는 인간과 기계가 연결되는 새로운 시대로의 전환을 가져온다. 수많은 생명체들의 종이 변화되고, 복제 가능한 시대가 된다. 인간의 영생을 가늠하는 시대가 된다. 하나님께서 주신 원 인간의 정체성은 완전히 사라지고, 새로운 인간의 정체성으로 인간들은 살아가게 된다.

지금까지 믿어 온 신들이 모두 전멸되는 시대가 되며, 인간이 새로운 세상을 만들고 새로운 종과 새로운 인간을 만드는 인간 자신이 신이라 부르는 신의 시대가 된다. 그리고 새로운 시대의 새로운 종교로 대체되면서 모든 종교들이 통, 폐합되는 종교 통합의 시대가 된다. 타 종교들은 시대의 변화에 따라 카멜레온처럼 변화가 가능하다. 그들의 교리가 그렇기 때문이다.

그러나 기독교는 그렇지 못하다. 우리 기독교의 기독교 됨에 대한 절대적 교리가 인간의 타락과 죄 그리고 죄로부터의 구원, 유일한 구원의 길은 예수 그리스도라는 사실이다. 그러나 앞으로의 세상은 성경에서 가르치는 모든 것을 엎어 버리는 세상이 된다. 천지 창조로부터 시작해, 인간의 구원 그리고 마지막 시대의 심판이라는 모든 연결고리가 완전히 사라지는 시대가 다가온다.

현 인간이 발전시킨 과학이 모두 하나로 융합되면서 100년, 1,000년 걸릴 일들이 불과 며칠 만에 처리된다. 인간의 유전자를 바꾸어 새로운 유전자로 대체하는 일들이 지금 버젓이 일어나고 있다. 아무도 죄인 줄 모르며 죄라고 지적하지 않는다. 과학의 혜택으로만 보고 있다. 윤리적 문제를 가끔은 들고 나오나 과학의 발전 앞에 윤리는

고개 숙여 버리고 새로운 윤리가 그 자리를 차지한다.

뭔 똥딴지같은 사차원의 말을 하느냐고 반문하는 자들이 있을 것이다. 그러나 머지않아 이런 시대를 접하게 될 것이다. 지금 발전하는 인공 지능 기술, BCI 기술, 유전자 기술, 합성생물학 기술, 화학 기술, 나노기술, 인공 장기 기술, 의료 기술, IT 기술, 6G, 메타버스, IoB 기술 등의 모든 발전들이 우리 세상을 그렇게 만들어 가고 있으며, 말 그대로 꿈과 상상이 현실이 되는 세상으로 들어서고 있다. 혹 교회 내, 위의 분야에서 일하는 전문 연구가가 있다면 물어보라. 필자의 말이 사실인지, 아닌지. 대충 적당히 아는 자는 오히려 문제가 될 수 있다. 전문 연구가여야 충분히 알 수 있다.

인간들은 자연스럽게 트랜스 휴먼이 될 수밖에 없으며, 트랜스 휴먼으로서 질병 없이 장수할 수 있는 시대가 될 것이며, 인간의 수명 또한 임의로 조종이 가능한 시대로 들어서게 된다. 이미 이런 시대는 진행되고 있다.

2015년도 선포된 유엔 어젠다 2030의 계획 아래, 지금까지의 인류 역사는 과거의 신화적 역사 속에 묻어 두고, 전혀 새로운 시대로의 역사적 대전환점을 가져오게 된다. 디지털 세상이다. 디지털 세상은 모든 것이 초연결, 초지식, 초융합의 형태로 바뀌면서 인간 또한 디지털 인간이 되어야 적응할 수 있는 시대다. 지금 우리 시대가 그렇게 변화되고 있다. 우리 주변 대부분의 사물들이 이미 디지털화되었고, 우리 인간도 곧 디지털화될 것이다. 점점 더 로봇에 의해 직장이 대체되면서 수많은 일자리가 사라지고 있으며, 인공 지능에 의해 수많은 업무들이 처리되고 있다. 인간이 만든 새로운 세상인 메타버스 안에서, 경제적인 일뿐만 아니라 수많은 일들이 처리되고 있다. 모두가 디지털 시대의 산물들이다. 세계적 미래 예측학자인 토마스 프레이는 2030년 안에 20억 개 이상의 직업이 사라질 것이라는 말을 했다. 지금 그렇게 되고 있다.

수차례 말해 왔듯이 디지털 시대의 핵심은 반도체칩이 된다. 점점 소형화되는 반도체칩은 이제 나노크기 형태까지 가능해지고 있다. 이미 나노봇인 나나이트가 우리 몸에서 활동을 할 수 있는 의료 기술까지 가능해진 상태다. 외부와의 통신을 통해 환자를 예방, 진단 및 치료 더 나아가 수술까지 가능해지도록 한다.

현재 나노테크놀로지는 나노에 컴퓨터 기술을 넣을 수 있으며, 나노의 자체 조립 설정에 의해 외부에서 임의로 나노를 조종할 수 있는 즉 외부와 통신이 가능한 기술까지 와 있다. 그래야 외부에서 나노 조종을 통해 의료기술을 시행해 갈 수 있기 때문이다.

곧 화폐에 있어 일대 혁신이 되는 CBDC 사회로의 전환을 가져온다. 디지털 사회에 걸맞은 화폐가 된다. 이 CBDC는 결국 우리 몸 안으로 이식되는 나노컴퓨터와 연결되면서 디지털 사회 내의 모든 경제 활동을 가능케 한다는 것은 쉬이 짐작할 수 있는 일이다. 경제 활동을 가능케 하는 나노칩은 짐승 정부의 디지털 아이디로 발전하며 디지털 신분증 등의 역할을 하면서 디지털 사회의 중심이 될 것이다.

대부분의 사람들이 디지털 사회의 편리함과 유용함에 아무 저항 없이 모두 이 사회로 들어가며, 깨어 있지 못한 교회와 성도들도 이 사회 안으로 들어가면서 짐승의 표를 기쁜 마음으로 이식하게 될 것이다.

환경 운동가들도 인류에게 주어진 기회가 10년도 채 남지 않았다고 주장한다. 이유는 지구의 온난화에 대한 문제다. 1.5도의 온도를 2030년까지 잡지 못하면, 지구는 임계점을 넘어 온난화의 무한 질주를 할 것이며, 인류가 멸종할 수 있다는 무서운 경고를 하고 있다. 1.5도 중 이제 0.7도 밖에 남지 않았다는 무서운 말을 하고 있다. 딥스에서 만든 음모론이란 말도 많이 있지만, 현재 우리 주변의 기후가 예전과 다름은 분명하다.

우리 교회에게 주어진 시간도 비슷하다. 어쩌면 더 짧을 수 있다. 지금 우리 교회가 WAKE UP 하지 않으면, 돌이킬 수 없는 비극을 맞이할 수 있다.

우리 성도들은 다음의 교회들을 조심하며, 말씀으로 살펴보고 현명한 결단 있기를 원한다.

- 주의 재림이나 시대에 대한 말씀이 전혀 없는 교회
- 아직도 교회 성장이나 부흥을 외치고, 기복을 외치는 교회
- 신비적 형태로 성도들에게 신비주의를 조장하는 교회
- 예언사역, 은사사역, 치유사역을 중심으로 하는 교회
- 방언이나 예언을 가르치는 교회
- CCM 노래나 열린 예배를 중심으로 하는 교회
- 대중 집회를 하면서 여러 배도적인 교회와 연합하는 교회
- 4차 산업혁명 시대를 주님이 주신 복된 시대라 강변하는 교회
- WCC, WEA에 가입하거나, 긍정적으로 이야기하는 교회
- 로마 가톨릭이 큰 집이고 우리 교회가 작은 집이라 말하는 교회
- 로마 가톨릭에 대해 긍정적이며 옹호하는 교회
- 신사도 운동을 하면서, 사도적 교회, 선지자적 교회, 열방이란 말을 자주 하는 교회
- 오늘날에도 사도가 있고, 성경에서 말하는 예언자, 선지자들이 있다고 말하는 교회
- 그리스도 외에, 각각의 종교에도 구원의 길이 있다고 말하는 교회
- 종교 통합의 일에 동참하는 교회
- 알파코스, 두 날개, G12, DTS 훈련, 프레스 디아스 훈련 등을 강조하며 진행하고, 받아야 한다는 교회
- 고난과 박해에 대한 설교가 없고, 기복과 번영, 축복만 강조하는 교회
- 성도가 성공해야 올바른 성도라 가르치는 교회
- 목회자가 교주처럼 행사하는 교회

- 목회자를 따라야 산다고 하는 교회
- 종말적 복음을 전하되, 환난 전 휴거나, 중간 휴거, 부분 휴거, 휴거의 일자를 말하는 교회
- 우리의 구원이 인간의 노력이나 행위에 의해서 가능하다고 가르치는 교회
- 짐승의 표를 상징으로 가르치는 교회
- 천년 왕국이 없다고 가르치는 교회
- 표적과 은사, 계시와 천국 지옥 간증을 신뢰하는 교회
- 메타버스를 교회에 도입해, 메타버스를 통해 교회의 여러 활동을 하려는 교회
- 헌금을 많이 해야 복 받는다고 말하는 교회
- 목회자의 생활이 지나치게 사치스러운 교회
- 가수나 연예인을 초청해 자주 집회하는 교회
- 교회 내 대중문화를 자연스럽게 도입하는 교회
- 강단을 중이나, 신부들에게 내어 주는 교회
- 세속적 인문주의 강의를 자주 하는 교회 등등

대충 이정도로 정리해 보자. 정리해 보니 정말 수도 없이 많이 나온다. 한편으론 나 자신도 올바르지 못한 사람이 이렇게 진단을 한다는 것 자체가 불의한 일이 될 수 있다는 점을 생각해 보면서, 스스로를 돌아보게 된다.

마지막으로 유엔 어젠다 2030과 계시록의 진행도를 도표로 살펴

보면서 글을 마무리한다. 이 진행도는 본인의 생각이니, 참고 정도로만 하면 좋겠다.

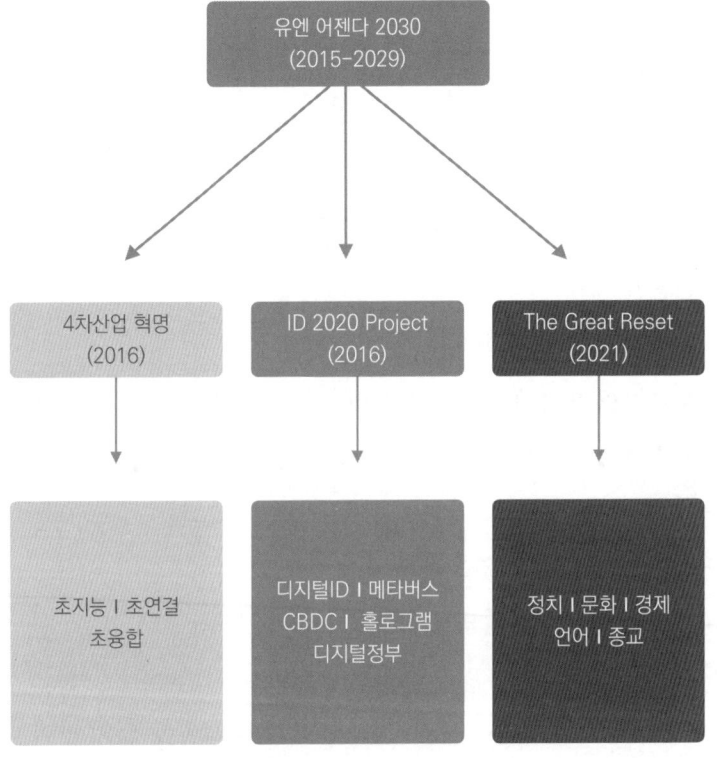

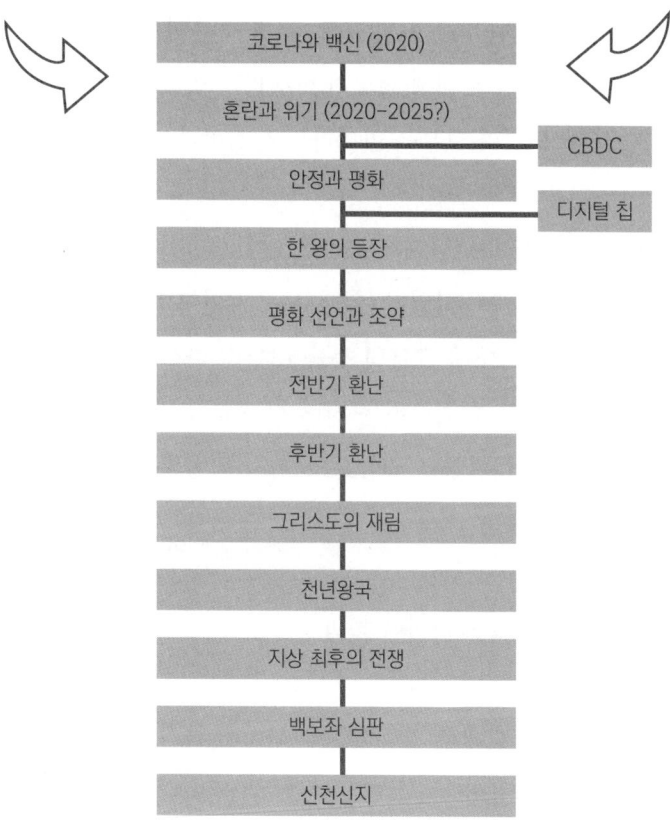

소결

예수 그리스도는 생명이다. 종교의 신이 아니라 생명 그 자체다. 예수님께서 우리 죄를 대신해 십자가에서 피 흘리시고, 그분의 죽음으로 우리의 죄가 용서받고, 하나님의 자녀로 받아들여진 것이다.

인간의 기원, 죄의 기원, 죄의 문제, 죄와 죽음의 문제 해결, 인류의 마지막, 인간의 영생에 대해 정확히 나침판의 역할을 하는 분이 우리 주 예수 그리스도시며 그분을 안내하는 성경이다.

인간을 창조하신 하나님께서 스스로 낮고 천한 이 땅에 오셔, 사람이 되시고 인간을 구원하셨다. 알파(Alpha)와 오메가(Omega)이신 하나님께서는 이 시대에 그분의 뜻을 이루려 하신다. 하나님의 자리를 탐내고 하나님을 대적하려는 사탄의 계획을 말씀(logos)으로 물리치시고 하나님의 위엄과 권능으로 천지 만물로부터 찬양을 받을 것이다.

우리 그리스도인들은 알아야 한다.

4차 산업혁명의 시대로 깊숙이 들어서면서, 질병 정복, 노화 정복, 영생불사, 디지털 칩의 사회, 인공 지능 인간, 유전자 인간, 합성 인간, 복제 인간 등이 공존하는 시대를 우리 하나님께서는 반드시 심판하실 것이다. 지금 우리는 이런 시대로 곧 들어선다.

주님은 말씀하신다. 만물의 마지막이 가까웠으니 그러므로 너희는 정신을 차리고 근신하여 기도하며, 믿음의 눈으로 보이지 않는 실상을 바라보고 보지 못하는 것들의 증거를 얻길 바란다.

교회가 일어나야 한다. 지금도 늦지 않다. 교회여 부디 깨어나라.

마무리 글

시대를 준비하라

많은 오해와 욕먹을 각오, 더 나아가 이단이라는 오명까지 받을 수 있음에도 불구하고, 이 시대의 배도, 딥스의 정체 그리고 시대에 대한 안내를 오랜 시간 알려 왔다. 그러나 어떤 연유에서인지 몰라도 일부의 성도를 제외한 대부분의 성도들은 주님의 재림, 시대의 임박함 그리고 딥스의 정체, 더 나아가 배도에 대한 교회의 수많은 잘못된 내용 지적에 대해 별 반응이 없다. 현재도 그렇다.

딥스의 무서운 교회의 가스라이팅에 속수무책으로 당한 모양새다. 주님께서 말씀하셨듯이, 눈이 있어도 보지 못하고, 귀가 있어도 듣지 못하는 시대의 탄식이, 요즘 시대 주님께서 이 땅에서 살아 계실 때 말씀하신 시대와 그대로 데자뷔된다.

교회가 유엔 어젠다 2030의 실체, 제4차 산업혁명, ID2020 프로젝트, 더 그레이트 리셋 그리고 이 일을 성공시키기 위해 진행하는 수많은 일들을 전혀 보지 못하고 있다. 디지털로 하나 되는 세상, 인공 지능 인간이 공존하는 세상, 인간의 원 정체성이 파괴되는 세상, 새로운 신인류의 등장을 예고하는 세상, 인간 수명을 마음대로 조종하며, 수명 연장을 가능케 하는 세상, 메타버스 내의 새로 만들어지

는 세상 등 이 모두가 성경의 가르침과는 전혀 다른 세상이 된다. 이런 세상이 인간의 손을 통해 만들어지고 있다.

이런 세상이 되면 성경의 가르침이 거짓이 되고, 하나님의 존재는 거짓된 존재로 사라진다. 이미 세속 문화와 가르침에 물든 젊은 청소년들 심지어 기존 성도들마저 신의 존재에 대한 의식이 거의 없으며, 종교의 필요성을 대부분이 느끼지 못하는 시대로 들어가고 있다. 교회를 가야 할 필요성, 하나님을 믿어야 할 필요성을 전혀 느끼지 못한다. 이미 그렇게 우리 교육이 세뇌를 시켰고, 우리 사회가 그렇게 만들어 버렸다.

지금은 이런 시대에 대한 믿음의 저항이 있어야 하는데, 이마저도 찾기 어렵다. 자연스럽게 순응하고 동화되는 현상이 짙게 드러나고 있다. 기독교의 기독교다움, 즉 기독교 가치관이나 세계관 등이 완전히 무너지고 있다.

4차 산업혁명의 신기술들은, 인간을 신의 자리로 가도록 하고, 신의 필요성을 느끼지 못하도록 인간들을 기술이라는 놀라운 무기로 조종해 가고 있다. 우리는 생존을 위해 이런 기술들과 서서히 접목되면서, 자신의 삶을 위해 잘못된 신앙의 삶을 모두 합리화하고 있다. 어느 순간 우리의 사고나 마음은 하나님과의 인격적 관계가 훼손되고, 점점 더 교회와 말씀에서 멀어진다.

인간의 이성적 사고나 판단은, 그 시대의 문화나 대세를 이겨 가지 못한다. 대부분이 시대의 흐름에 편승된다. 놀라운 사실은 더 이성적이며, 더 판단력이 빠른 자들, 많이 배운 지식인들이 쉽게 시대에 편승하고 물든다. 그들의 판단에 대한 자신을 갖고 있기 때문이다. 자신의 판단은 이성적이며, 아주 바르다는 아집에 사로잡혀 있기 때문이다. 그러다 보니 시대에 대한 경고도 비판적 태도로 일관한다.

성경은 자신의 지혜와 명철을 의지하는 자는 망한다고 했다. 영적 분별력이 없으면, 시대가 보이지 않고, 시대의 올바른 판단을 하지 못한다. 주님이 주시는 영적 가르침이 없기 때문이다. 자신의 이성과 판단으로 모든 시대를 진단하고자 하기 때문이다. 이런 자들에겐 주께서 영적인 안내를 하지 않는다.

2020년대, 현 우리들의 시대는 다시 인류 역사를 써야 하는 디지털 시대로 가고 있다. 디지털 시대는 인간과 기계가 하나 되는 세상이다. 인간도 디지털화되어야 이 세계에 적응할 수 있는 시대가 된다. 디지털 세계는 디지털 인간을 요구하고, 디지털 인간은 휴먼 2.0의 새로운 인간이 되는 것이다. 휴먼 2.0의 인간은 자연인의 모습에서 바뀐 트랜스 휴먼의 시대다. 하나님의 작품인 휴먼 1.0이, 인간이 만든 휴먼 2.0의 시대로 가는 것이 된다.

휴먼 2.0의 시대는 2030년쯤 시작될 것으로 보인다. 이 시대는 신이 필요 없고, 종교가 필요 없는 시대가 된다. 특히 다른 종교와의 연

합 일체를 거부하는 기독교는 더욱더 빠른 속도로 도태되는 시기가 된다. 성경에서 계시한 하나님의 존재가 거짓이 되는 시기가 되기 때문이다.

지금 우리 교회는 주님 오심에 대한 소식을 알리고, 준비해야 한다. 주님이 살아 계시고, 성경의 가르침이 사실일진대, 주님이 오시지 않으면 안 되는 결정적 시기에 도래했다. 이건 나의 생각이 아니라, 우리 시대를 끌어가고 있는 신기술의 가르침이다. 모든 인간 기술이 주님이 재림하지 않으면 안 되는 시기를 지목하고 있다. 그렇기 때문에 아주 빠른 시간 내 주님은 반드시 오신다. 그리고 주님께 도전한 인간들을 심판하게 될 것이다.

주님을 믿고 섬기는 우리 성도들은 시대에 대한 올바른 판단이 있어야 한다. 정신없다. 바쁘다. 먹고살기 힘들다. 시간이 없다는 이런 식의 말들은 주님 앞에 아무런 변명이 되지 않는다.

음모론, 말도 안 되는 소리, 극단적 종말론자, 이단적 사상 등등의 말을 할 땐 하더라도, 시대에 대한 공부나 이 시대가 어떻게 흘러가는지에 대한 공부 좀 하기를 당부한다. 그러면서 성경에서 가르치는 종말에 대한 안내와 함께 살펴보면, 쉽게 말하기 어려울 것이다.

이 시대의 유일한 희망은 오지 주님밖에 없다. 그리고 주님을 믿는 우리 성도들이 그 희망적 일을 감당해야 한다. 우리가 살 수 있는 유일한 길은 오직 주님 오심만이 그 해답이 된다.

　부디 이 책을 접하는 우리 깨인 성도님들의 선한 노력과 주님 오심에 대한 귀한 믿음의 도리로 최선을 다해 믿음 지켜 승리하기를 당부한다.

부록

코로나 바이러스와 백신 해독법

 안녕하세요? 서울에서 한의원을 운영하고 있는 한의사 윤광희입니다. 학생학부모인권보호연대 의료자문과, 크베어댕큰코리아(네이버카페)의 카페 매니저를 맡고 있습니다.

 코로나라는 질병이 실제로 존재할까요? 무증상 확진자라는 말을 들어보셨을 겁니다. 감기에 걸리면 열이 나고, 땀이 나고, 두통이 생기고, 춥기도 하고, 설사를 하기도 합니다. 질병이라고 하는 것은 이처럼 인체에 특정 증상을 유발하는 겁니다. 증상이 없다고 하는 것은 질병이 아니라는 겁니다. 코로나는 그러면 감기일까요? 코로나가 감기라고 하면 PCR 양성이 나온 모든 사람은 감기 증상이 있어야 합니다. 그러나, 무증상 확진자는 아무런 증상도 없습니다. 코로나는 감기도 아니라는 것을 말하는 겁니다. 코로나는 PCR 검사를 하지 않으면 사라지는 겁니다. 코로나는 진단 검사 장난질입니다.

 코로나 주사 접종 후 많은 국민들이 부작용으로 고통을 받고 계십니다. 저 역시 부작용으로 귀머거리가 되신 분, 이명증이 심하게 되신 분, 심장 두근거림이 심해 잠을 자지 못하게 되신 분, 탈모가 되신

분, 공황 장애가 발생하여 운전을 못하게 되신 분, 시력이 감퇴되신 분, 틱 장애가 심하게 된 아이, 자궁 근종이 커지신 분, 발기 불능이 되신 분, 폐에 결절이 커지신 분, 몸무게가 확 빠지신 분, 숨이 차게 되어 걷기도 힘들게 되신 분, 만성 피로로 일상생활이 어려우신 분, 우울증이 심해지신 분 등 많은 증상의 환자분들을 진료하였습니다.

전능하신 하나님께서는 인간을 창조하실 때부터 이러한 상황을 알고 계셨습니다. 당연히 이를 극복할 수 있게 인간을 창조하셨습니다. 인간의 몸은 창조자이신 하나님께서 제일 잘 아십니다. 인간의 몸이 스스로 해독할 수 있게 창조하셨습니다. 더구나 하나님의 자녀는 알아서 보호해 주십니다. 걱정하실 것 전혀 없습니다.

문제가 되는 것은 피조물인 인간들이 하나님의 창조 섭리를 벗어나게 생활해서 하나님께서 주신 자연 회복 능력이 제대로 발휘되지 못하고 있는 것입니다.

인간은 하루 8시간 이상 숙면을 취해야 하는데 일을 한다, 드라마를 본다며 잠을 줄이고 있습니다. 잠을 자지 않으면 사람의 몸은 손상이 누적됩니다. 이러한 몸은 당연히 해독 능력이 저하될 수밖에 없습니다.

그리고, 하나님께서 창조하신 동물과 물고기와 야채와 과일을, 본연의 것 그 자체로 먹어야 하는데 인간은 그것을 거부하고 여러 가지

합성 첨가물을 먹어서 몸이 상하게 됩니다. 요즘은 고춧가루가 제일 문제가 됩니다. 고춧가루 좋지 않습니다. 고춧가루는 원산지가 멕시코이고 예수회를 통해서 전 세계에 퍼졌고, 우리나라 역시 임진왜란 때 들어왔습니다.

하나님께서는 인간이 스스로 몸을 치료할 수 있게 이미 창조하실 때 각종 약초를 전 세계에 뿌려 놓으셨습니다.

코로나 부작용은 개인마다 다르며 강도 역시 다 다양합니다.

인체의 세포 수는 30조 개 입니다. 그중에서 적혈구가 12조 개 입니다. 그래서 성경에 피는 생명이라고 나온 겁니다. 피는 생명이고 피를 돌리는 것은 심장입니다. 코로나 주사를 맞게 되면 혈액과 심장에 문제가 주로 발생하게 됩니다. 코로나 주사를 맞게 되면 심장에 무리가 가게 됩니다. 정상인은 1분에 심장이 65~70회 정도 뛰는 게 정상인데 코로나 주사를 맞게 되면 심박수가 90회 이상 120회까지 뛰게 됩니다.

심장을 사람 몸의 자동차에 비교하면 엔진인데 엔진이 이렇게 미친 듯이 계속 뛰게 되면 엔진이 퍼지듯 심장 기능 역시 극도로 저하되게 됩니다. 그래서 심부전 증상이 발생하게 되어 어지럼증, 이명, 이석증, 공황 장애, 불면증 등이 발생하게 됩니다.

또한 심장이 미친 듯이 뛰게 되면 심장에 열이 발생하게 되고 이 열이 몸의 수분과 혈액을 말리게 됩니다. 그러면, 피부가 건조하게 되고 안구 건조증도 발생하게 됩니다. 몸의 혈액이 적어지게 되면 간의 해독 능력이 저하되어 만성 피로가 발생하게 됩니다. 또한 열이 각종 염증성 질환을 유발하고, 척추를 지지하고 있는 인대를 흐물흐물하게 만들어 각종 목, 허리 디스크가 발생하게 됩니다. 운동을 계속하면 근육이 두꺼워지듯이 심근이 두꺼워집니다. 그러면 심장 비대가 유발됩니다.

코로나 주사 후 부작용 치료는 혈액과 심장을 정상화하는 것이 가장 중요합니다. 심장 비대를 치료할 수 있는 방법은 8시간 이상의 숙면과 한약밖에 없습니다. 모든 피부 질환은 심폐 기능 저하입니다. 심폐 기능이 저하되면 심장의 출력이 저하되어 피가 도는 혈류 속도가 떨어지게 됩니다. 피부 쪽 혈류 속도가 저하되면 모공이 막히고, 막히면 염증이 유발되어 모든 피부 질환이 발병합니다. 양방에서는 심장을 정상화하지 못하기 때문에 아토피나 건선 같은 피부 질환을 치료하지 못하는 겁니다. 한방에서는 그게 가능합니다.

제가 환자를 치료할 때 사용했던 처방입니다. 코로나와 백신으로 고생하시는 모든 분들에게 조금이나마 도움이 되길 소망합니다.

쉐딩에 좋은 체질별 한약재

쉐딩:

　코로나 주사를 접종한 사람들에 피부와 호흡으로 배출하는 각종 독성 물질이 비접종자에게 나쁜 영향을 주는 현상(어지럼증, 두통, 메슥거림, 피부가 따끔거림, 목이 따끔거림)

　태음인: 은행잎, 국화차, 맥문동차
　소양인: 박하차, 둥글레차
　소음인: 곽향, 당귀
　태양인: 솔잎

백신 해독에 좋은 한약재

　태음인: 민들레, 칡, 콩나물
　소양인: 금은화, 연교
　소음인: 어성초

백신 부작용 치료 처방

태음인(부작용이 강할 때)

갈근300g 고본150g 황금150g 길경80g 승마80g 배기00g 너쭉사

80g 천문동150g 맥문동 150g 의이인150g 상백피80g 관동화80g 백과80g 행인80g 민들레80g

전탕해서 3,600cc 봉지당 120cc 30봉지 식후 30분 1일 3회 복용

태음인(부작용이 약할 때)

맥문동240g 천문동150g 나복자120g 황금80g 길경80g 오미자80g 의이인80g 상백피80g 관동화80g 백과80g 행인80g 산약80g 용안육150g

전탕해서 3,600cc 봉지당 120cc 30봉지 식후 30분 1일 3회 복용

소양인

생지황 300g 숙지황 300g 구지자150g 산수유150g 복령120g 택사120g 목단피120g 황련40g 지모150g 황백150g 금은화80g 연교80g 석고400g

전탕해서 3,600cc 봉지당 120cc 30봉지 식후 30분 1일 3회 복용

소양인의 경우 대변이 2회/1일~1회/2일 이상일 경우는 위와 같이 처방합니다.

대변이 3회/1일 이상이고 변이 무르고 퍼질 때는 아래 처방을 이용합니다.

숙지황 150g 산수유 150g 복령 150g 택사 150g 차전자80g 강활 80g 독활80g 형개80g 방풍80g 석고 400g 금은화80g 연교80g 황련40g 황백 150g

전탕해서 3,600cc 봉지당 120cc 30봉지 식후 30분 1일 3회 복용

위의 처방으로 대부분의 부작용은 치료가 됩니다. 그러나 이명이나 난청이 있는 경우는 다른 약재를 추가해야 합니다. 특이한 증상이 있을 때에는 그에 맞는 약재를 추가합니다.

코로나 주사의 부작용을 치료하기 위해서 야채만 드시는 분들이 있는데, 그러시면 회복되지 않습니다. 혈액 성분을 정상화하기 위해서는 반드시 육식을 먹어야만 합니다.

금식하시면서 기도하시는 분들도 계시는데 오히려 좋지 않습니다. 금식을 하게 되면 먼저 몸의 수분이 마르고 혈액이 농축이 되어 오히려 심장에 좋지 않습니다.

백신 부작용을 치료하기 위해 하이드록시 클로로퀸, 이버멕틴, 비타민C, 아연, NAC, MSM을 먹으라고 하는 자들이 있습니다. 그러나,

위의 약들을 복용한 후에 몸이 더 나빠진 사람들이 많습니다. 복용하지 않으셔야 합니다. 위의 약들을 복용한 후에 몸이 더 나빠진 분들 역시 진료했습니다.

트럼프의 전 주치의였던 젤렌코는 코로나를 예방하기 위해서 하이드록시 클로로퀸의 복용을 권했습니다. 코로나는 진단 검사가 장난질인데 뭘 예방한다는 것인지 모르겠습니다. 또한, 하이드록시 클로로퀸, 이버멕틴, 아연, 비타민C, 비타민D, 아지트로마이신 등의 조합으로 코로나 환자를 치료했다고 합니다. 코로나 환자 치료 목적으로 사용했던 약으로 이제는 코로나 주사의 부작용 치료 목적으로도 사용한다고 주장합니다. 만병통치약이네요.

클로로퀸과 히드록시클로로퀸은 근육 약화와 심장 부정맥 등 부작용을 일으키고 심지어 심정지까지 부를 수 있는 약입니다. 코로나 주사를 맞아 심장에 부담이 간 상태에서 심장에 더 부담이 가는 약을 먹으라고 하는 겁니다.

이버멕틴은 농약으로 분류되는 약입니다. 농약으로 해독한다고 합니다. 말이 되지 않습니다. 이버멕틴은 신경신호전달을 차단하여 기생충을 죽이는 약입니다. 신경신호전달을 차단하여 통증을 못 느끼게 하는 것이지 몸이 회복된 것이 아닙니다. 이버멕틴을 복용하면, 장내 미생물을 죽이게 됩니다. 장내 미생물이 죽게 되면 영양분 흡수가 제대로 되지 않게 됩니다. 혈액을 다시 만들기 위해선 영양분 섭

취가 중요한데 그것을 막게 되어 회복을 더 방해하게 됩니다.

비타민C의 작용 방식은 몸의 기능을 항진시키는 겁니다. 코로나 주사를 맞고 심장이 열심히 뛰어 가뜩이나 항진된 상태에서 비타민 섭취는 자칫 위험할 수 있습니다. 홍삼이나 인삼은 강심 작용이라고 해서 심장을 뛰게 해서 반짝 기운이 나게 합니다. 그러나 코로나 주사 역시 심장을 뛰게 해서 심장 기능 장애를 유발할 것이기 때문에 홍삼이나 인삼 그리고 비타민C 복용은 해롭습니다. 코로나 주사의 부작용 중에는 백혈병도 있습니다. 합성 비타민C의 부작용에도 백혈병이 있습니다. 아연의 경우는 콩팥의 기능을 저하시키기 때문에 코로나 주사의 해로운 물질 배출을 억제합니다. NAC는 사람을 수동적으로 만드는 부작용이 있으니 복용하면 좋지 않습니다. 정부가 시키면 시키는 대로 하게 만드는 겁니다.

이버멕틴 복용 후 부작용이 오신 분들의 경우도 위의 체질별 처방을 복용하시면 회복됩니다.

♣ 태음인에게 이로운 음식 ♣

- 곡 류: 밀, 밀가루, 콩, 율무, 기장, 수수, 강냉이, 고구마, 땅콩, 들깨, 설탕, 현미, 두부
- 육 류: 쇠고기, 우유, 치즈, 버터
- 해물류: 명태, 조기, 명란, 간유, 민어, 청어, 대구, 뱀장어, 우렁이, 미역, 다시마, 김, 해조류

- 채소류: 무, 당근, 도라지, 더덕, 고사리, 연근, 마, 버섯, 토란, 콩나물
- 과일류 : 밤·잣, 호두, 은행, 배, 살구, 매실, 자두
- 기타 : 오미자, 매실, 동충하초, 녹용, 마

♣ 태음인에게 해로운 음식 ♣

돼지비계, 개고기, 꿀, 인삼, 홍삼, 오가피, 양파즙, 마늘즙, 포도즙, 생강, 대추, 황기, 쑥

♣ 소양인에게 이로운 음식 ♣

- 곡 류: 보리, 팥, 녹두, 참깨, 참기름
- 육 류: 돼지고기, 계란, 오리고기
- 해물류: 생굴, 해삼, 멍게, 전복, 새우, 게, 가재, 복어, 잉어, 자라, 가물치, 가자미
- 채소류: 배추, 오이, 가지, 상치, 우엉(뿌리), 호박, 죽순, 씀바귀, 고들빼기, 질경이
- 과일류: 수박, 참외, 딸기, 산딸기, 바나나, 파인애플, 멜론, 키위
- 기타: 구기자, 복분자, 결명자, 산수유, 둥글레

♣ 소양인에게 해로운 음식 ♣

고춧가루가 들어간 음식, 생강, 마늘, 파, 후추, 카레, 닭고기, 개고기, 노루고기, 염소고기, 꿀, 우유, 인삼, 홍삼, 오가피, 녹용, 사과, 귤,

양파즙, 마늘즙, 배즙, 포도즙, 생강, 대추, 감초, 황기, 쑥

마늘이나 생강은 양념에 들어가는 정도는 괜찮습니다. 생강차나 흑마늘을 자주 복용하는 것이 좋지 않은 겁니다. 자기 체질에 맞지 않는 음식도 한 달에 한두 번 먹는 것은 괜찮습니다. 예를 들어 소양인이 치킨이나 소고기를 한 달에 한두 번 먹는 것은 괜찮습니다. 그 이상 자주 먹는 것이 좋지 않습니다.

어성초나 당귀천궁이 좋다고 하는 사람들이 있는데, 소음인은 인구 대비 20%밖에 되지 않습니다. 태음인(인구 50%), 소양인(인구 30%)에게는 해로운 겁니다. 더구나 백신을 접종하면 심장이 미친듯이 뛰고 심박수가 올라가는데 당귀나 천궁을 먹으면 굉장히 위험합니다.

코로나 주사를 맞은 후에는 고춧가루가 들어간 음식을 먹지 않아야 합니다. 고춧가루 들어간 음식은 심장을 빨리 뛰게 하므로 좋지 않습니다. 커피도 좋지 않습니다. 카페인이 심장을 빨리 뛰게 합니다. 보이차도 좋지 않습니다. 운동이 특히 좋지 않습니다. 3개월까지는 운동하면 심장에 더 무리가 갑니다.

가까운 한의원에 가셔서 상담료를 지불하시고 체질 감별을 꼭 해달라고 하십시오. 체질 감별 쉽지 않습니다. 제대로 체질 감별할 수 있는 한의원 별로 없습니다. 그러나 잘 찾아보시면 있습니다. 반드시

체질 감별을 통해 처방받으셔야 부작용이 없습니다.

   사상 의학과 8체질은 다른 학문입니다. 사상 의학은 기독교와 같은 직선적 우주관을 가진 학문입니다. 8체질은 음양오행에 기초한 유물론적 순환적 우주관을 가진 학문으로 기독교와 맞지 않습니다.

기도

　거룩하신 하나님이시여, 세상으로 나갔던 주의 자녀들, 코로나를 통해 다시 부르시고, 깨어나게 하고 계심에 감사드립니다. 세상에 취해 있는 자녀들은 코로나 백신을 맞아 고생을 해 보지 않았다면, 하나님 아버지의 은혜가 없다면, 피조물인 인간들은 손가락 하나도 움직일 수 없는 존재라는 것을 알 수 없었을 겁니다. 이 모든 것이 우리 하나님의 은혜이옵니다. 그러나, 아직도 깨어나지 않고 있는 자녀들이 너무나 많습니다. 사랑이 많으신 하나님 아버지시여, 아버지의 자녀들이 너무 늦지 않게 깨어날 수 있도록 은혜를 베풀어 주시옵소서. 이 모든 말씀 우리 주 예수 그리스도의 이름으로 기도드리옵나이다. 아멘.

서울 서대문구 수색로 100 윤 한의원
☎ (02) 302-4438